生活私享家
LUXURY
WOMEN

珍藏版

孙　玥／著

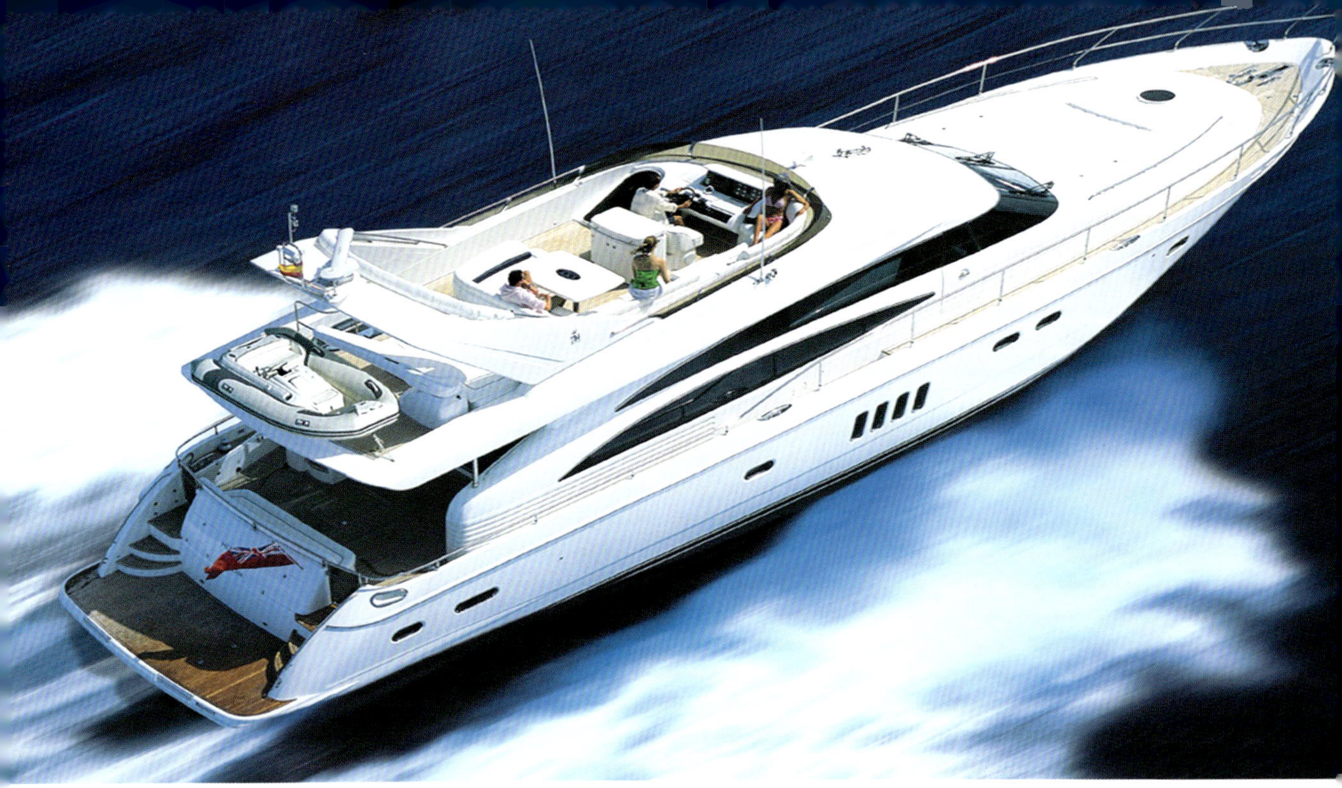

奢侈总是超现实的，真正的奢侈只为少数人定制，被更少数人所拥有。奢侈是时间和历史酿就的生活艺术，最终的表现形式不仅是品牌，还是文化，是稀缺的生活方式。奢侈品以昂贵和精致为印记，超越时空，诉说着人类创造力的伟大。往往让拥有者动容的不是奢侈品昂贵的价格，而是隐藏在其中的追求完美的执著精神，是不计成本的制作过程，以及娓娓道来的穿越时空的关爱。奢侈品栩栩如生地代表着奢侈生活，表达着拥有者的品位和格调。

正如人有不同的气质一样，奢侈品也性格各异。虽然人和奢侈品有无数种搭配组合的方式，但是只有在人的气质和奢侈品的性格协调一致的情况下，此二者才能相得益彰、魅力倍增。具有领袖风范的男人喜欢劳斯莱斯，而为法拉利疯狂的男人总是充满冒险精神；喜欢登喜路的男人通常是彬彬有礼的绅士，而为人头马沉醉的男人则充满了英雄主义豪情；喜欢香奈儿的女人大多具有革新精神，而有艺术气质的女人总是被爱马仕吸引；优雅女人欣赏纪梵希，而被酩悦香槟吸引的女人总是具有无可救药的浪漫情调……

奢侈品要为个人品位服务，你所选择的奢侈品其实就是你个人风格的代言人。奢侈生活所包括的当然不仅仅是拥有奢侈品，还要有能驾驭奢侈品的一小群人。演绎奢侈生活的主角是处在金字塔顶端的人群，他们信仰的奢华主义表达出一种鲜明的个人风格。然而，愈是高端的生活，就愈显得神秘，因为这种生活远离公众的视野。在本书中，我们将为您展开一幅华美画卷，将这一小群人的生活方式、生活品位，以及他们的消费取向一一呈现。

我们在本书中为您展示的诸多富豪的生活主张，并非为您提供一个个奢侈生活的范例。奢侈生活是一个灵活的命题，没有任何一个现成的范例可以套用或者模仿，但是您可以从这一个个奢华故事中提取自己感兴趣的部分，从而形成自己的风格和品位。

奢侈生活是一篇华丽的诗章，奢侈品是诗中的意象，人的品位暗暗操控着整首诗的意境。财富可以让你拥有舒适的生活，品位却能让你成为生活的领袖，甚至风尚坐标。而品位是需要不断学习的，正如索尼之父盛田昭夫所说："所有美好的事物，没有一件是可以迅速做成的——因为它们都太难，太复杂。"品位的形成过程也是缓慢而美好的，这是一个需要时间去熏陶的过程。在本书所描绘的生活方式中，有些诱惑会令你心醉神迷，有些选择会令你眼花缭乱，然而源于你内心最真挚的选择，一定是你内心的挚爱，也是你的向往。

奢侈生活是一个永恒的故事，这个故事是如此华丽，如此繁杂。在本书中，我们将有关财富、品位、奢侈品的种种融合成一道道精美的甜点，可以悦目，可以赏心，可以品鉴，可以期待，或者，你可以把它当做一个绮丽的邀约，一场神奇的探索，一次可以期待的艳遇。不一定要置身于奢华之中，但若能在事物当中找到幸福感、美感、满足感，或者达到忘我的境界，这亦是一种奢华。

目录 Contents

044

爱马仕女人

HERMÈS & WOMEN

爱马仕是商人中的艺术家，艺术家中的商人；它是美学和时尚的最佳结合体，是永不落伍的流行。

爱马仕女人是拥有艺术气质的女子，内心敏感，品位独具，多情且浪漫，拥有让世界着迷的魅力。

她们是人类的生活艺术家。

058

路易·威登女人

LOUIS VUITTON & WOMEN

LV是经典的时尚符号，它为人们搭建起一个通往理想国的桥梁。

路易·威登女人是格调与品位的追求者，她膜拜经典，社交场合尽显成功女性的尊贵品位；她追求永恒，举手投足间一直是魅力的焦点。

她们是品位生活的精神领袖。

074

迪奥女人

DIOR & WOMEN

迪奥在神话与真实、古典和现代、硬朗和温柔间寻求统一，多变是它的表情，亦是它的魅力。

迪奥女人是一个复杂的多面体，她有时是最妩媚多情的女人，并拥有天真的欲望和骄傲，必要时却拥有坚毅的决心，以及高明的手段。

只要她们下定决心，没有什么做不到的事。

目录 Contents

130 菲拉格慕女人

SALVATORE FERRAGAMO & WOMEN

菲拉格慕热爱女性，并赋予她们美丽和自信。

菲拉格慕女人是性感女郎，她柔情似水，仪态万千，魅惑的红唇、妩媚的幽香带给她永远都不会被摧毁的自信。女人羡慕她，男人爱慕她。

她们是将时间和美丽封存，青春永驻的女人。

142 纪梵希女人

GIVENCHY & WOMEN

纪梵希展现了一种优雅的态度，一种凌驾于傲气之上的完美亲和力。

纪梵希女人是优雅女人，她拥有一种欧洲人的优雅与美国人的活力、天真、清纯复杂交织的特质，仿若降落人间的天使。

她们是一段不老的传说。

158 万宝龙女人

MONTBLANC & WOMEN

万宝龙睿智天成，磨砺着永恒的智慧光芒，是人类书写历史中最具影响力的杰作。

万宝龙女人是迷人的知性女人，她心性如花，雅俗共赏；品性如木，兼修内外。她感性却不张狂，典雅却不孤傲，沉静却不失风趣。

内敛却又光彩四射的个性让她们成为“万人迷”。

目录 Contents

218

酩悦女人

MOËT & CHANDON & WOMEN

酩悦香槟是冒着气泡的快乐，它是无所不在的感性语言，它让女人变得如玫瑰般娇丽。

酩悦女人是情调女人。她的情调如钻石的光，令人目眩神迷；如咖啡的香，能蛊惑人心；如绕梁之音，让人充满遐想。

她们仿若是屈尊到地面的彩虹，美好得让人嫉妒。

232

劳斯莱斯女人

ROLLS-ROYCE & WOMEN

劳斯莱斯的价值观是对财富和地位进行奖赏。它是汽车王国雍容高贵的唯一标志。

劳斯莱斯女人的性格可以用几个关键词概括：出类拔萃、有才华、女王般的风范、果断、更坚强、更直接、雄才伟略。

她们对美好事物的追求是无止境的，这也正是她们时常略显冷漠的根本原因。

248

雅诗兰黛女人

ESTÉE LAUDER & WOMEN

雅诗兰黛的名字是太过精致的奢侈；它的名声在美容界呼风唤雨；它的产品被女人们奉为经典。

雅诗兰黛女人是富有感染力和个人魅力的领导者，是自信乐观的梦想家，是伟大帝国的创建人。

她们是人格偶像。

目录 Contents

310
凯迪拉克女人
CADILLAC & WOMEN

凯迪拉克是“同类中最为出色、最具声望事物”的同义词，它代表着胜利、自由，是成功的象征。

凯迪拉克女人是不管站在什么位置上，都能扮演好自己角色的女人。她以不断追求由内而外散发的韵味为终极之美。

她们因为内涵而美丽。

324
黛堡嘉莱女人
DEBAUVE & GALLAIS & WOMEN

黛堡嘉莱巧克力是喜悦的源泉，是甜蜜的预言，是来自天堂的诱惑。

黛堡嘉莱女人是人间天使，她拥有不老的法宝，拥有一颗纯真的心，也因此拥有简单而富足的快乐。

对她们来说，人生的成功就是做自己想做的事，过自己想过的生活。

336
密探女人
AGENT PROVOCATEUR & WOMEN

密探内衣是神秘的精灵，栖息在女人的胸口，倾听她激情澎湃时的心跳，揣度她不能言说的心事。

密探女人是懂得疼爱自己的女人，她把美丽与舒适的感觉留在心底，而不是执著于表面的喧嚣，正是这种自爱情怀将她送上了一座又一座寻梦的巅峰。

她们深知，爱别人从爱自己开始。

目录 Contents

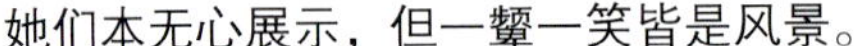

百达翡丽女人
Patek Philippe & Women

百达翡丽是手表中的蓝血贵族，它创造并见证着永恒的价值。

百达翡丽女人是天之骄女，她们或是豪门千金，或是名门闺秀，显赫的家世，严格的家教，使她们注定要成为气质和品貌兼备的名媛。

她们天生就是人们钦羡的对象。

在巴黎丽兹酒店的豪华餐厅里，她刚刚和巴黎最有权势的人物一起，吃完七道菜的晚餐。七个小时以前，她还在伦敦的牛津街购物，顺便到周仰杰鞋店取回了她三个月前定制的高跟鞋。而就在刚刚，她和在座的名流约好，明天一同去爱尔兰打高尔夫。她非常高兴这个安排，因为她新购置的LV高尔夫球具正好可以派上用场。她还打算带上香奈儿的渔具包，当下正是垂钓的好时节，说不定会在爱尔兰收到私人游艇派对的邀请，这样她就可以试一试香奈儿鱼竿的手感是不是和外观一样出众。她看了一眼手腕上的百达翡丽表，突然想到要让管家预约按摩师到家里来，今天她实在太累了，于是她拿起镶满了美钻的手机拨号……这只是百达翡丽女人生活的一个片段。百达翡丽是某类女人的“必需装备”，她们是象牙塔尖上的女人，是含着金汤匙出生的名门闺秀。

每年年底，毗邻巴黎协和广场的克利翁酒店都会迎来一场特殊的盛大舞会，来自全球十多个国家的24位名门淑女将在这里参加世界“名媛成年礼舞会”，宣布她们正式步入国际社交舞台。有资格参加这类国际社交舞会的女人非富即贵。她们是王室的公主，她们是元首的千金，她们是富豪的独女。她们是布什、贝卢斯科尼、戈尔巴乔夫、赫斯特、梅隆、莫蒂默和蒙巴顿家族的女孩子。比如法国M6电视台董事长之女玛格丽特·德·塔维诺斯特、香港豪门周氏家族的后

人切尔西·周、“时尚女魔头”安娜·温图尔的女儿比伊、贝聿铭的孙女奥莉维亚·贝、南斯拉夫卡特莉娜公主的女儿维多利亚·德·席尔瓦、第十八世阿伦堡公爵与巴伐利亚的索菲公主的孙女安妮·海琳·阿伦堡、雷诺–日产公司总裁卡洛斯·戈恩的女儿卡罗琳……这些名媛就是我们所说的百达翡丽女人，她们是21世纪的蓝血贵族。她们有显赫的家族和社会背景，有严格的家教，有锦衣华服，当然还有财富。

世界上有很多励志故事，对于百达翡丽女人都不适用；世界上有很多人做着丑小鸭变成白天鹅的美梦，而百达翡丽女人没有做梦的必要，因为她们生来就是白天鹅！对于她们，有些人怀着羡慕的眼光，因为名媛的生活太悠闲与完美；有些人怀有嫉妒，因为他们永远也达不到名媛的生活标准；还有一些人则是不屑，因为他们在怀疑名媛真正的奢华来源。

百达翡丽女人的生活远不像有人认为的那样“把锦衣玉食当做事业来经营”，无论名媛成年后的个人发展如何，她们在少女时期无一例外地都经历了严格的家庭教育。曾有人说过，如何才能培养出眼光最犀利的典当师，方法是从小就不让他接触赝品，让他看到的、摸到的全都是真品，这样他以后就能一眼辨认出赝品，因为他能感觉到这些东西和平时看到的不一样。百达翡丽女人的成长过程与其相似，她的家庭环境决定了其高人一等的品位。她在很小的时候就见惯了许多人终其一生都不可能见到的各式隆重场面；当其他孩子还在拿着玩具跟小伙伴追逐打闹的时候，她已经在家人的教导下学习各种礼仪，阅读各式名著典籍；她佩戴珠宝时注重的不是钻石有多重，而是设计师是谁；她的老师是各个领域的专家；她会说几国语言；她略懂音律、美学、舞蹈、建筑等其他艺术。

我们永远也无法否认家庭背景对于女人的重要性，对于那些出身文化世家的名媛来说，家庭教育更是她们一生最大的财富。也许这和“贵族文化”有关系，体面人家的孩子，很小的时候就要学习拉丁语、法语、音乐、绘画、骑马，所有的女孩子都要学习舞蹈。当她们年纪稍大，就要开始学习社交礼节、历史、诗歌，熟练掌握诸如网球、高尔夫之类的运动，不但要学会，还要姿态优雅。这种日积月累的熏陶，很难不对她们的气质和眼光产生影响，也会使她们形成一种骨子里的骄傲，即使表面上表现得谦逊有礼。

关于百达翡丽女人的生活，她们可以恬淡地选择自己的“隐”或者“现”。普通人一辈子都不会见到的美味，却是百达翡丽女人每周例行的“便餐”。对她们来说，吃什么并不重要，重要的是在哪里吃、和谁一起吃。她们有足够的空闲时间去享乐，这是让中产阶级极为羡慕的一点。她们不会在嫁入豪门后做寂寞的全职太太，她们希望自己能有一个事业上的充实，多数百达翡丽女人选择了慈善事业，也有少数选择继承家族事业，从社交领域转战事业领域，继续她们的光辉生涯。

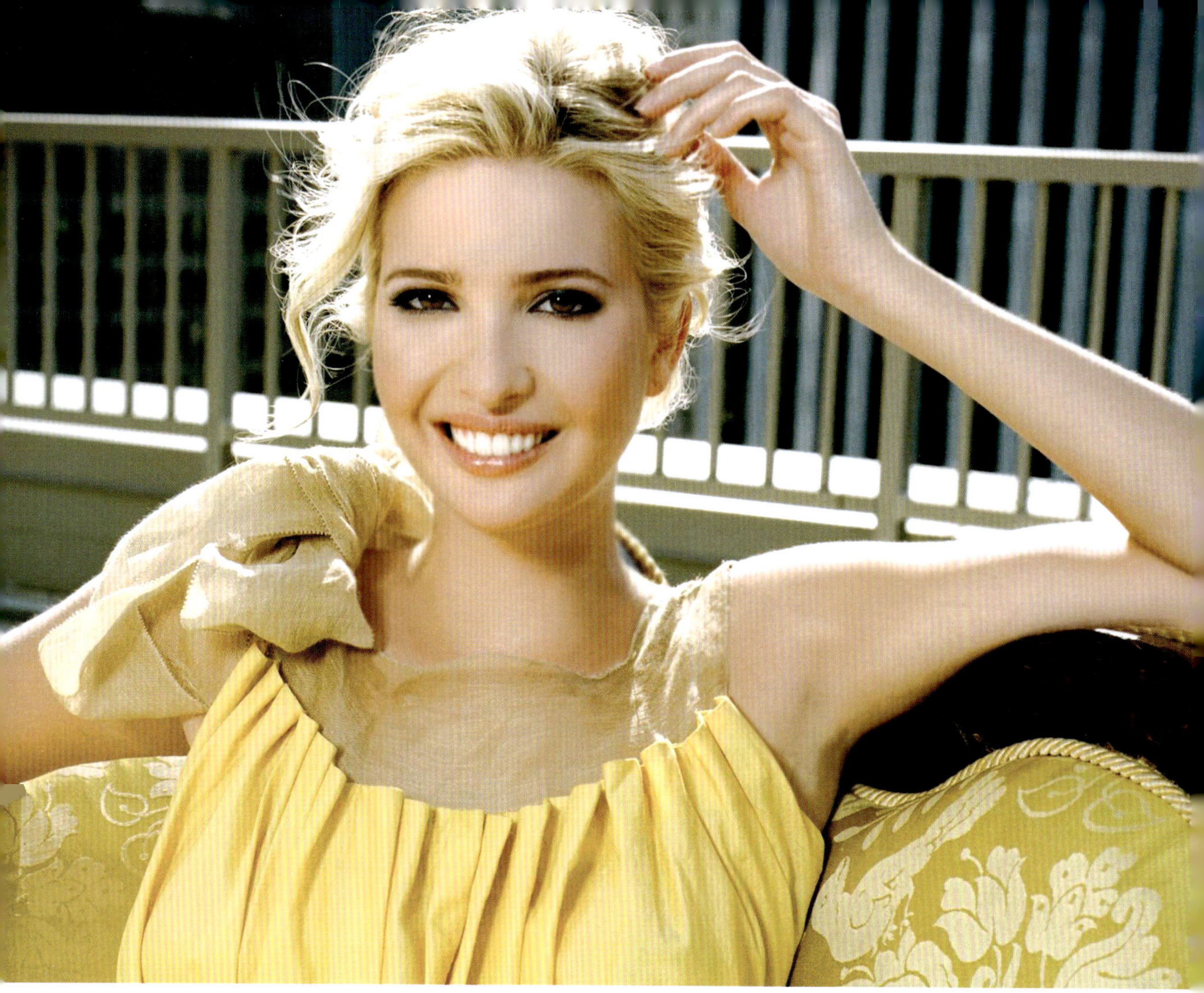

喜欢 百达翡丽的 女人们

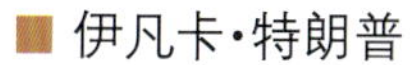

■ 伊凡卡·特朗普

伊凡卡·特朗普是美国亿万富翁唐纳德·特朗普之女，她对百达翡丽青睐有加。特朗普的姓氏在英文中已经成为巨富的同义词了。美国纽约大西洋城的滨海大道上，有三大著名的赌场建筑：特朗普城堡、特朗普广场和泰姬－玛哈大厦，赌博、消遣、娱乐、住宿、餐饮等功能样样俱全。这些建筑的主人就是伊凡卡的父亲特朗普。

伊凡卡是特朗普和前妻之女。童年的伊凡卡就像生活在天堂：她的卧室在特朗普城堡的68楼，可以俯瞰纽约中央公园，私人飞机、贴身保镖、私人助理、高档派对和名贵珠宝编织出这位女继承人的丰富生活。伊凡卡经常打扮得像个好莱坞电影明星，但接班架势十足。因不用考虑被刷下接班人的名单，她一直活在一个混合的世界里，一半是生意，一

■ 帕丽斯·希尔顿

半是名流的生活，但她两样都处理得很好。伊凡卡继承的不仅是母亲的美貌还有父亲的商业头脑，她很早就下决心要赚到25亿美元，相当于她能从父亲那里继承来的数额。

希尔顿家族传人帕丽斯·希尔顿出生于美国纽约市，她的祖父是著名的希尔顿酒店集团的现任主席巴伦·希尔顿，她的曾祖父是希尔顿酒店的创始人康拉德·希尔顿。含着金汤匙出生的帕丽斯·希尔顿从小就在纽约华尔道夫酒店的总统套房长期居住，曾经有人用一组数字描绘了她的生活：童年时她的零用钱是每周100美元（当时美国高中生每月的零花钱一般只有50美元），而且常常几个小时就花完。

长大后，帕丽斯·希尔顿可谓生财有道，短短几年就为自己和家族赚进了亿万美金，创建了帕丽斯·希尔顿品牌，旗下有香水、鞋履、服装、配饰、酒类、手表、美发产品、墨镜等多个生产线，只要能想到的东西基本上都会涉及。除此之外，模特、唱歌、电影、电视、广告、商演等活动帕丽斯·希尔顿一样不落。帕丽斯·希尔顿说："我知道人们会这样评价我——'帕丽斯·希尔顿，她花钱买到了她想要的一切。'然而，打18岁起我就没伸手向父母要过钱。那些派对上的富家千金跟我可不是一个档次的。我是个严肃的艺术家、生意人。我赚钱靠的是自己。"

帕丽斯·希尔顿过着人人钦羡的奢侈生活，她从小就是个被宠坏的孩子，她那时的梦想是：每天都过得像生日那天一样。她的梦想的确实现了，现在每天她都可以送给自己贵重的礼物，像生日那天一样。她曾经在巴黎的迪奥店里购物一小时就花掉4.5万欧元。关于生日，她每年要过三次：一次是在洛杉矶，一次在拉斯韦加斯，还有一次在东京。

财富决定了女人过着怎样的物质生活；品位决定了女人拥有怎样的精神世界。品位，是女人一生的课题。

身价16亿美元的欣德·哈里里是全球最年轻的亿万富豪，刚刚20出头，在她收藏的名表中不乏百达翡丽的身影。

她的父亲黎巴嫩前总理拉菲克·哈里里于2005年被暗杀，之后欣德便继承了遗产。她于同年从贝鲁特的黎巴嫩美国大学毕业，之后便与母亲纳兹克住在巴黎。父亲去世之后，欣德·哈里里就常陪伴母亲出现在公开场合，从默默无闻的小女孩到社交圈中的名媛，欣德·哈里里吸引了媒体的极大关注。随着时间的流逝，欣德长大了，她不仅继承了父亲的巨额财产，同时也继承了其父的政治才能和社交才能。在黎巴嫩大选中，她还为二哥萨阿德助选，最终成功帮助哥哥在黎巴嫩国会夺得一个席位。

生活在巴黎这座时尚之都，这位年轻又迷人的富家女不可避免地进入时尚圈，而她也自称为时尚达人，在最近两年的巴黎服装展上，由于频频亮相，她成为媒体关注的宠儿。如果对方已经拥有了一切，还能送她什么呢？这真是个大问题，想追求欣德的男人可真要绞尽脑汁了。只要她想要，什么东西都唾手可得，实际上，欣德也算得上是世界上购买生日礼物最孜孜不倦的女人。除此之外，对她来说，世界就是她的大舞台，追求她就要与她共享其中乐趣。

百达翡丽女人 奢华私享

参加巴黎克利翁酒店举行的“名媛成年礼舞会” 每年年底，毗邻巴黎协和广场的克利翁酒店都会迎来一场特殊的盛大舞会，来自全球十多个国家的24位名门淑女将在这里翩翩起舞，宣布她们正式步入国际社交舞台。

克利翁酒店是巴黎人引以为豪的奢华地标之一。从酒店宴会大厅的窗口俯瞰，刚好能看到协和广场的尖碑。法国大革命时期，众多贵族以及国王和王后，就在那里穿着镶金缀银的礼服被送上断头台，留下了一幕幕蓝血贵族的悲怆历史。而仅有一窗之隔的克利翁宴会厅里，现在每年都会举行传统的“名媛成年礼舞会”，将21世纪的蓝血贵族名媛介绍给整个世界。

11月份通常是西方的“社交季”，而巴黎成年礼舞会是这个季节中唯一一个向全世界开放的贵族舞会，它的前身是“名门千金成年舞会”。能拿到请柬进入“成年礼舞会”观礼的，全球只有250个人，可谓是经严格挑选的精英人士。但

■ 巴黎克利翁酒店“名媛成年礼舞会”

这种“严格”却比不上选择“豌豆公主”们的超高门槛——有资格参加“名媛成年礼舞会”的小姐们年龄必须在17~21岁之间；漂亮且身材苗条，原因是“礼服尺寸通常较小”，胖女孩是不受欢迎的；出身历史可圈可点的名门望族；自己本身具备高学历和聪慧的头脑；如果可以的话，主办方大概愿意给她们18床鸭绒垫子，试验一下各位小姐的皮肤，是不是符合“公主敏感度”……她们是现实中的豌豆公主。

成年礼舞会，来源于法语的débutante（意为“初涉社会的女性”），是一项延续了数百年的传统。工业革命以前，欧洲的上流社会、贵族世家的女孩子在成年以前，基本上是没有机会接触到异性的，她们不去公立学校上学，家长为她们请了私人教师。女孩子到了一定的年龄，就要穿上礼服、盛装打扮，参加成年礼舞会，同时也标志着她们正式进入上流社会的社交圈。

英国是最早举办成年礼舞会的国家，这一传统一直延续

到1958年。工业革命以后，中产阶级在经济上的地位逐渐上升，很多中产阶级的家长为了拥有特权，在自己的女儿成年后，也把她们送到各种社交舞会，以期望和贵族攀上亲戚，加入贵族的行列，取得政治上的地位。19世纪末英国著名女作家简·奥斯汀就最善于描写上流社会社交舞会的场面，而她的成名作《傲慢与偏见》中的男女主人公就是在社交舞会上相识的。

英国女王伊丽莎白二世在1958年取消了宫廷成年礼舞会的社交仪式。现代版的成年礼舞会由法国社交公关大师奥菲莉娅·雷奥尔德在18年前一手打造。1991年，巴黎举办了首届克利翁名媛成年礼舞会，应邀参加的女孩们来自世界各地。此后一年一度的克利翁名媛成年礼舞会成为巴黎上流社会专门为外国名媛打造的高级舞会。

克利翁的成年礼舞会与传统的英国宫廷成年礼舞会相去甚远，不只皇室贵族、政界要人的千金、富豪的女儿，乃至影星、艺术界名人的后代都可能受到邀请。克利翁的成年礼舞会已经演变为一种豪华奢靡的时尚社交方式，更成为进入上流社会的身份象征。从此跻身社交界的名媛有：美国作家海明威的孙女克里斯曼，俄国文豪托尔斯泰的重孙女阿纳斯塔西娅，前苏联总统戈尔巴乔夫的孙女，克林顿和布什的女儿，以及众多名门望族的后代。

虽然正式晚宴只有四五个小时的时间，但各位公主千金却要花上30多个小时来为晚宴上的精彩亮相作准备，她们的服装以及饰品都是由顶级品牌独家定制的。滴水不漏的疯狂排练，只为一分钟的美丽出场，或者照片上一个高雅的微笑。在舞会上，“老欧洲”贵族的千金们和摇滚歌星、电影明星、政治家以及亿万富豪的女儿们一起跳华尔兹。能参加巴黎上流社会唯一为外国名媛打造的舞会，意味着锦绣前程和美好姻缘。美国前总统小布什的侄女劳伦，就是因为2000年的舞会而成为LV的形象大使的。

黄石俱乐部

在黄石俱乐部打高尔夫 百达翡丽女人住最好的豪宅、参加世界上最顶级的俱乐部，她们的世界是开放的，亦是封闭的。她们的社交圈归根到底是为那一小部分处在金字塔顶尖上的人而准备的，她们用奢侈品和私人俱乐部建造起一个"屏障"，围起一个上流社会的圈子，在这个圈子里，她们是高高在上的公主。而黄石俱乐部就是"屏障"之一。

黄石俱乐部是由美国人布利克塞斯和妻子艾德拉创办的一个私人俱乐部，它实行会员制，只有身价在300万美元以上的人才可以申请。会员可以在里面享受滑雪、打高尔夫球等各种活动。这家私人高尔夫与滑雪会所，坐落在美国著名的黄石国家公园内，只有超级富豪才有资格加入，其中包括比尔·盖茨、美国前副总统丹·奎尔、前老资格国会参议员杰克·肯普等大人物。

黄石俱乐部诞生以来的近十年，恰好也是美国经济繁荣的时代，越来越多的富豪家庭都想找到玩乐的地方，俱乐部因此发展迅速，成了富豪名流在落基山下的休闲乐园。当然，要想成为该俱乐部的会员着实不易，仅仅有钱是不够的。入会者必须得到黄石俱乐部的邀请，而好莱坞明星一般不在邀请之列。“某些名人”是没有资格申请的，所谓的“某些名人”是指那些名声不好的名流。

在得到邀请之后，申请入会者必须首先提供一份资产证明，早期会员的身价不得低于300万美元，然后缴纳25万美元的会费（后来提高到30万美元）及1.8万美元年费，同时承诺在俱乐部的别墅区内选购一处别墅，别墅面积最小不能小于330平方米，最大不得超过1100平方米。在当年建造时，这里的每栋别墅售价约合200万到300万美元，现在这些房子的价格已经翻了5至6倍。

迄今为止，黄石俱乐部共有成员将近300名，而风景区内的864幢别墅决定了俱乐部的成员最多只能有864位。凭借会员资格的高标准、严密的安全措施，以及无须排队等候的私家高尔夫球场及滑雪场，黄石俱乐部俨然成为了一个气氛友好的上流社会家族村庄，只不过所有“村民”都是千万或亿万富豪。

黄石俱乐部之所以能够令许多富豪动心，自然有着其独特的吸引力。可遇不可求的独特地段是俱乐部的优势之一。其远离大都市喧嚣的山野宁静生活，是吸引富豪们的一大卖点，因为这里既能饱览世界闻名的落基山脉，又毗邻黄石国家公园。

其次，这里提供的服务也堪称一绝。俱乐部网站首页声称，自己是“世界唯一私人滑雪和高尔夫球社区”，富豪们不用经受排队等候的煎熬，可以随时想玩就玩。会员可以在带有私人露台的露天按摩池边泡温泉边欣赏雪山美景。

俱乐部的另外一个吸引力，就是对会员的个人和财富信息绝对保密，连俱乐部的雇员和顾问都不可以打听。这里的安全保卫措施也极其严格，保安主管个个都是联邦调查局和中央情报局的退役特工，连普通的保安最起码也是特警出身，令富豪们在这里可以高枕无忧。在媒体上找不到任何俱乐部成员在内部生活的具体信息，可见保密工作十分到位。

此外，400多名服务人员更是全天候随时随地听候会员们的差遣。黄石俱乐部会员、高级休闲网站创办人之一的杰米·陈曾公开称赞其豪华程度“大大超越它位处的海拔高度”。

百达翡丽之格调

技艺精湛 在钟表技术上，百达翡丽一直处于领先地位。自1839年成立以来，百达翡丽共取得70项专利，包括旋柄上发条、精确调节器、双重计时器、大螺旋式平衡轮、外围式自动上链转子，以及有关平衡轮轴心装置等，其专利之多为名表之最。百达翡丽勇于创新的精神，使其在表坛长期处于王者地位。

稀有珍贵 百达翡丽公司对表的产量有严格的限制，每款不会超过一万只。公司成立170年来，其总产量仅60万只。精品加限量，使百达翡丽表极具保值功能。

手工精制 目前百达翡丽是全球唯一采用手工精制，且可以在原厂内完成全部制表流程的制造商。百达翡丽坚守着钟表的传统工艺，瑞士钟表界称这种传统制造手法为“日内瓦七种传统制表工艺”，意即综合了设计师、钟表师、金匠、表链匠、雕刻家、瓷画家及宝石匠的传统工艺。百达翡丽深信，由这类工艺大师的巧手所制作出的名表皆为艺术珍品，而这也是百达翡丽钟表最值得骄傲的特色。

百达翡丽毋庸置疑是全世界公认的最好的名表品牌，号称“手表中的蓝血贵族”。百达翡丽的尊贵不仅在于它的精

确、独特、卓越与高贵，而且在于它的耐用、恒久与延续。它的价值是“持久的价值”，不能以单纯的金钱来衡量。这其中包含着超凡的美丽、传奇的工艺与卓越的可信度，以及对现在与未来的主人的忠诚。

重质不重量、慢工出细活成为百达翡丽坚定的生产原则。在材质选用上，百达翡丽不惜工本，其早期的表壳采用的材质为纯银和18K黄金。百达翡丽给自身的定位就是“贵族的标志”。

1851年，32岁的维多利亚女王在伦敦世界博览会上被一块百达翡丽表吸引，这款表无钥匙上链设计，采用的材质为纯银和18K黄金，直径不过30毫米，精致而新奇。女王当场解囊买下。在她的带动下，她的丈夫阿尔伯特亲王也选购了百达翡丽的一只猎表。从此，百达翡丽成为贵族的标志。在百达翡丽的客户名单中，有100位国王，54位王后。

同时，其客户也不乏政治、科学、教育、文化界的名流，诸如居里夫人、爱因斯坦、柴可夫斯基和夏洛蒂·勃朗特等，以及一些国家政要。

百达翡丽一直坚持以创新的精神去研制每一款腕表，从表壳、表盘、指针、把头、表带、机芯到功能，无不经过精心构思，务求研制出“经典中的经典”。

“没人能拥有百达翡丽，只不过为下一代保管而已”。生命的意义由后代血脉相传，而百达翡丽可以传至下一代手中，继续与下一代一起守望时间。自1839年以来，每一只出厂的百达翡丽表都有自己的名字。所有从正规渠道购买的百达翡丽表，购买者的资料会登记在日内瓦的钟表档案馆内，当表的拥有者发生变化，如赠予、继承等，档案会随之更改。

据说20多年前，中国的一位富人获邀参加了一个拍卖会，一块已经不走时的百达翡丽老怀表引起了他的注意，他以四万元钱拍了下来。拿到手上后，他觉得四万块的表居然不走，实在可惜，就拿到表店去修。修表的老师傅很坦诚地告诉他，修是修不好了，没有配件，建议他跟原厂联系一下试试看。按着老师傅的指点，他联系了瑞士大使馆。使馆商务处的人热情地将相关的材料照片收下后，说会帮着他联系一下厂家。一个月后，百达翡丽公司来信。信中说：“尊敬的先生，您好。经核对，此表的确是我们所制。约在80年前，某位山东的将军为他的祖父的生辰定制了这块表。很遗憾这块表坏了，它的制作人也已经去世，不过，我们公司仍然保留了该制作人留下的配件、图纸。我们很荣幸地通知您，这块表可以修复，但是要请您将表寄回瑞士……”富人将表按地址寄去，半年后，寄回来的表走时精准，焕然一新。

百达翡丽是可以传世的宝物，因为每一块百达翡丽都是有生命的，它记载着时间、历史，以及许许多多跨越时空的传奇。

卡地亚女人
Cartier & Women

卡地亚是传世爱情的见证者，是永恒的阐述者，是经典的创造者。

卡地亚女人是爱情动物，为爱而生，为爱而活。爱，是她们的宿命和力量。

她们信奉：女人的荣耀说到底，只有爱。

迷恋卡地亚的女人自觉是一个“因为爱，所以存在”的爱情动物，她们崇尚、崇敬、崇拜爱情，似乎她们为爱情而生，爱情就是她们生命的全部，其余的一切都是无关紧要的。从温莎公爵夫人沃丽丝到摩纳哥王妃格蕾丝·凯莉，从好莱坞明星伊丽莎白·泰勒到法国影星索菲亚·罗兰，这些卡地亚女人无不用一生的热情去追求爱、感受爱、证明爱。

20世纪60年代，美国性解放运动轰轰烈烈，人们对爱情失去了忠诚，于是卡地亚为真心相爱的情侣们设计了Love手镯。情侣的一方以螺丝起子将手镯锁紧在伴侣的手腕上，螺丝起子亦由这一方保管，代表“爱情的誓约”；另一方戴上手镯，象征向爱侣表示对爱情的忠贞。要打开手镯，必须要两个人合力才能完成。凭借简洁而现代的造型设计，加之丰富的寓意，Love手镯在过去的40多年中成为世界上最流行的手镯，也成为众多名人表达爱的方式。

是从什么时候起，卡地亚成为爱的象征？是从Love手镯诞生的时候开始的，还是从温莎公爵“不爱江山爱美人”的故事开始的？抑或更早？也许，无价的盟誓与瑰丽的珠宝，从来都是爱情故事最永恒的魅力。诚如“爱”从来都是卡地亚的灵感泉源，它将珠宝与爱情融合得完美无瑕。

卡地亚女人多愁善感且想象力丰富，会经常沉醉于自己的想象世界里。因为她们是感情主导的人，所以对于那些不

■ 伊丽莎白·泰勒

喜欢的事情她们很可能会放弃不做，她们不愿意用责任来约束自己。就像温莎公爵夫人沃丽丝，当她和英国王储陷入爱情的时候，没有人相信他们能最终结合在一起。沃丽丝虽有高雅品位，浑身上下透露出雍荣华贵之气，但她年长王储好几岁，而且有过婚史，又出身于贫贱人家。不仅如此，沃丽丝还是美国公民。一向高傲无比的英国人绝不会接受一个离过婚的美国妇女成为自己国家未来的王后。然而沃丽丝才不会管这些呢，即使历尽险阻，也要和爱人在一起，最终促成英王退位的奇闻。

卡地亚女人带有忧郁感。追求的目标是深入的感情而不是纯粹的快乐。她们不愿意接受普通情感的平淡，需要通过缺失、想象和戏剧性的行动来重新加固个人的情感。她们被生活中真实和激烈的事务所深深吸引，就像伊丽莎白·泰勒。自从 18 岁首次步入结婚殿堂以来，泰勒有八次婚姻记录，其中又以和理查德·波顿的两次婚姻最为人所瞩目。在爱情的道路上，泰勒不肯停下来，不肯歇息，她用一次又一次的激烈行为证明爱的存在。一次，泰勒和她的第四任丈夫埃迪·费希尔在罗马附近的别墅里举办豪华派对。那是 1962 年，当时泰勒正在拍摄史诗巨篇《埃及艳后》，她向费希尔坦白她爱上了合作演员理查德·伯顿。费希尔在派对上对伯顿大声吼道：“你为什么不回家找你自己的妻子呢？那是你的女人，不是伊丽莎白，伊丽莎白是我的。”伯顿还击道：“是吗，你以为怎样，她们都是我的女人。”他问泰勒：“你是我的女人吗？是吗？如果是就到我这边来，亲吻我，向他们证明你是我的人。”在众多宾客面前，泰勒走向他，亲吻他。泰勒是激烈的爱情战士，不妥协于平淡的婚姻，她要让爱的心动充满生命的每时每刻。

温莎公爵夫人和泰勒是较为极端的卡地亚女人。大部分卡地亚女人忠于自己的感受，凭感觉做事，追求心灵刺激，自我，幻想力强，感性。有时候，她们没有目标、理想，只有当时一刻的感觉，她们会把全部心神放在当时的感受之上。她们的感性浓得化不开，在思想上感受得很深层，探索得也很遥远；有时候，她们只是想真诚、坦坦荡荡地表达自己。

“我们有无数的方式来表达爱意，然而从时间或者永久性的范畴来看，爱可能持续一生，又或者仅仅是万分之一秒的瞬间。爱，代表真诚。爱，就是作出选择。选择一种生活，一个时刻。选择原谅，给予，接受，选择守候，选择含泪而笑，选择爱，为之义无反顾。”这是卡地亚女人的爱情宣言，亦是卡地亚女人的生命宣言。

喜欢 卡地亚的 女人们

温莎公爵夫人的爱情故事被奉为传世经典，这个来自美国巴尔的摩的私生女，一跃成为英国国王的情人，并由此引发国王退位的浪漫故事。温莎公爵夫人在成功地获得爱情之后，又将注意力转移至时尚界：她所收集的珠宝囊括了卡地亚、梵克雅宝在内的所有顶级品牌。迪奥、香奈儿、纪梵希等也都是她的最爱，设计师们时刻等待着她的赞美和垂顾。1972 年，温莎公爵去世后，温莎公爵夫人第一个打电话通知的人就是纪梵希先生，因为她要为自己定制一套丧葬礼服。温莎公爵夫人究竟拥有多少华衣锦服、贵重珠宝？恐怕连她自己也说不清。1946 年，当这对传奇夫妇首次回到英国访问时，尽管他们打算低调行事，但从法国运来的行李依然动用了三辆军用卡车。尽管温莎公爵夫人不具备通常意义的美貌，却有独特的品位，散发出真正的个人魅力。

影星伊丽莎白·泰勒曾佩戴由理查德·伯顿赠送的钻石项链，上面镶嵌的名为“卡地亚·波顿·泰勒”的梨形巨钻重达69.42克拉，轰动一时。泰勒一直被看做是美国电影史上最具有好莱坞色彩的人物，惯有“好莱坞常青树”和“世界头号美人”之称，尤其以一双漂亮的蓝紫色眼睛闻名于世。自从18岁首次进入结婚殿堂以来，泰勒有八次婚姻记录：她与嗜赌成瘾的酒店继承人尼克·希尔顿八个月的粗暴婚姻；与患病的英国演员迈克尔·瓦尔丁缠绵柔情的婚姻；与迈克·托德既充满暴力又洋溢着温情的婚姻；与理查德·伯顿分分合合、始聚终散的婚姻，以及她与共和党参议员约翰·华纳、好莱坞顶尖导演们的交往与罗曼史。泰勒与这些人的交往以及他们的生活方式，代表了20世纪60年代美国富豪阶级的生活态度：追求享乐与奢华。

索菲亚·罗兰一生忠爱Love手镯，她是激情与魅力的同义词，是光耀夺目的影坛巨星。半个世纪以来，她以动人的风采、卓越的演技给人们留下100多部影片，被授予奥斯卡终身成就奖。

如今，索菲亚·罗兰功成名就，家庭美满。相对于演艺生涯，许多女人也许更关心索菲亚是如何成为“世界上最美丽的女人”。一个年过古稀的女人还能经常出现在时尚、女性杂志中，为现代女性介绍养生、美容、装扮、健身的妙法，的确是一件让人惊奇的事。有人向她请教秘诀，她回答说：秘诀就是每天吃一大块比萨饼与一大盘通心粉，每天坚持40分钟的晨练、一小时的公园散步和早睡习惯。时间静默地流过，给所有的事物都打上印记，却唯独将索菲亚忘记了一般，她开怀地笑，丝毫不惧怕皱纹。

索菲亚·罗兰

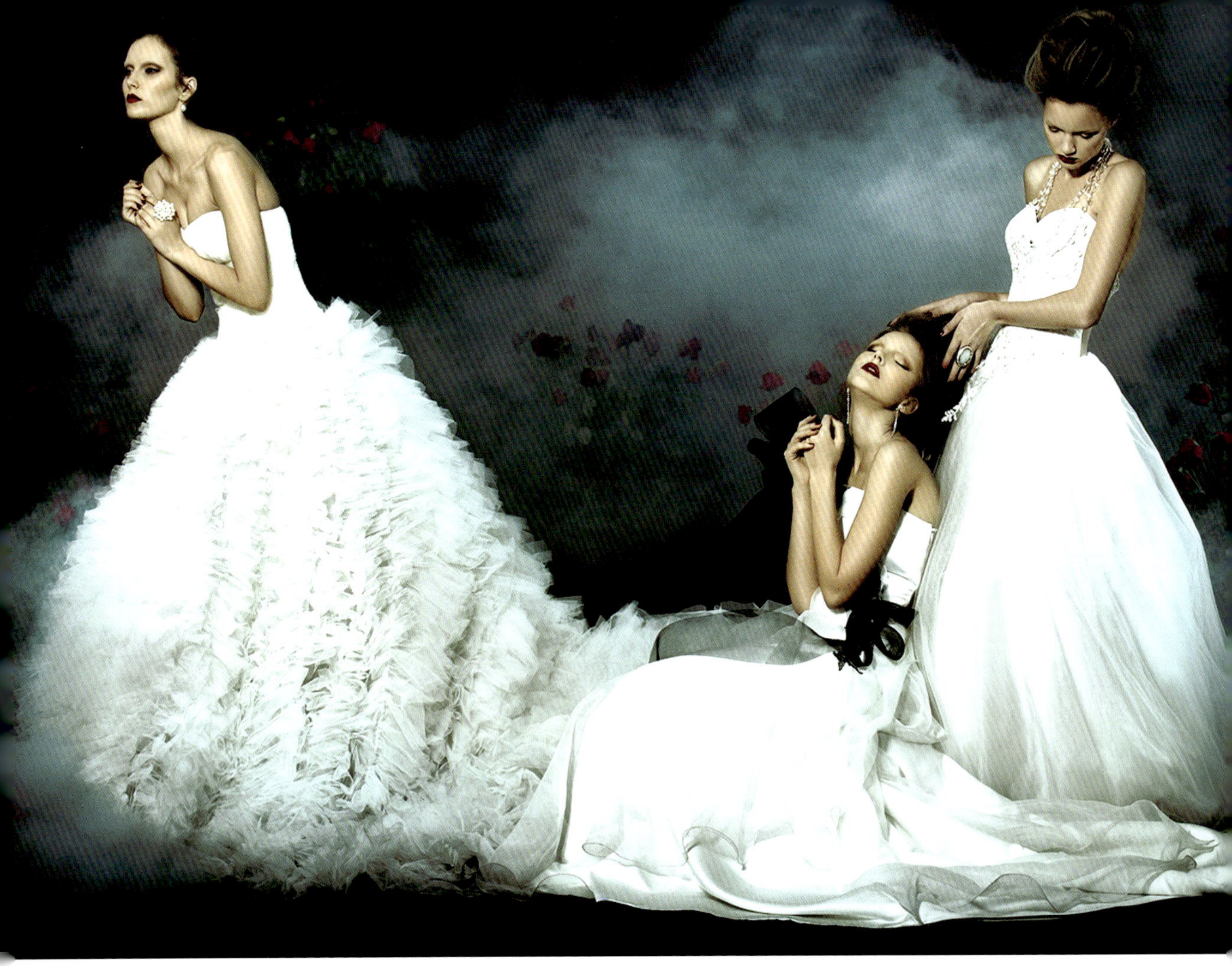

卡地亚女人
奢华私享

穿王薇薇婚纱结婚 对于一个卡地亚女人来说，一生中最重要的时刻就是举行婚礼那一天。这是她生命中最美丽的一天，她会毫不犹豫地选择王薇薇婚纱。一套王薇薇婚纱，就如同一颗卡地亚钻戒一样，象征着神圣珍贵的爱情承诺。王薇薇的设计风格极其简洁流畅，丝毫不受潮流左右，使得出现在婚礼上的新娘看起来就像是精心装扮的公主。一件王薇薇婚纱的价格足以买下一辆名车，但依然让卡地亚女人痴迷。有这样一句流行语：“未婚的姑娘憧憬拥有一件 Vera Wang，已婚的女士时常怀念自己穿过的那件 Vera Wang，再婚的女人庆幸自己可以再要一件 Vera Wang。”这是对王薇薇婚纱翘楚魅力最精辟生动的诠释。

面对着现在年收入两千万美元的好业绩，王薇薇女士一定会感慨世事难料。王薇薇当初设计的第一套婚纱是为自己准备的，因为她在结婚的时候，不幸地发现竟然找不到一件合心意的婚纱，不得已之下才自己动手做嫁衣。从此便一发不可收拾。1990年，王薇薇以家族赞助的400万美元资金，在曼哈顿开设了第一家婚纱店，她以现代、尊贵的设计风格，打破繁复、华丽的传统，逐渐在上流社会打开了知名度。许多好莱坞明星和上流社会名媛都是王薇薇婚纱的追随者，比如莎朗·斯通、凯特·哈德森、乌玛·瑟曼、桑普拉斯的爱妻威尔逊。珍妮弗·洛佩兹为自己选定的最美的华服，也正是出自王薇薇之手。所有选择王薇薇的女人都对设计师王薇薇本人的一句话深信不疑："在你的婚礼上，你是能以情色动人的。"

在瑞典的冰教堂举办婚礼　卡地亚女人会想尽办法让自己的婚礼显得特别一些，到冰旅馆去结婚、度蜜月绝对是难忘的经历。冰旅馆位于北极圈内200公里处的瑞典朱卡斯加维地区。在冰旅馆创建之前，冬季的朱卡斯加维地区因为极夜而少有游人光顾，空剩绚丽的极光漫天飞舞。直到1989年，法国艺术家让努·戴瑞德在此举办了一个冰雕艺术展，几个参观者在鹿皮睡袋里过夜。他们对这种特殊体验异常兴奋，由此诞生了冰旅馆。

每年的冰旅馆都会是另一个模样。因为冰旅馆在每年4月就会开始融化，到了第二年10月，来自世界各地30多个国家的艺术家们会再聚集在这个创造者的乐园，开始建造新一年的冰旅馆。"唯一"是冰旅馆和爱情之间最大的共同点，也是冰旅馆的艺术特质，这正是冰旅馆吸引无数对情侣前来这里结婚、度蜜月的原因。

从冰旅馆门口乘坐狗拉雪橇出发，在雪地上疾驰，到达目的地肯尼勒（Kennel)，周围是纯白的世界，天际隐隐泛着紫红色的光，点起篝火，温暖在四周环绕。这里是纯粹的世界，晚上可以看到北极光。那些在夜空舞动的精灵瞬间即逝，却将永恒留给每双眼睛。

聪明的女人，生活得热闹，但不落俗；生活得优雅，但不寂寞。她们把生活变成更耐欣赏、更可品味的艺术。

冰旅馆里的冰教堂可能是世界上最短暂的教堂，每年12月中旬开始接受新人在此举行结婚仪式，到次年4月就随着阳光把新人的誓言带给上帝见证。也许正是因为教堂的短暂，才更显爱情誓言的永恒珍贵。在圣洁的穹形教堂，白色是婚礼的颜色，除了有牧师主婚和当地人送上祝福，新人还可以入住蜜月冰套房，享受北极星空最绚烂的极光祝福。由澳大利亚设计师丹尼尔·罗森鲍姆和迪伦·皮莱默设计的“改变的国度”套房里，大大小小的雪球在视线里延伸，穹形屋顶下有一张铺着温暖兽皮的冰床，房间充满了魔幻的色彩。想在这里举行结婚仪式不仅仅需要勇气，更需要积极，因为这里的教堂要提前一年预订。

欣赏克莱夫基斯汀的香氛 英国著名的香水品牌克莱夫基斯汀生产了世界上最昂贵的香水，其旗下的普通香水也要2000多美元一瓶。该品牌只选用最罕有、最珍贵的天然有机植物研制香水，目标顾客也锁定在一些真正懂得生活品位的高消费族，比如卡地亚女人。

2007年11月28日，英国伦敦哈罗斯百货公司的一瓶香水赢得了“全球最贵香水”的吉尼斯世界纪录。这瓶香水就是克莱夫基斯汀No.1系列的限量版，名叫“皇家尊严”。容量为1盎司的小瓶“皇家尊严”已经卖到1260美元，而2005年推出的10瓶限量版售价高达21.5万美元。这款香水的瓶子也可以称得上是目前最大的香水瓶，容量为500毫升。它出自水晶世家巴卡拉，香水瓶镶嵌有五克拉的钻石，瓶口由黄金制成，因此仅瓶子本身就异常珍贵。顾客订购了这款香水后，克莱夫基斯汀公司会派人开着宾利汽车送货上门，这无疑更增加了这款香水的神秘色彩。

克莱夫基斯汀出品的No.1系列香水中，最吸引人的是仅发行了100瓶的限量版、瓶颈处有交织字母的版本以及可按照顾客要求改变瓶身形状的特别订购版。其中，特别订购版

尤其受到名流和富翁的青睐，贝克汉姆也不例外。2002 年圣诞节，辣妹维多利亚为丈夫准备的礼物是一瓶球靴形状的克莱夫基斯汀香水。这瓶香水价值 3 万英镑，光是手工制造水晶瓶身就花费了六个月时间，它的瓶盖附近还有纯金花边装饰，并镶有一颗 18 克拉重的钻石。

克莱夫基斯汀公司前身是创立于 1872 年的王冠香料店，由于制造的香水品质出众，维多利亚女王特许他们在标志上使用王冠图案。现在，品牌主要生产“X”、“1872”和“克莱夫基斯汀 No.1”三个系列，其中“1872”是专为女性设计的经典香水，香味源自当年威廉·斯巴克斯·汤姆逊赠予维多利亚女王那瓶香水的气味，其清雅的玫瑰香是由 400 多种名贵玫瑰花炼制而成的，其手工制造的水晶香水瓶上镶有一个 24K 金英国币的银圈，更显尊贵。而以数百种茉莉花做主要材料研制而成的“X”女香可产生吸引异性的神奇力量。

卡地亚之格调

高级珠宝工作坊 卡地亚最珍贵的珠宝都是出自高级珠宝工作坊，那里代表着法国乃至全球最精湛的制作工艺。每件高级珠宝只生产一件，凝结着 工作坊整个团队几个月甚至是几年的心血。在工作坊内，珠宝师、镶嵌师、抛光师、钟表师、铸造师济济一堂。在巴黎，没有一家珠宝工作室能够像卡地亚这样汇集各工种的工匠在同一时空中工作的，这个特点足以提升制作的速度，也能够保有最高的商业秘密。

名人效应 自卡地亚诞生以来，卡地亚珠宝和腕表始终是世界皇室贵族、影坛巨星和社会名流的梦想之物，卡地亚与名人近百年的情缘已成为一个个浪漫的典故，在时光中流转，被世人追随。卡地亚通过不断锻造产品的传奇故事，使品牌能够轻松地找到撬动地球的支点，最终为自身赢得了无上荣耀。

无限灵感 卡地亚从来不畏惧设计上的创新，无论是材质还是造型，因为有着深厚的珠宝制作功底，似乎创新也如会心一笑般举重若轻。卡地亚的继承人并不仅仅满足于在华丽的店铺接待尊贵的宾客，他们不断游历世界各地，搜珍猎奇。卡地亚产品深受俄罗斯、埃及、波斯、法国巴黎等地文化的熏陶，特别是东方色彩的灵感启迪，通过几何图形形成完全抽象的设计，将异域文化的特征淋漓尽致地表达出来。

如果说阿玛尼礼服是明星们走红地毯时的必备服装，那么卡地亚珠宝则是她们在饰品上的不二之选。

160多年的辉煌历史，来自于卡地亚的众多传奇代言人——皇室与名流。1915年，英国王储威尔士亲王特地从卡地亚订购了27个冕状头饰，并在他被加冕为爱德华七世的典礼上佩戴。两年后，爱德华七世赐予了卡地亚皇家委任状。此后，卡地亚又陆续受到了西班牙、葡萄牙、俄罗斯、比利时、埃及等国王室的委任状，成为这些王室的御用珠宝供应商。

1936年12月，继位不到一年的英国国王爱德华八世为了和离异两次的美国平民女子沃丽丝结婚，毅然宣布退位。爱德华八世的弟弟乔治六世即位后，授予他温莎公爵的头衔。几个月后，不爱江山爱美人的温莎公爵同沃丽丝结婚，开始了一段传奇爱情故事，而皇室珠宝商卡地亚一直点缀着这个爱情故事。

温莎公爵送给未婚妻的第一份礼物就是卡地亚的一枚镶有红宝石和蓝宝石的图章戒指。结婚那年，他又把两对镶有天然珍珠和钻石的珊瑚耳环和一个镶有圆形钻石和两颗红宝石的手镯送给了她。卡地亚珠宝成了他们的定情物，珠宝闪耀的光芒见证了这段旷世之恋。

结婚后，温莎公爵夫人收到了一个装有57件卡地亚首饰的珠宝盒。为温莎公爵夫人设计这些精美首饰的是一位杰出的女艺术家——让娜·图桑。让娜·图桑创造了以动物为主题的珠宝首饰，并说服温莎公爵夫人成为第一位佩戴动物造型珠宝的人。这些珠宝中最为著名的是一个镶满钻石的猎豹，守护着一颗152.35克拉蓝宝石的胸针。当年，为了争夺全球最会打扮的女性的头衔，经常与温莎公爵夫人较量的费洛斯夫人也为自己订购了一只镶嵌蓝宝石和钻石的美洲豹造型胸针。在这之后，卡地亚猫科动物造型的珠宝逐渐成为了成熟、智慧、优雅女性的首选。

除了这些皇室成员之外，卡地亚的名人相册中不乏社会名流、电影明星、歌手等。卡地亚也是大银幕的宠儿。早在1926年，卡地亚就在古装电影《酋长的儿子》中登上银幕，男主角手腕上佩戴的就是他本人珍爱的卡地亚腕表。随着好莱坞影视业的发展，许多制片人开始致力于提高影片的气质和品位，而卡地亚也就有了更多登上大银幕的机会。在《女人》、《待到重逢时》等多部经典影片中，卡地亚把女主角们装扮得更加迷人可爱。在《救生艇》中，被困在大海中的女主角极不情愿地将她的卡地亚钻石手链作为鱼饵扔进了大海。在著名喜剧《热情似火》中，男主角将一条卡地亚手链送给女主角作为定情之物，而最令人难忘的是在《男人都爱金发女郎》中，玛丽莲·梦露充满激情地演唱“卡地亚……”，向银幕前的观众表达了她对卡地亚的钟爱。

如今的卡地亚已不再是皇室的专有，而成为全球时尚人士的奢华梦想。每一件经过精心设计、打磨的卡地亚作品，都倾注了设计者及制造者的艺术灵感和精湛技艺，散发着历久弥新的优雅气质，是可以世代传承的珍品。

香奈儿女人

Chanel & Women

香奈儿融合了奢华与优雅，勇敢与大胆，同时，它又有一种微妙与难以言喻的特质，是一种“女人中的女人”的表达方式。

香奈儿女人是挑战传统的先锋，是伟大的革新者，开放式思维使她们勇于探索无人问津的处女地，坚强的性格使她们成就事业的巅峰。

“与众不同”是她们的共同宣言。

香奈儿女人是具有革新精神的女性。她们通常非常聪明，有远见卓识，充满傲气，并拥有难得的倔犟和强烈的好奇心。她们特立独行，有永不妥协的个性，以向世俗唱反调为乐趣。她们有着黑天鹅般优雅的姿态，以及伟大的决心。她们不是女权主义者，也不是思想家，但她们用自己的方式为女性同胞的解放进程作出了贡献。她们喜欢打破常规，逆流而上，另辟蹊径，不受制于陈规陋习。如果大多数人以一种方式行事，她们就有极好的机会反其道而行之。香奈儿女人不喜欢被别人形容成天才，因为这个字眼似乎暗示着她凭借的只是很多的运气而非努力。她宁愿人们记得她是一个创作者或者革新者。

如果说有一个单词，可以穿，可以戴，可以炫耀，可以自恋，在人们心中，它既有智慧内涵又有美丽外表，更是一种自信、独立、现代的新女性标志，这个单词无疑就是——香奈儿。提到香奈儿，人们随即想到香奈儿 5 号。没有任何号码，能像香奈儿 5 号那样深入人心。它是那么的神秘而性感，杳渺而飘忽，萦绕了大半个世纪，持续不退的香气，以始终不变的姿态，成为世纪经典。人们之所以痴迷于香奈儿 5 号，在于它桀骜不驯的个性——它是一瓶不试图重现花香的香水，它是世界上第一款合成花香调的香水。在当时还没有人敢于挑战合成香水，直到今天，市场上的香水无一不是

N°5
CHANEL
PARIS
PARFUM

试图将鲜花的香味重现，并以仿真花香为骄傲。

性情平和的女性不会热爱香奈儿5号，因为它是那样强烈，仿若给人当头一棒。“不用香水的女人，是没有前途的女人。”相信世界上再没有一个女人敢于像可可·香奈儿这般直接干脆地作出论断。可可·香奈儿以革命的姿态将女人香变成一种呐喊，她说：“香水要强烈得像一记耳光那样令人难忘，用不着待了三个小时才让人闻出来，要很浓郁才行。”以此为理念的香奈儿5号的确十分强烈——“香奈尔5号，做到了人们对它所要求的一切，‘个性化到牙齿’了。”

香奈儿女人要把自己的理念呐喊出来，而不是隐藏在日记本或论文中。她们相信自信是克服讥讽的传统主义者的关键，在她们达到顶峰之前，几乎无人相信她们的思想概念；前进中她们不得不以自信克服朋友们的怀疑，就像可可·香奈儿女士所做的一样。可可·香奈儿终其一生不断地超越传统、创造风潮。毕加索称她为“全欧洲最有品位的女人”，萧伯纳则封她为“世界时尚奇葩”，毋庸置疑的独特魅力让可可·香奈儿创造了一个奢华传奇。“香奈儿代表的是一种风格、一种历久弥新的独特风格。”可可·香奈儿如此形容自己。她总是对抗传统的：当人们还穿着密不透风的衬衫的时候，她已经将衣领解开，并穿上可露出脚踝的男性裤装，满怀自信地昂首街头；当布料供应因第一次世界大战而短缺之际，她采用了原本只用于男性内衣的针织面料制成了令人惊叹的女装，而这些竟然都出现在一般妇女思想守旧的时代！

香奈儿女人那前卫的精神使她们能够吸引许多最有权威、才华独特的男人。香奈儿女士就结交了许多艺术家，像毕加索、达利、史特拉文斯基及戴雅吉列夫，而这些人只是拜倒在她洋溢的才华及传奇的聪慧下的仰慕者中的少数。香奈儿女人的爱情是轰轰烈烈的，她们遵循着内心的声音而不被其他因素干扰，她们在爱着的时候是疯狂而无私的，但是万一爱情褪色，她们会毫不犹豫地离开，不会让世俗婚姻成为枷锁。香奈儿女士一生都没有结婚，而另一位喜欢香奈儿5号的女人玛丽莲·梦露经历了三次婚姻。在常人眼中这些是不幸，而在香奈儿女人眼中，这些不过是追求理想生活的一个过程罢了。

喜欢香奈儿的女人们

好莱坞影后妮可·基德曼是香奈儿香水的前任代言人，她被誉为“本世纪最美丽的奥斯卡影后”。出生于澳洲的妮可早年曾借助前夫汤姆·克鲁斯的名气一度走红，离婚后，她的演艺事业却出奇地顺利，并且她夺得了奥斯卡影后的桂冠。2004年，妮可·基德曼为香奈儿5号拍摄了一个四分钟的广告片，得到了400万美元的片酬，这样高的片酬是史无前例的。为此，吉尼斯世界纪录大全已经将妮可拍摄一分钟香奈儿商业广告的报酬载入纪录，称妮可是片酬最高的商业广告女皇。

广告女皇的奢华生活自然非一般人可比，2006年，妮可与歌手凯斯·厄尔本举办了盛大的婚礼。虽然这是妮可人生中的第二次婚姻，新郎也远没有汤姆·克鲁斯有名，但是这并不妨碍这场婚礼的受关注程度。为了让到场的宾客尽兴而归，妮可花费了20万英镑包下悉尼洲际酒店的120个房间，而每位客人更会有200英镑的限额作为饮食支出。此外，妮可更精心安排了SPA及美容院服务给到场的女嘉宾，可谓设想周到。当众多好莱坞明星们都热衷于在迈阿密或者加勒比海岛度蜜月时，她却选择了距离自己家乡澳大利亚很近的法属大溪地的波拉波拉。

为了这一次浪漫之旅，她订下了每晚需要花费1.5万美元的独立度假屋，配备24小时管家服务、私人厨师、按摩浴池，还有一片私人海滩。在这个不受外界打扰的世外仙境，妮可与厄尔本尽情享受二人世界，白天他们乘小艇出海，傍晚回到酒店，坐在私人海滨柔软的沙滩上，静静地眺望夕阳西下的美景，享受难得的私人时间。

美国“报业第一夫人”凯瑟琳·格雷厄姆是香奈儿的忠实顾客。凯瑟琳·格雷厄姆以一份报纸扳倒了美国前总统尼克松，成为美国新闻史上的传奇人物。凯瑟琳·格雷厄姆曾多次在盛大晚宴后，拒绝与场内女士退到楼上让男士们在楼下边抽雪茄边谈论世界大事，而是参与其中。她热爱简朴的生活，最喜欢黄昏时分在厨房与朋友们一起烹饪菜肴，当有人要求替她代劳时，她会不悦地说：“那是我的工作。”

凯瑟琳·格雷厄姆是著名的乔治敦女士俱乐部的一员。在华盛顿的城区乔治敦，上流圈子的聚会成为白宫会议桌的延伸，一些名门贵妇凭借聪慧的言谈、不俗的品位和高超的社交手腕，引朋聚友，将自家的餐桌和客厅渐渐变成政坛的编外阵地，觥筹交错间展露自己独特的才华，不知不觉左右着美国甚至世界。凯瑟琳·格雷厄姆曾说：“大部分的政治决定都是在乔治敦的晚餐桌上作出的，其数量连白宫的椭圆形办公室也赶不上。”乔治敦的女士聚会影响至今，成为美国政界人士的一种生活方式，乔治敦的女人通过她们的隐形势力，引领着时尚风潮和女性国民的生活方式，她们为全世界的女性树立了一种传统之外的榜样。

当她们身着华彩绚丽的礼服，行走在熠熠生辉的舞台，我们知道，她们即将上演最华美的篇章。在她们的表演中，我们屏息，我们凝神，我们掌声如雷。她们微笑，扬长而去，不留恋掌声，亦不迷恋人群，所有的一切，皆举重若轻。

■ 妮可·基德曼

到斐济出海垂钓 钓鱼在欧美发达国家已有上百年的历史，与高尔夫、马术和网球并列为四大贵族运动。大多数香奈儿女人对钓鱼的喜爱莫过于抓鱼时的激动和兴奋，还有满载后的成就感。临海垂钓固然浪漫，而驾驶游艇出海垂钓更加梦幻。香奈儿女人，带上渔具，出海去吧！

斐济是钓鱼的好去处。清凉的海风吹拂着高耸入云的椰林，岛上热带树木浓绿成荫，海滩边洁白的沙滩，海里奇形怪状的珊瑚礁，色彩斑斓的鱼儿将海水搅得五彩缤纷，到处充满热带海洋的原始美感，这里不是天堂，这里是有南太平洋“十字路口”之称的斐济。对于亚洲人来说，斐济远没有马尔代夫受追捧，而西方人对斐济可是情有独钟，他们每年

斐济莫诺瑞克岛

都会涌到这里观赏新年曙光，或者只是享受纯度假的惬意。

斐济由330多个岛屿组成，其中100多个有人居住，还有一些则被开发成了有五星级酒店和各种现代化休闲设施的度假海岛，甚至是只接待一个家庭的奢华私人度假海岛。很多欧美明星和富豪名流都曾在斐济留下身影：比尔·盖茨、席琳·狄翁、麦当娜、小甜甜布兰妮、妮可·基德曼。很多西方电影也选择在这里取景，好莱坞名片《蓝色珊瑚礁》就是在塔妙妮岛拍摄的。

因为斐济的海是五颜六色的，沙子、珊瑚、礁石、五彩的鱼群在阳光照射下让海面仿佛变成了一块巨型调色板。更新奇的是，当地人都说在斐济的海水里可以徒手抓鱼，这不是幻想，事实正是如此，在斐济通透的海水里，鱼群会以为你是同类和你贴身戏水，那种感觉妙不可言。在斐济驾驶游艇出海垂钓，欣赏着海水千变万化的蓝色，从粉蓝色、湛蓝色到深蓝色，再延伸到远处，与蓝天相连。这种景象很容易让人发出“天堂不过如此”的感叹。香奈儿女人一定会被钓到的鱼儿们惊得说不出话来，它们是如此美丽，仿若精灵。斐济的许多岛屿都如天堂般美丽，景色绮丽而人烟稀少。这里既没有大都会的喧嚣，也没有追名逐利的人群，看到的只是善意的笑容，听到的只是乐天知命的生活哲学……

近些年，香奈儿正在致力于让体育运动变得更加时尚化。品牌最新推出的渔具属于香奈儿最新运动系列的一部分，这一运动系列还包括滑雪用具、网球用具和自行车用具。可可·香奈儿女士是垂钓运动爱好者，她尤其喜爱在挪威海域垂钓大马哈鱼。所以当香奈儿推出运动系列用具时，怎能少了品牌创始人热衷的户外垂钓用具？该套垂钓装备包括：一根黑色钓竿和一套黑白虫形鱼钩，它们与小型工具箱、线轴等被一同放在了做工精致的香奈儿渔具包中。

到拉斯韦加斯体验雪花 SPA 这世界上没有什么新奇之物是香奈儿女人不敢尝试的，越是匪夷所思，她们越觉得刺激。她们会通过新奇的体验激发自己的灵感，香奈儿女士当年也乐于此道。去拉斯韦加斯体验雪花 SPA 一定会引起香奈儿女人的兴趣，这个雪花 SPA 位于拉斯韦加斯第一个主题赌场度假酒店——恺撒宫内。希腊罗马风格的恺撒宫酒店建于 1966 年，坐落于佛朗明哥路与拉斯韦加斯大道的交叉路口。恺撒宫酒店造景豪华，有雄伟喷泉、数家餐厅、两个赌场、健身温泉疗程、美容沙龙、购物中心、网球场、四个娱乐中心与表演厅。

恺撒宫酒店有一个雪花 SPA 馆，其特色在于内部设置了一个被称为“北极冰室”的房间，房间内雪花缓慢从天花板飘下，室内温度维持在 13℃左右。这种让身体迅速冷却的过程对健康有好处，古罗马人就喜欢在浸泡热水澡后享受一下冰凉的感觉。北极冰室是全美国唯一的一家雪花 SPA 馆，受到数千年前欧洲人洗澡时用雪清洁身体的启发，馆内准备了雪，供那些想用雪擦拭身体的顾客使用。香奈儿女人可以在冰室边喝绿茶，边读报纸或看电视。

首先要享受普通桑拿，在 90℃的木屋内蒸桑拿，让身体出汗。当感觉到过热时，就可以来到北极冰室了，感受冰室 13℃的凉快氛围，同时用冰室的雪花擦拭身体，除去身体上的汗并让身体降温，以便再次返回木屋蒸桑拿。冰室内的雪并非真正的雪，而是人工制造的，由 98%的水和 2%的无害化学成分组成。这种混合物与电影中常用的人造雪花相同，并不是特别冷。

相对而言，欧洲的冰雪 SPA 馆将冰室温度维持得更低，例如瑞士格施塔德一家冰雪 SPA 馆将冰室温度控制在零下 12℃，德国斯图加特一家冰雪 SPA 馆则把温度控制在零下 17℃。低温对人体的免疫能力和循环系统有益，温度的落差能提供让身体放松的效果。

驾驶宾利汽车“招摇过市” 香奈儿女人不满足于单纯拥有一辆轿车或者一辆跑车，她们要拥有这二者的结合体。宾利具有法拉利的速度，劳斯莱斯的奢华。《纽约时报》曾以一种膜拜的口吻评价宾利车：“这辈子你都别想拥有它，能看见就是一件幸事。”每一款宾利汽车都流淌着显赫的贵族血统，彰显着顶级豪华的尊贵气派，闪烁着极速飞翔的耀眼光辉，这些出类拔萃的传统无不通过宾利汽车精湛的设计得以体现。

香奈儿女人尤为看重“手工打造”这四个字，手工打造意味着尊贵、意味着品质。手工打造一直是宾利的骄人传统，也是其贵族血统的重要保证。宾利汽车的内饰之豪华精细堪称世界名车之冠。这当中最考究的，莫过于手工缝制的真皮内饰以及木质饰板。内饰所用皮料全部选用斯堪的纳维亚半岛的牛皮，因为那里的牛是圈养的，皮质细腻且没有疤痕。通常，一辆顶级四门车消耗的牛皮可达27张，缝制工时超过150个小时。地毯是最顶级的手工编织羊毛地毯，而木质饰板加工的部分可谓苛求完美，连木纹也讲求对称。

如果香奈儿女人想要定制一辆专属的汽车，宾利完全可以满足她的要求，看看以下事例，你就会明白什么是真正的"量身定制"。一位美国顾客定制了一个不锈钢制的油箱盖，他想在上面再加上搪瓷制成的品牌LOGO；还有人希望把他们花园里那棵心爱的树"移植"到车厢里，做成内饰的配件，这样做将耗费大量的金钱，因为需要检验树木的安全性和耐用性；更有人要求车厢坐椅上应用鸵鸟及水牛皮……这种千奇百怪的订单，恐怕世界上只有一个品牌敢接手，这就是宾利。宾利鼓励准车主参与新车的设计，不论是想在车中安装家庭影院、雪茄湿度控制器，还是一个弹出式的迷你酒吧，甚至最先进的视讯会议系统，没有一样是办不到的，而且任何一个细微之处都不会被忽略。英国球星贝克汉姆就曾委托宾利在他送给爱妻的礼物"欧陆GT"中，设计了一个写着维多利亚名字的化妆箱。所以，如果下次你看到某辆宾利上装饰着香奈儿珠宝，车内飘散着香奈儿香水的味道，不必惊讶，这一定是香奈儿女人的杰作。

香奈儿之格调

突破传统 无论是带有强烈男性元素的运动服饰、打破旧有价值观的人造珠宝、带有浓郁女性主义色彩的山茶花图腾，抑或是玛丽莲·梦露在床上唯一的穿着香奈儿5号，香奈儿屡屡挑战旧有体制创造出新的时尚。香奈儿最特别之处在于实用的华丽，其设计师从生活周围撷取灵感，尤其是爱情。不像其他设计师要求别人配合他们的设计，香奈儿提供了具有解放意义的自由和选择。

唯美广告 广告是树立品牌形象和促进产品销售的重要载体，任何一家公司都会关注广告传播，香奈儿在这方面的操作可谓是典范。1956年香奈儿5号成为第一个利用电视媒体做广告的香水品牌。在平面广告方面有着惊人的视觉表现，如黑色、红色等纯色背景上耸立着一个硕大的"5"字，一个极品美女站在正中央，香奈儿5号香水已从美女的手中飞了起来，香水浪漫地在空中飘洒，给人一种美、一种强烈的视觉感，另一方面又与其品牌内涵紧密地结合在一起，传达的是一种高尚、飘逸和典雅。

化繁为简　香奈儿女士的设计理念很独特：“我的美学观点跟别人不同：别人唯恐不足地往上加，而我一项项地减除。”这个充满天赋的见解在香奈儿5号的香水瓶上得到了最好的体现。香奈儿5号香水瓶简单的外形设计在那个时期的香水作品里面是最怪异的一只，在所有以繁复华美为目标的香水瓶中，唯有香奈儿5号像一个光溜溜的药瓶。也正是这种现代感，让香奈儿5号香水瓶在1959年荣获“当代杰出艺术品”称号，跻身于纽约现代艺术博物馆的展品行列。

1910年，一位诗人曾经这样形容巴黎：“在巴黎，可以感觉到欧洲的心跳，巴黎，是城中之城。”同一年，在这个“城中之城”里，可可·香奈儿开设了一家女装帽子店，凭着非凡的针线技巧，缝制出一顶又一顶款式简洁耐看的帽子。当时女士们已厌倦了花巧的饰边，所以香奈儿简洁的帽子对她们来说犹如甘泉一般清凉。短短一年内，生意节节上升，香奈儿女士开始进军高级定制服装的领域。1913年，香奈儿女士开设了两家时装店，后世影响深远的香奈儿品牌正式宣告诞生。

香奈儿女士将服装设计从男性观点为主的潮流转变成表现女性美感的自由舞台。她抛弃了紧身束腰、鲸骨裙箍，提倡肩背式皮包与织品套装，可可·香奈儿一手主导了20世纪前半叶女性着装的风格、姿态和生活方式，创造了一种简单舒适的奢华新哲学，正如她生前所说：“华丽的反面不是贫穷，而是庸俗。”

如果论及什么产品是香奈儿的终极之作，答案并不是服装，而是香水。香水是女人永恒的情人。传说埃及艳后克丽

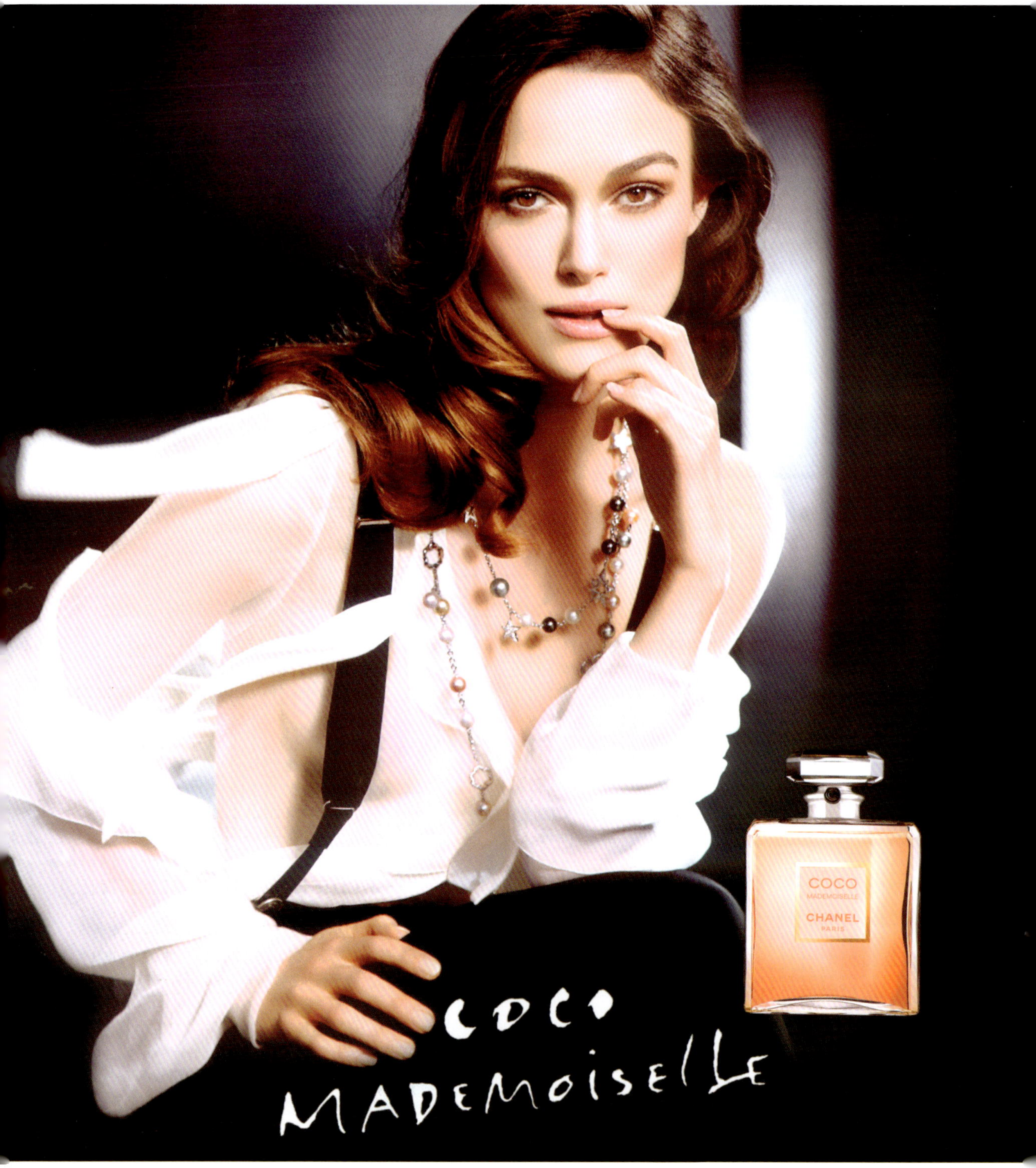
COCO
MADEMOISELLE
CHANEL
PARIS
COCO
MADEMOISELLE

奥佩特拉在自己的身上涂满花香，接连迷倒了罗马的恺撒大帝和安东尼将军，使他们甘愿为之效劳。自此，神奇迷人的香水便诞生了。此后若干年，法兰西成为香水之国，浪漫的法国人认为味道比形象更容易记忆，它的特别在于唤起了人们对美好过去的怀恋，各种情感体验重新来过。塞纳河旁的巷道，飘散着芬芳的气息。以至于人们念起"巴黎"这两个音节时，声音中仿若也可嗅到香气。

在巴黎展开一场寻香之旅，第一站便是香奈儿巴黎总店。香奈儿在香水界的地位无可比拟，几乎每个女人都渴望拥有它。香奈儿 5 号已经成为经典香水的代名词。多年以前，曾有一个菲律宾渔夫走进一家昂贵的精品店里，他没有开口说任何话，只是默默地伸出五根手指，就买到了他所想要的香水——香奈儿 5 号。香奈儿让 5 号成为香水界的一个魔术数字，代表一则美丽的传奇。

No.5 是香奈儿的第一瓶香水，也是第一款合成花香调的香水，灵感来自花束，融合了奢华与优雅，并且具有勇敢与大胆，完全打破传统的精神。同时，香奈儿 5 号又有一种微妙与难以言喻的特质，是一种女性特有的表达方式。1954 年，玛丽莲·梦露和新婚丈夫乔·迪马吉奥到亚洲度蜜月。在有 200 多人参加的招待会上，闪光灯不停地闪烁。有一位记者问梦露："请问您夜里穿睡衣吗?"面对这个轻佻而难堪的问题，梦露莞尔一笑，回答说："我穿香奈儿 5 号睡觉。"

直到今天，香奈儿 5 号依然稳坐世界香水销售冠军的宝座。1956 年，它还成为纽约大都会博物馆的收藏品。正如香水专家一样，女性们都同意将香水历史分为两个阶段："香奈儿 5 号之前"与"香奈儿 5 号之后"。

爱马仕女人
Hermès & Women

爱马仕是商人中的艺术家，艺术家中的商人；它是美学和时尚的最佳结合体，是永不落伍的流行。

爱马仕女人是拥有艺术气质的女子，内心敏感，品位独具，多情且浪漫，拥有让世界着迷的魅力。

她们是人类的生活艺术家。

每个人身上都有一个曾经夭折的艺术家，日复一日的日常生活，销蚀了大部分人的艺术激情，只剩下少数可爱的偏执狂，对抗着平淡无奇，拒绝过粗糙的生活，她们就是爱马仕女人。每一个迷恋爱马仕的女人，都是追求精神自由的艺术型女性。她们购买爱马仕产品可能仅仅是为了欣赏和收藏。爱马仕是奢侈品王国中的“异类”——它从来不认为自己是“奢侈品公司”，相对于赚钱，爱马仕家族对历史、哲学、艺术和鉴赏更感兴趣；爱马仕家族也不承认自己生产的是时尚产品，他们说：“在爱马仕看来，流行和时尚从不属于爱马仕，爱马仕只是坚持选用最好的传统、材质和手工，让经典与时间结盟。”

在爱马仕，创意高于生意。这个品牌拥有无穷无尽的想象力，达到了精神世界的自由。爱马仕产品种类包罗万象，从皮具、丝巾、服装、香水、手表，到瓷器、餐具、珠宝、配件一应俱全。要从如此庞杂的产品中找出它们的共同点，在别的品牌看来似乎不可能，然而在爱马仕却非常容易——艺术，这是爱马仕所有设计的出发点以及归属点。

爱马仕以马具起家，最有特点的产品是女士手袋和丝巾。购买爱马仕手袋的女人可以同时拥有LV、迪奥、古驰手袋，而购买爱马仕丝巾的女人永远只钟情于爱马仕。每一方爱马仕丝巾从选题开始，经由设计、配色、制版、着色、手

工卷边等工序，前后需时超过18个月。每一方丝巾图案都需要得到爱马仕全部六位艺术总监的一致认可方可确定。每一方丝巾都有一个精彩、生动的背景故事，如同一件值得收藏的艺术品。

爱马仕女人是富有异国情调和魅力的女性。她们内心充满着美好的幻想，情感犹如一部优美的随想曲。她们很容易唤起别人的倾慕，但她们的感情并非唾手可得。一句话就可能触动她们的心弦，一点小事也会使她们扬长而去。恋爱对她们而言，是一种“要不就是拥有全世界，要不就一无所有”的事。一旦陷入爱情，她们就等于坐上了一列几乎停不下来的过山车。她们为了爱情有可能会作出生活中的改变，比如搬家、换工作或是向老朋友道别。

爱马仕女人有典型的都市气质，她们生活节奏快，每天有各种各样的活动和安排。她们在灵感和想象方面有出色的天赋。她们希望生活是无忧无虑的。她们思维敏捷，但有时也会缺乏冷静的权衡，需要不断地改换环境，例如外出旅行、与别人交流思想，或者在各个方面表现自己，否则她们就会感到烦躁不安。如果她们周围的一切如一潭死水，没有生气、更新与变化，她们会感到厌烦。

她们的性格无拘无束，对外界包罗万象的事物有永无休止的好奇心，她们是兴趣广泛，并愿成为传播、普及信息的人。但她们时常表现得有些轻率和神经质，常常沉湎于令人难以理解的意念之中，只喜欢做感兴趣和使自己开心的事。

爱马仕女人喜欢具有感情特质的礼物。比如一些简单的、有创意的礼物，包括手制卡片、水果篮、特别的甜点和刺绣的枕头，这些礼物会让她们感动于真诚的爱意和关心，在她们心里，这些东西远远超过任何贵重的礼物。

爱马仕产品和爱马仕女人在很大的程度上像对孪生姐妹，典雅、创意缤纷、多彩、柔情……这种感觉上的认同，让爱马仕女人如同找到了一个亲密的闺友，所以，她们不能不爱爱马仕丝巾。

喜欢爱马仕的女人们

爱马仕博物馆里有一本珍贵的留名册，上面写有温莎公爵夫人、丘吉尔、玛丽皇后、安迪·沃霍等名流的名字，他们都曾是爱马仕的客户。而英格丽·褒曼等好莱坞明星的青睐，则续写了品牌的传奇。英格丽·褒曼是继葛丽泰·嘉宝之后在国际影坛大放光芒的另一位瑞典巨星，被誉为“好莱坞第一夫人”的她拍摄了许多脍炙人口的影片，也许英格丽·褒曼最经典的形象还是她在《卡萨布兰卡》中扮演的伊尔莎。片中，英格丽坐在钢琴边喃喃地说：“山姆，看在老朋友的分儿上请再弹一遍《时光流逝》。”在亨弗莱·鲍嘉举杯时盈盈浅笑，在薄雾机场上黯然送别……

英格丽是当时最有魅力的女性，但是她始终保持了她的本色：热衷舞台，热衷生活，爱吃冰激凌，爱在雨中散步，在演员生活中希望扮演每一种角色，在人生舞台上也尽情领受生活的情趣。她在 23 岁那年从瑞典初到好莱坞时，宁愿马上拎起行李回国也不接受公司老板要她“改头换面”整容

英格丽·褒曼

的命令，从此她以她著名的“本来面目”出现在银幕上。在英格丽·褒曼的辉煌岁月里，她引领了一代人的时尚。她剪短发，会使短发成为当年流行的发式；她不化妆在银幕上出现，化妆品销售量便降低；她演修女，进修道院的人便增加；工业家侯活晓士有一次买下从纽约飞往洛杉矶的全部机票，只为了让她接纳乘坐他私人飞机的邀请；一个影迷亲自从瑞典赶到罗马把一只羊送给她；还有些信件的地址只写“伦敦，英格丽·褒曼收”，便能送到她手里。至今，这位和嘉宝一样的“瑞典最有价值的出口产品”仍是美国人心中的圣洁偶像。

爱马仕手袋的代表作凯莉包是为摩纳哥王妃格蕾丝·凯莉而做，柏金包是因法国女星简·柏金而诞生的。爱马仕第五任总裁让·路易斯·杜迈一次在飞机上偶遇初为人母的法国女星简·柏金，性格直爽的她抱怨说，在爱马仕找不到实用的大提包用来装婴儿用品，于是杜迈就专门为她设计了后来让全世界女性为之疯狂的柏金包。女人们相信即使只穿着最普通的衣服，只要有这款包，就永远都是人群中的焦点。

简·柏金是20世纪70年代法国最有感召力的偶像，也是“法国猫王”塞吉·金斯伯格的前妻。在时尚界，她是短发平胸的中性偶像；在音乐圈，她是软性性感的代名词，呻吟般的歌唱、沙哑的嗓音带着孩童般的纯天然性感。她的生命交织在罗曼司、音乐、电影、艺术、时尚当中。1987年，法国左岸派女导演阿格尼·维尔达拍摄了一部叫《千面简·柏金》的电影。电影作为对已经成为过去的70年代的缅怀，描绘了70年代女神简·柏金的传奇。片中动情地描绘了已经年过三十的简·柏金，有着“无法言表的神秘微笑，如同蒙娜丽莎一样成为永久之谜”。

爱马仕女人
奢华私享

在黑森林闲度冬日时光　爱马仕女人懂得疼爱自己，她们知道最流行的养生疗法，也知道哪里的温泉、SPA 馆是最顶级的。在德国黑森林西北部的边缘，有一个叫做巴登·巴登的小镇，是世界顶级疗养胜地。

如果你问一个德国人：在德国，春天是从哪儿开始的？他会告诉你："巴登·巴登。"巴登·巴登是欧洲 SPA 的中心城镇，这一点从它的名字里面也可以看出来。Baden（巴登）在德文里就是洗温泉的意思。从公元 1 世纪开始，罗马人就在这里发现了地下有神奇疗效的温泉。罗马人在这里盖起了各式大浴场，这里从此成为欧洲名流们专门用来度过一个温泉水疗假期的城市。

巴登·巴登是德国最美的温泉小镇，在德国的地位如同英国的巴斯小镇一样，虽然小，但却是国际化的城市。这样一个小镇，却拥有欧洲第二大的赌场，欧洲第二大的歌剧院，欧洲第二大的赛马会，全德国最高级的温泉疗养院。

19 世纪，世界上所有的大人物都在巴登·巴登小住过几日。这座拿破仑三世所钟爱的小镇，同样接待过俾斯麦、维多利亚女王、俄国沙皇亚历山大和普鲁士国王威廉一世，他在这里还差点被谋杀。但政治家不是唯一享受这里的温泉和温和气候的人群，这座城市同样也接待过文人墨客，诸如陀思妥耶夫斯基、瓦格纳、拉姆斯……

很久以前，一些著名的建筑师受当时君主的委托，要把这个自然风光得天独厚的地方建设得人工与自然浑然一体。

CASINO BADEN

这些伟大的建筑师确实很好地实现了这个“以天空为屋顶”的基本构思。处处花园，处处绿地，别墅、宫殿、亭子、椅子等等仿佛就是天然的。一条小溪从山谷中流过，入夜，四周群山回响，摇你入梦。

到巴登·巴登来旅行的理由很多，有些人是为了这里的欧洲第二大的豪华赌场，有些人是为了这里和谐温暖的气候，或是传说中有神奇疗效的温泉。这里的布莱娜公园泉浴大酒店拥有德国最顶级的温泉浴场和SPA，离小河一步之遥的高雅的灰色酒店外墙掩映在树林和草地中。即使世界杯期间，一旦进到酒店里面，气氛马上就变得轻松惬意。

1999年4月，投资230万美元扩建的布莱娜SPA建成。布莱娜特有的SPA套房从一开业就吸引了很多欧洲名流光顾，著名时装设计师乔治·阿玛尼曾几度造访。酒店SPA中心拥有顶级的专业设备和水疗专家，可以为客人度身制定一套完善的SPA疗程，从日式蒸汽浴、芬兰桑拿到多种身体和面部护理，都有专人提供私密的个性化服务。SPA套房有很高的私密性，提供的是贴身的专属服务，因此得到很多名人的青睐，称它为“私人绿洲”。

有人说巴登·巴登是欧洲的拉斯韦加斯。其实，这里跟拉斯韦加斯完全是两种味道。巴登·巴登也许是欧洲数一数二的赌城，但它也是世界上最美的赌城，甚至可能是最豪华的赌城。每年有60多万富豪从世界各地飞来这里豪赌。然而这里却没有拉斯韦加斯的那种疯狂，这里永远维持着它的安静。赢了钱的，一出门就会买下那些豪华商店中的昂贵纪念品。输了的，也不过笑笑，默然离开。

巴登·巴登的最大赌场甚至也不叫赌场，它有个文雅的名字——休闲宫，这个宫里也并非只可赌博，这里还有音乐厅、舞厅等。白天可以付费参观，从傍晚开始，这里就是一个高雅的娱乐中心，要进入这里必须西装革履。

音乐大师勃拉姆斯曾经说过，他对巴登·巴登“永远有着一种难以言传的向往”。又岂止是他呢，欧洲浪漫主义文学家与艺术大师们都非常喜欢到这个地方来。在舒曼、勃拉姆斯、李斯特等的努力下，这个城市在几百年前便成了欧洲所谓音乐沙龙的中心。难怪欧洲的许多王室都将它作为疗养的首选之地。既有如花美景，又有人文气息，谁会不喜欢呢？

在圣彼得大教堂怀念米开朗琪罗 爱马仕女人一生至少有一次，要来到圣彼得大教堂感受艺术。圣彼得大教堂是欧

洲天主教的中心教堂与梵蒂冈罗马教皇的教廷，位于意大利首都罗马西北的梵蒂冈，是全世界第一大教堂。

梵蒂冈是国中之国，城中之国。面积0.44平方千米，是全世界最小的国家，然而这里却拥有世界上最伟大的教堂和世界上最了不起的博物馆。

教堂最初是由君士坦丁大帝在圣彼得墓地上修建的，于公元326年落成。16世纪，教皇朱利奥二世决定重建圣彼得教堂。整个工程整整持续了120年，此间意大利最优秀的建筑师布拉曼特、米开朗琪罗、德拉·波尔塔和卡洛·马泰尔相继主持过设计和施工。米开朗琪罗设计的金色穹顶成为罗马城中一颗耀眼的恒星。

米开朗琪罗的成名之作雕塑《圣母的哀伤》就陈列在离大门口不远的地方。它刻画的是耶稣被钉在十字架上之后，圣母马利亚紧紧抱着耶稣的凄惨一幕。这尊雕塑是人类艺术史上最伟大的作品之一，米开朗琪罗创作这件作品时只有25岁。当时，人们面对这座雕像，惊讶得失去了言语，没有人相信它出自一个20多岁的年轻人之手。米开朗琪罗一怒之下，半夜里悄悄溜进教堂，在圣母胸前的绶带上刻下了自己的名字。据说这是米开朗琪罗唯一刻下自己名字的雕塑。

对热爱艺术的爱马仕女人来说，圣彼得大教堂右侧的西斯廷教堂也许更有吸引力。这是世界上最迷人的博物馆，文艺复兴时期欧洲的无数经典名作，都被收藏在这个博物馆里。站在西斯廷教堂大厅中央，抬头看天花板上的壁画，那是场面浩瀚的《圣经·创世记》。天堂人间，凡人天使，空中的树，地上的云，梦想中的神殿，传说中的巨人，在巍峨的穹隆间翩跹起舞。米开朗琪罗在这里幽闭数年，一个人站在空中挥笔冥思，把天堂搬到了人间。上帝创造人的传说，在这里被简化成一只手指轻轻点拨，上帝的手指和凡人的手指在云天间接触的瞬间，便诞生了伟大的奇迹。米开朗琪罗的奇思妙想和神来之笔，使所有的文字失色。

爱马仕之格调

优雅的艺术品　让所有的产品至精至美、无可挑剔，是爱马仕的一贯宗旨。目前爱马仕拥有14个系列产品，包括皮具、箱包、丝巾、服装系列、香水、手表等，大多数产品都是手工精心制作的，无怪乎有人称爱马仕的产品为思想深邃、品味高尚、内涵丰富、工艺精湛的艺术品。

不请代言人　爱马仕产品的价格动辄用六位数来计算，可谓顶级奢侈品，但爱马仕从没请过明星做代言人，时尚界分析这与爱马仕的品牌哲学有关——爱马仕认为"流行和时尚从不属于爱马仕，爱马仕让经典与时间结盟"。尽管爱马仕从来没有请明星做代言人，却偏偏成为明星最追捧的皮具奢侈品牌。全世界的女明星都一致认为，拥有爱马仕手袋是自己身份的象征。

高端哲学　在过去的15年时间里，爱马仕销售规模仅扩大了3.7倍，但净利润却扩大了9倍。与此同时，秉承始终如一的"等待式"营销锁定高端客户，也让爱马仕受金融海啸冲击较小，在众多奢侈品公司股价纷纷缩水的情况下，其股价仍保持上涨。

要说爱马仕是全球女人最想拥有的一个品牌，一点都不夸张。每一条爱马仕丝巾要历时一年半制成、每个凯莉包需要数十位工艺家花三天时间手工打造。爱马仕在飞快发展的世界品牌中，选择留下而非流行，其160年的历史，就像人类追求精致美学的缩影，不因商业变调。

总让无数女性为之疯狂的爱马仕，其成功的原因在于品牌精神发自内心与人格。在巴黎的圣奥诺雷路总店，爱马仕令人赞叹的橱窗，是全球橱窗设计师膜拜的殿堂，店中甚至有爱马仕的艺廊，其历代主事者都是杰出的艺术爱好者，所以优雅的美学风范彰显无疑。

1837年，36岁的蒂埃利·爱马仕看到马具销售的广阔市场，在巴黎玛德琳地区开设了首家爱马仕马鞍及马具专卖店，从一开始，蒂埃利·爱马仕就确立了严格的品牌标准——原料上乘，手工精湛。很快爱马仕就成为贵族人士的最爱，并在1867年的世界贸易博览会上，因“不断致力于提升产品品质，力求达到完美境界”而赢得一级荣誉奖项。同时也为爱马仕确立了基本的价值观：尊重过去，同样醉心于未来。

“生活和艺术可以多么接近，思想就可以有多大的空间。”20世纪20年代，爱马仕第三代传人艾马尔·爱马仕推出手袋、箱包、皮带等一系列皮具产品。1937年，为纪念品牌一百周年庆，由骑士外套引发灵感的第一条爱马仕方巾诞生了，它被命名为“女士和巴士”。从此，丝巾将爱马仕引入了新的奇遇。1948年，杜迈·爱马仕带领麾下的工匠艺人，把在镂花模板上印刷的技术运用到90厘米见方的丝巾上。解决了色块间的接缝问题，图案创作延伸出无限的可能性。

爱马仕丝巾不是一片平平滑滑的丝绸，而是有细直纹的丝布，它是把丝线梳好上轴再编织而成，特点是不易起褶皱。有时，为了使丝巾更具特色，会在编织过程中加上暗花图案，如蜜蜂、马等。一方爱马仕丝巾从选题开始，经由设计、配色、制版、着色、手工卷边等工序，前后需时超过18个月。爱马仕通过伟大的工艺，如同雕琢美玉般，让设计灵感重现于一方丝巾之上。这一方寸之地，变成了艺术家创作的乐园，也变成了女人们感受世界的窗口。

奥黛莉·赫本说："当我戴上丝巾的时候，我从没有那样明确地感受到我是一个女人，美丽的女人。"因此当她站在罗马大教堂高高的台阶上将一条小丝绸手帕在颈间随手一系之际，万道阳光都在为她翩翩起舞，整个世界都成了春天。当丝巾阔别固定定义，当丝巾成为某种时尚，当丝巾已不再是丝巾，我们可以确定，这将是丝巾的最高境界，这是爱马仕丝巾的境界。

英国邮票上的伊丽莎白二世系的是爱马仕丝巾；在电影《公主日记》中，女王向公主推荐的是爱马仕丝巾；在中国加入世贸组织的历史性谈判中，美国出色的谈判家巴尔舍夫斯基颈上系的是爱马仕丝巾；走在时尚尖端的章小蕙、李嘉欣等明星也喜欢系上爱马仕颈巾或披上爱马仕披肩……艺术是种享受，是种收藏。每条爱马仕丝巾的图案都有一个故事，蕴涵着设计艺术家、染色师、制版师们对完美的追求。这样的产品传承了爱马仕一贯的信念——眼睛应该接触优雅，肌肤应该与最感性的面料轻抚拥抱。顾客会在岁月的流逝中鉴赏爱马仕产品的神奇，这是种艺术化的享受。

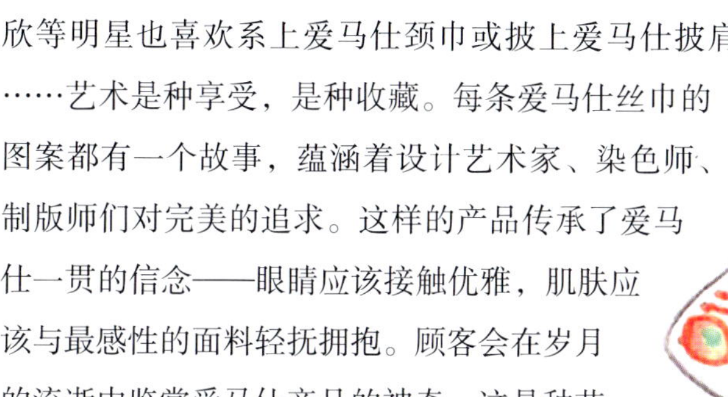

路易·威登女人
Louis Vuitton & Women

LV是经典的时尚符号，它为人们搭建起一个通往理想国的桥梁。

路易·威登女人是格调与品位的追求者，她膜拜经典，社交场合尽显成功女性的尊贵品位；她追求永恒，举手投足间一直是魅力的焦点。

她们是品味生活的精神领袖。

财富让路易·威登女人过上最好的生活，而品位让她们成为精神领袖。路易·威登女人是社会的宠儿，是消费力量的核心，有各种各样的光环附着在她们的身上。路易·威登女人受过良好的教育；大多有一个比较体面的职业，职位上有很大的上升空间；购买世界上最知名的服装品牌，保持和时尚杂志同步的时尚态度；除了事业，她们关注的话题有时装、珠宝、豪宅、私家车等奢侈品，她们的文化生活也会涉猎艺术、文学、咖啡馆、境外旅游、烛光晚餐、俱乐部，她们甚至认为，在自家客厅搁一架钢琴，或在书架上摆满书籍，事关自己的荣誉。

相对年轻一些的路易·威登女人是刚进军事业领域的人群，她们涉世未深，拥有较高的收入，依然为自己的财富努力奋斗着。她们买房、买车，习惯用信用卡消费，每年有计划地旅行几次，有购买奢侈品的热情。

年纪稍长些的路易·威登女人则是事业女性的中坚力量，在职位和收入上比前者有了很大提高。虽然在经济上她们可以从容应付奢侈的生活，但是时间是她们享受生活的最大敌人。她们在自己的房子里居住的时间还没有在办公室和宾馆时间的一半多。各种娱乐活动也属于工作应酬，完全丧失了休闲的功能。

芭芭拉·艾伦里奇在《堕落的恐惧——中产阶级的内心

生活》中这样生动地描述道：“如果这是一群精英的话，也是不安的、焦虑重重的群体精英。如同其他任何低于最安全、富有的阶级一样，害怕不幸而导致地位的下降与坠落。但在中产阶级内部有另外一种焦虑：内心虚弱的恐惧；日渐软弱的恐惧；不能再进取、没有自律意愿的恐惧。即使所有这些通常是其对目标的努力的结果，也会成为一种威胁，因为它掌控着享乐主义和自我放纵的可能性。无论中产阶级是否轻视较少的领域，或者重视更多的领域，总有一种恐惧——坠落的恐惧。”这样看来，路易·威登女人的人生仿若逆水行舟，不进则退。她们是社会中最具抱负与雄心的群体，也是社会中最缺乏安全感、归属感与自信心的群体。路易·威登对于她们来说，是彰显成功的标签，也是鞭策自己的动力。

虽然现在越来越多的奢侈品品牌进入人们的视野，但是，排在“最受青睐的十大奢华品牌”榜首的依然是路易·

威登。迪奥、芬迪、普拉达、古驰、香奈儿……女人们有太多选择，为何纠缠于路易·威登呢？因为——路易·威登销售的不仅是奢侈品，更多的是人们的欲望和自我认同感。正如那部红遍全球的《欲望都市》里说的：“拥有 LV 的那一天，就是我出人头地的那一天。”就像埃菲尔铁塔是巴黎的标志性建筑、布拉格广场是捷克的标志性建筑一样，LV 已经成为成功女性的“标志性建筑”。

地位和自我奖励是奢侈品消费的两个最突出的消费动机。LV 在事业女性群体中销售最旺，因为这个人群更在乎他人对自己的评价，更需要归属感。而 LV 适时并恰如其分

地给出了色彩鲜明的标签，提供“一种看得见的奢侈”。

路易·威登女人不仅仅拥有一个LV包，而且随季节不停地更换花样，有些还是限量版的。但是她们第一个购买的奢侈品，以及最常购买的奢侈品一定是LV。LV除了高品质的原材料、设计师以及工艺流程外，更重要的，是带有强大的“心灵附加值”——可以让它的热衷者在世俗生活中，保有某种现实的向往、拥有的渴望和地位的提高，充分享受现世的快乐。其实，路易·威登本身是一种叙事的方式：创立者和购买者，在一个别人看来是奢侈品的对象之上，达成某种默契，共同拥有了一个关于生活态度和方式的故事。

喜欢 路易·威登的 女人们

■ 尤利娅·季莫申科

乌克兰总理尤利娅·季莫申科出生于1960年，被人们公认为世界上最漂亮的女政治家。她嫁给亚历山大·季莫申科已经有31年了。他们唯一的女儿嫁给了英国摇滚歌手肖恩·卡尔。季莫申科出身贫寒，但她在逆境中毫不气馁，考进大学，攻读经济学和控制论。1979年正值青春妙龄的她嫁给出身官宦之家的亚历山大·季莫申科，之后迅速走上发达的道路。在尤先科2000年至2001年任乌克兰总理期间，季莫申科出任副总理。她的名言是："成为《花花公子》的封面女郎是所有女人的梦想，但我更想上《时代》杂志，这才是我的风格。"

季莫申科个性张扬。她曾荣登全球最畅销的女性杂志《ELLE》的封面，并被登在《花花公子》杂志波兰版的封面上。金色的头发，紫罗兰色的路易·威登服装，再配上香奈

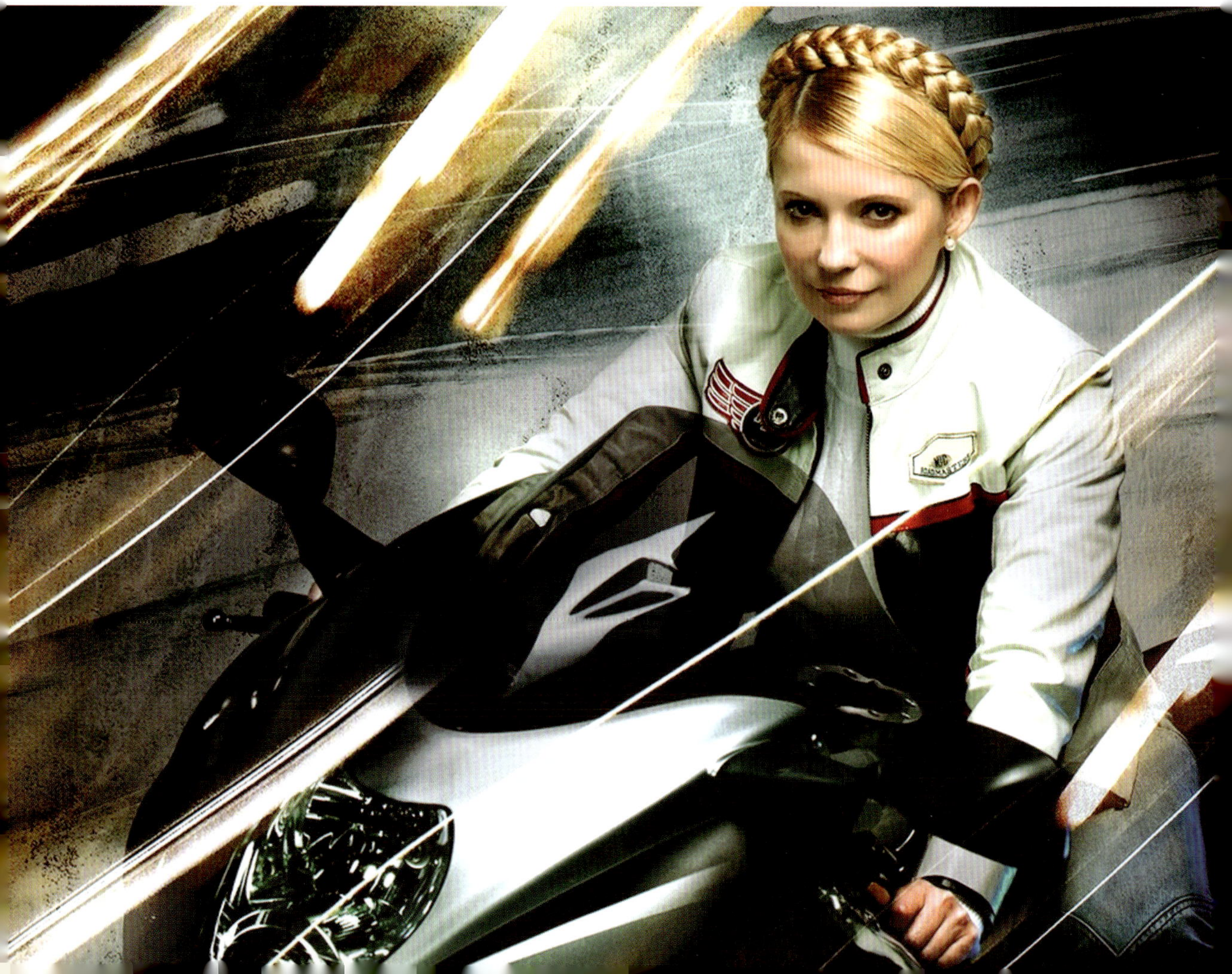

儿品牌的胸针，以及带有乌克兰民族风格的金黄色大发辫，所有这一切都使她成为一位与众不同的政治家。季莫申科保持着政坛着装记录：她曾在不到半年的时间里狂换新衣，在公共场合亮相的服装已超过200套，几乎将巴黎春夏流行女装展示了个遍。她尤为喜欢路易·威登品牌。她经常使用的两款手袋也是路易·威登的，分别价值1280美元和2140美元。《花花公子》说，季莫申科作为世界上非常漂亮的女政治家，征服了广大读者的心，许多人为之倾倒。

季莫申科喜欢穿昂贵、优雅的服饰，最喜欢路易·威登品牌，最喜爱的香水是巴黎的银雨香水。她还喜欢喝价格昂贵的威士忌和白兰地，爱吃西班牙肉菜饭，爱听摇滚乐，特别是她女婿写的歌。她每周还会在私人体育馆里花几个小时锻炼身体。

作为富可敌国的LVMH集团总裁伯纳德·阿诺特的掌上明珠，德尔菲娜·阿诺特是父亲着力打造的家族继承人。144亿欧元，这是金融危机前有关这位女继承人可能继承的财富数字，当然，还有整个LVMH集团。含着“金汤匙”出生，拥有别人一生也享不尽的财富，但她却不是坐享其成的那种人。她有自己的事业，显赫的家世和社交圈中牢不可破的关系网都只是通向成功的敲门砖，也许她比一般人起点高，但真正的成功还得靠自己的努力。2001年，她负责开发推广迪奥香水新品种，迅速取得成功，树立了自己在集团领导层的威望。她28岁入集团董事局，是董事局内唯一的女性。德尔菲娜用成绩证明，自己不仅是“老板的女儿”，更是出色的经营者。

2005年，伯纳德·阿诺特为女儿操办了一场盛大的婚礼，简直堪称是一次时尚界的顶尖秀场。婚礼在法国著名的巴蒂斯特大教堂举行，随后又到波尔多地区著名的葡萄酒庄园伊康城堡举办晚宴——新郎瓦拉里诺·冈西亚是意大利酿酒巨头公司的继承人，这场婚礼的主题就是“时尚＋美酒”。德尔菲娜的雪白婚纱由迪奥的大师花费1300个小时特别定制而成，全部用昂贵的白色奥根纱配以白色珠罗纱，饰以老玫瑰色的精美刺绣。而到场的嘉宾则几乎囊括了时装界的所有重量级人物，人人都穿着迪奥、普拉达、香奈儿、姬仙兰卡等各种顶级品牌的服装争奇斗艳，比任何一场顶级的时尚秀都有过之而无不及。

路易·威登女人
奢华私享

精心打造私家酒窖　对于有的路易·威登女人来说，喝酒是一种从生下来就开始接受熏陶的基本技能，历史悠久的家庭，多数都会拥有私人收藏的酒窖，稀有年份的红酒、特别酒标的纪念版名酒，都直接从最著名的酒庄运到，里面的美酒加起来总价值常常超过千万。置身酒窖中，酒标上的年份既是葡萄酒本身历史的记录，同时，也可以说是历史事件的记录。

路易·威登女人至少应该收藏下列葡萄酒：波尔多红酒、香槟、勃艮第红酒、法国白葡萄酒、德国白葡萄酒、“新世界”（美国、澳大利亚、新西兰、阿根廷、智利、南非诸国）白葡萄酒、意大利或西班牙红酒，还有匈牙利的贵腐酒等稀缺酒类。每种酒都要珍藏若干瓶，因为不同年份的酒味道、价值各不相同。

会喝酒的女人有很多，懂得“养酒”的女人却很少，这是一种技能，更是一种品位。法国诗人波德莱在一首歌中写道：“昨天晚上，酒的灵魂在酒瓶里唱歌。”酒的灵魂为什么在酒瓶里唱歌？因为葡萄酒是有生命的东西，装瓶后仍然会继续成长，成熟，使酒的香气更加丰富浓郁，口味更加圆润柔顺，酒体更加成熟丰满，宛如养在深闺的小姐出落成身穿晚装并且还搭着一条天鹅绒披肩的伯爵夫人。收藏酒的乐趣，正是体现在葡萄酒的这种成熟过程中。正如美国加州罗伯特·蒙大菲葡萄酒公司的CEO所说：“收藏级葡萄酒与艺

1996
MEDOC

术品不同的是，艺术品一旦完成了是永远不再变化的，但一瓶葡萄酒会继续生存、成熟并越过巅峰。”

葡萄酒有着自己的生命周期，一般来说，酒的品质越高，陈酿潜力越大。一般的葡萄酒放几年就没法喝了，而投资级葡萄酒的青春期可以持续 10 年、20 年，顶级葡萄酒甚至需要半个世纪以上才能进入完美境界。

有品位的女人一定要知道保存酒的一切细节，这其实是一件相当细致的事情。首先，保存环境的温度和湿度是有一定限制的，温度必须保证在 8℃～14℃，湿度在 60%～80% 之间，同时还要保证避震和无强光直射。摆放也很重要。葡萄酒的摆放一定是要倾斜的，保持橡木塞永远是潮的，只有保留这一点点空气，才对葡萄酒有帮助，少量的空气可以促成酒的成熟。如果直立放酒，时间长了橡木塞就会变干，大量空气的进入会促使酒老化，影响酒的口感和保存。

所以，对于收藏酒的女人来说，有一个酒窖是必不可少的。再好的藏酒柜也不可能藏下100瓶酒。一个好的酒窖，能够实现和红酒原产酒窖一样的环境，通风，温度恒定，湿度相对合适，避光。这样藏出来的酒必定是人间佳酿。

私家酒窖的概念起源于法国。与酒庄级的天然酒窖不同，私家酒窖是专业配置与艺术设计合一的空间，将储藏美酒的功能性机智地融入起居环境，并充分体现酒窖主人的个人风格，成为一个独立而又不觉突兀的所在。法国品酒师帕特里斯·库亚说："在欧洲的富人圈里，藏酒以万计的人比家有三辆法拉利的人自豪得多。衡量财富的一个高标准就是看你是否拥有稀世珍品的酒窖。"在名流看来，私家酒窖的愿望不单单是孩子希望有个小存钱罐，女人希望有间屋子放鞋子，酒鬼希望有一个私家酒店，更如同《福布斯》所宣称：将来彰显生活品质的，不再是私家游泳池、私人健身房，而是私人酒窖！

依据自家藏酒数量，私家酒窖面积可从几平方米、十几平方米一直达百余平方米。在酒窖里，一般都摆设着依墙而立的名贵实木酒架，在艺术风格上能呈现欧式田园、豪华、古典等多种格调。通过对酒架的造型处理，酒窖配饰如天花板、壁橱、灯光等处理，还能因个人审美喜好，制作符合个人品位的精美酒窖。而在功能上，私家酒窖还能依据主人需要，随时变身为文化休闲、招待朋友甚至商务社交等场所。

《每日新闻》的王室专职记者谷池秀曾披露，日本裕仁天皇的酒窖造价14万英镑，贮藏顶级名酒4500瓶，其中包括11种白葡萄酒和7种红葡萄酒。惠普公司前CEO普拉特在惠普工作了33年，当了七年的CEO，收藏了2500瓶世界各地的葡萄酒。嘉年华油轮公司总裁鲍勃·迪金逊不但拥有世界上最大的油轮公司，而且他的私家酒窖也堪称世界之最，窖中贮藏葡萄酒2万多瓶。"世界舞王"麦克·弗莱利在他那栋位于爱尔兰的价值2300万英镑的城堡中有两个酒窖：一个用来放香槟和白葡萄酒，一个用来放红葡萄酒。

在私人酒窖中，往往会有一些主人珍藏多年的红酒，这些够年头或好年份的酒是主人的挚爱，也是主人品位和个性的象征。在与三两知己品鉴一份珍爱的红酒时，那种沁人心脾的馨香，仿佛是贝多芬交响乐达到高潮时那回绕的短笛声。那独特的酒质随岁月的增长变得愈加醇美无瑕，那种细腻与典雅，已经不是一杯酒，而是一种文化，一种时尚的生活品位。

或者，路易·威登女人窝在自己的私人酒窖里，一个人举起曲线玲珑、晶莹剔透的水晶杯细细把玩，轻轻摇曳，凝视着玫瑰色的酒汁慢慢地沿着杯壁往下流，透出凝脂般迷人的光泽时，她的心是何等的安详、宁静与清雅。

再或者，与情人举杯，舒张肺腑深深地吸一口淡淡的芬芳，再三细闻，久久不忍下喉；然后路易·威登女人轻轻地啜上一小口含在嘴里，让细腻滑爽的甘露在唇齿和舌间颠来荡去，弥漫在口腔的香味纵然入喉后仍余味绕口，让人低首回味不已。此刻，她的思想和感情会慢慢地漂浮起来，畅游在她想去的任何地方——葡萄酒是一首浪漫的诗，在生命里轻柔地燃烧。与朋友举杯，举起那杯路易·威登女人珍藏已久的1990年份的波尔多红酒，然后和朋友一起分享陈化过程所带来的惊喜，那该是一件多么风雅的事情。

培养宠爱自己的习惯 有一天，路易·威登女人忽然发现，生活怎么也慢不下来，咖啡即时冲泡，红酒一饮而尽，不是刺激了兴奋神经，就是触动了敏感脉络。生活中到底缺少了什么？是休闲和享受。每一个路易·威登女人都要对自己好一点、再好一点，培养起宠爱自己的习惯，不妨尝试一下这两个项目：

借由玫瑰人生芳香疗法放松身心。芳香疗法乃是借由特定的香气“唤醒”沉淀已久的美好记忆：那些在孩提时代对

未来的憧憬、对生命的信任、对微小事物的欣赏、对大自然的满心欢愉……当这些清纯童稚的快乐情愫从尘封已久的心灵深处释放出来时，我们便能重新学习如何舍得、如何悦纳、如何宽恕、如何身心安顿。

最适宜女性用于芳香疗法的精油无疑是玫瑰精油。在远古时代，玫瑰不仅因其外表的美丽而受重视，其价值也体现在能当做医药及食品使用，古埃及人将玫瑰视为能治疗百病的良方。埃及艳后就喜欢用玫瑰花作为催情香料，玫瑰花也有助于灵思与安抚情绪。玫瑰精油是最安全、无毒性的精油之一，目前世界上最好的玫瑰精油为保加利亚玫瑰精油，保加利亚的玫瑰花瓣圆润，品质上乘，100 千克鲜花才可以生产出 50 克精油，玫瑰精油被誉为“液体黄金”。

被誉为精油芳疗专家的玫瑰人生是拥有最齐全、最高等级精油产品并提供个性化芳疗方案的专业品牌，其旗下的保加利亚特级玫瑰精油 5 毫升价值近 900 美元，比黄金尤珍贵数倍。这种昂贵精油的神奇并不仅仅在于一滴精油的形成耗费了一千倍以上的等体积原料，它的芳香疗法自古以来就被沿用，一直被人们称为“抚慰心灵的处方”，人们用它来获得那一刻的心灵滋养。当你沮丧、哀伤、忌妒或憎恶的时候，清新甜美的玫瑰精油能抚平你的情绪，振奋心情，舒缓紧张和压力，并且能建立个人自信心，把消极的思想转化为乐观积极的态度。芳香疗法不仅令女人拥有健康的身体，更让女人时刻保持愉悦的心境。

练习瑜伽。由于社会竞争越来越激烈，特别是对一些事业女性，单纯的体操已不能满足她们身心俱修的要求，所以，瑜伽深受推崇。瑜伽既是一种健身体操，也是一种心灵修养方式。它讲究内外平衡，能够把不平静的心绪调和理顺。瑜伽不一定要在家里或是私人会所练习，盛夏的树阴、开满鲜花的私家花园、翠绿的山谷、一碧千里的海边等地都是陶冶身心的福地。

路易·威登之格调

严格品管　路易·威登具备传世实力的秘诀在于不脱线、不变形的严格品管。其巴黎总店地下室设有测验室，装满三公斤多重物的皮包被机械手臂反复举起丢下达四天之久，以测试皮包的耐用度；测验室里还有一台仪器专门用紫外线对皮包进行曝晒，以检测外表的褪色情况；甚至还有专门检测拉链开合的测试机，拉链被拉开关闭次数也达5000次之多。

贵族气质　有150多年历史的路易·威登，一开始就专攻皇室及贵族市场，其主顾客都是皇室贵族或社会名流，例如法国皇后、香奈儿女士、印度皇后和法国总统。这种贵族意识后来逐渐延伸至好莱坞及全世界的娱乐圈。饰演公主的奥黛莉·赫本在电影《罗马假日》中拎着一个LV旅行箱出行；欧美流行乐坛教父艾尔顿·约翰每次巡回演唱，都带着40多件LV行李箱过海关，以展示个人气派。这种高端定位也是路易·威登屹立不倒的原因。

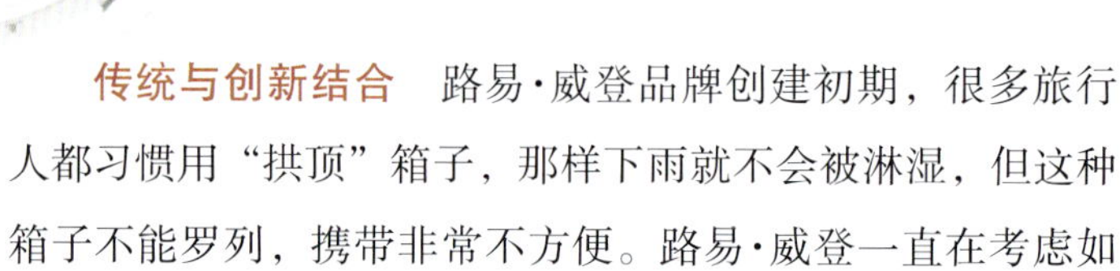

传统与创新结合　路易·威登品牌创建初期，很多旅行人都习惯用“拱顶”箱子，那样下雨就不会被淋湿，但这种箱子不能罗列，携带非常不方便。路易·威登一直在考虑如

巴黎香榭丽舍大街 LV 旗舰店

何把旅行箱做成既防水又平顶。虽然这是一个小小的改变，但改变了很多人的旅行理念。150 多年来，路易·威登一直在传统中寻求创新元素，用传统的手工艺引领当今的流行。

拿破仑三世登基的时候，法国版图的扩大激起了欧也妮皇后游历欧洲的兴趣。但是，旅行的乐趣却常常因为一些小问题而大打折扣——那些华美的衣服总是不能妥帖地待在行李箱中。捆衣工路易·威登凭借自己的手艺，把皇后的衣服巧妙地绑在旅行箱内。因此，这个从乡下来的年轻人很快得到了欧也妮皇后的留意和信任。

为皇后服务的过程中，旅行者们的苦乐引起了路易·威登的注意。当时交通工具的革命方兴未艾，乘坐火车成为旅行者最时髦的选择，然而这也给他们带来了很大的麻烦：不是旅行箱把衣服弄得皱巴巴，就是行李包在火车的颠簸中一次次摔倒。路易·威登认为自己能为更多的人免除旅行之忧，便于 1854 年结束了宫廷服务的工作，在巴黎创办了首间皮

路易·威登主张：旅行不是一次出行，也不只是一个假期。旅行是一个过程，一个自我发现的过程。

真正的旅行让我们直面自我。

旅行不仅让我们看到世界，更让我们看到自己在其中的位置。

究竟，是我们创造了旅行？还是旅行造就了我们？生命本身就是一场旅行。

具店，主要产品就是平顶方形行李箱。这个用“Trianongrey”帆布制成的箱子很快便成为巴黎上流社会的贵族们出行的首选物品。第一次世界大战时，路易·威登为适应当时的需求，改为制作军用皮箱即可折叠的担架。战后，路易·威登又专心制作旅行箱，并获得了不少名人的垂青，订单源源不断。到路易·威登的孙子卡斯顿·威登的时代，产品已推至豪华的巅峰，创制出一款款特别用途的箱子，有的备有配上玳瑁和象牙的梳刷及镜子，有的缀以纯银的水晶香水瓶。路易·威登公司还会应个别顾客的要求，为他们度身订造各式各样的个性化产品。

一个半世纪过去了，印有“LV”标志这一独特图案的交织字母旅行包，伴随着丰富的传奇色彩和典雅的设计而成为时尚之经典。150 多年来，世界经历了很多变化，人们的追求和审美观念也随之而改变，但路易·威登不但声誉卓然，而今依然保持着无与伦比的魅力，甚至成为人们津津乐道的品牌传说——电影《泰坦尼克号》有一个没有拍摄的片段：1912 年，英国豪华邮轮泰坦尼克号沉没海底，一件从海底打捞上岸的 LV 硬型皮箱，竟然没有渗进半滴海水。多年后，一个 LV 的顾客家中失火，衣物大多付之一炬，唯独一只 LV 包外表被熏黑变形了，内里物品却完整无缺。

路易·威登位于巴黎香榭丽舍大街 101 号的总店，原则上一个顾客一次只能购买一只 LV 包，如果持有旅游护照——即使你的护照皮套也是 LV 的，但也只能购买一大一小两只 LV。LV 产品是可以当成“传家宝”的，路易·威登为客户提供永久的保养服务。路易·威登的产品可以由祖母传给妈妈，妈妈再传给女儿，代代相传，无论什么时候顾客把产品拿来修理养护，路易·威登专卖店都是责无旁贷地尽心尽力予以帮助。所以在法国，LV 包常常是当女孩成年的时候，上一代人精心养护后作为礼物送给她。这在她们看来不是节俭的美德，而是一种传统，是对经典的尊重。

迪奥女人
Dior & Women

迪奥在神话与真实、古典和现代、硬朗和温柔间寻求统一，多变是它的表情，亦是它的魅力。

迪奥女人是一个复杂的多面体，她有时是最妩媚多情的女人，并拥有天真的欲望和骄傲，必要时却拥有坚毅的决心，以及高明的手段。

只要她们下定决心，没有什么做不到的事。

迪奥女郎是世界上最值得探讨的一类女人，她是复杂的多面体，她拥有法兰西沿岸贵族的优雅，同时也拥有爱尔兰的豪爽。她是男人、女人共同赏识的对象。她性感，女性魅力自然流露，令人无法抗拒；她自信，了解自己，不在乎别人的眼光，她用时尚魅惑的表情传递出现代女性的内在激情。迪奥女郎不是一个完美的女人，却符合人性，不管是优点还是缺点都极其生动。

迪奥女郎像极了电影《乱世佳人》中的郝思嘉，郝思嘉简直就是众多迪奥女郎的结合体。费雯·丽演绎的郝思嘉绝不是弱不禁风的淑女，她争强好胜、虚荣、固执、热爱生命，且有钢铁般的坚毅决心。她是骄傲的、虚荣的，同时也是叛逆的，她做事不拘形迹，不受传统约束，并且能不受社会道德的约束，做自己想做的事。她具有敢于表白的勇气，这样的做法在那个年代是不被社会所接受的，但是她丝毫不以为意。她还很有手段，为了引起意中人的嫉妒，她吸引了宴会上所有男士的目光。她有时是如此孩子气，甚至会在感情受挫时赌气嫁给别人。

郝思嘉无疑是个有很多缺点的姑娘，她自私、任性，爱慕虚荣。但是，她的优点和她的缺点一样让人惊叹。她有着野草一样的茁壮意志，骨子里却是小女人的气息，会撒娇，会示弱，会在男人面前抛媚眼耍伎俩，可在必要的时候，她

克拉克·盖博与费雯·丽

又会凌厉，会强悍，会令所有人望而生畏。她可以天真地认为“只要有一件新的衣裳和一张白净的脸当武器就能击败命运”。她也可以不惜利用聪明美貌脱离贫困扶摇直上，就连自己妹妹的男友也抢走。在国破家亡无可依靠时，她却又坚毅不屈，独撑全家。

大概没有一个男人不会爱上郝思嘉，因为她妩媚动人、美丽多情，更因为她的顽强不息、独立积极。大概没有哪一个女人不嫉妒郝思嘉，她总能吸引男人的目光，而且必要时像男人一样坚强，不论在多么不利的环境下，她总有法子活下去。就像在战争中，饥饿贫困的她站在家乡一贫如洗的土地上大声说：“向上帝发誓，我只要闯过这一难关，以后就不会再挨饿了。我家里的人谁也不会挨饿了。即使我被迫去偷，去抢，去杀人——向上帝发誓，我也绝不会再挨饿了。”以后的日子她杀了人，嫁给自己不爱的男人，但是她再也没有挨过饿，也没有让家里的任何人挨饿。在影片的最后，她终于意识到自己爱的是丈夫白瑞德，而白瑞德由于绝望决心离开她。她仍然抬起了下巴说，她肯定能让白瑞德回到她身边。她知道只要她下定决心，世界上没有哪个男人她得不到。每一个为迪奥着迷的女人都能在郝思嘉身上读到自己的故事，也许是一部分，也许是全部，因为迪奥本身的风格正如同郝思嘉的性格一样，如此多变，它时而优雅，时而张扬；时而妩媚，时而冷酷；时而华丽，时而简约；时而温柔，时而硬朗。

1946 年第二次世界大战才刚结束，人们试着从惨痛的战争经验与生活中重新建立一种崭新的生活方式。尤其是女性因为应战时男人短缺，纷纷加入工厂或农场的劳力工作。当时的服装风格毫无时尚感可言。宽松的直筒剪裁与裤装，为的是让女性工作时行动方便自如。所以当迪奥先生于 1947 年 2 月 12 日推出强调女性优美线条的柔软肩线、束腰与大圆裙的时尚新装时，所有的时尚界人士均为之惊艳。当时最具影响力的《时尚芭莎》杂志总编辑卡梅尔·阿雪赞叹：“这简直是新面貌！”

公主还是女王？天使抑或精灵？迪奥女人是来自广袤异域的千面夏娃，她们乐此不疲地上演着人生的加减乘除，她们的人生永远不乏精彩。品位与智慧，除了风格百变，情感与力量才是迪奥女人的不老之道。

迪奥旗下从女装，到香水、化妆品、珠宝以及皮具，每一种产品都拒绝平庸和雷同，它个性飞扬而自信，鄙视一成不变的单一，推崇心境与仪表的协调，倡导享受旁人惊奇和赞叹的目光。迪奥不喜欢矫揉造作地掩盖真实，而喜欢追求真我的快乐。迪奥女郎在演绎自己的多重性格，而非拘泥于一种风格，她们不是那种固执古板的人。郝思嘉常常会说一句话，“我先不去想它了，明天再想吧”。这也许就是她能够摆脱消极情绪的秘诀了，这个秘诀让她毫无干扰地投入实现目标的行动中，从不犹豫彷徨，包括爱情和命运。迪奥女郎不会总想着让自己面面俱到、周全隐忍，她们明白如履薄冰地活着并不会得到幸福。不如洒落一些，坦荡一些，不刻意，不强求，为自己而活，通透而真实。

喜欢迪奥的女人们

纽约市长迈克尔·布隆伯格的女儿乔治娜·布隆伯格是众多迪奥女郎中一颗璀璨的明星，尽管她只有25岁，但已在马术事业上奋斗了10年有余，获得了2005年法国超级联赛冠军、2007年柏林马术节季军。与此同时，她也经历过锁骨折断、手腕骨折、脑震荡和背部骨折。在她的人生规划之中，也许只有35岁前组建一个家庭才是市长父亲最乐意看到的，但偏偏她又和爱尔兰骑师奥康纳谈起恋爱，并经营起自己的马场。这片占地约8万平方米的马场只归乔治娜·布隆伯格专用，当她脱下迪奥的雪纺蓬蓬裙，展露出和在纽约市政厅里完全不同的神情，告别纽约市市长千金的身份时，她被队友们称为“乔治”。

作为纽约市市长的女儿，乔治娜慢慢学会了利用家族声望来发展自己，她在比赛时穿的Ariat骑装、Heritage手套全部由赞助商提供，奥迪亦和乔治娜签下一纸合约。这也许标志着，乔治娜不再被盛名所累，而是学会了利用名望。

法国前司法部长拉希达·达蒂几乎满足了成为一部传奇小说女主角的全部苛刻条件：惊艳、聪明、独特、争议、成功。此外，与那些习惯远离镁光灯的政治家们相比，达蒂非常享受自己被媒体关注的状态。她身着粉红色迪奥礼服、开怀大笑的照片登上了著名的《巴黎竞赛画报》封面，风姿绰约，俨然模特。

一向穿着时髦的达蒂被冠以“芭比娃娃”的绰号，因为爱漂亮，达蒂没少受指责。达蒂宣称自己有凭借努力享受高档服装的权利，还坦诚表示自己对普拉达、香奈儿和迪奥等奢侈品牌的喜好。她觉得自己之所以走到今天，得体的穿着也扮演了非常重要的角色。达蒂也喜好参加派对，不会错过浪漫生活，她以行动打破了人们对冷冰冰、灰沉沉的司法官员们的刻板印象。

■ 乔治娜·布隆伯格

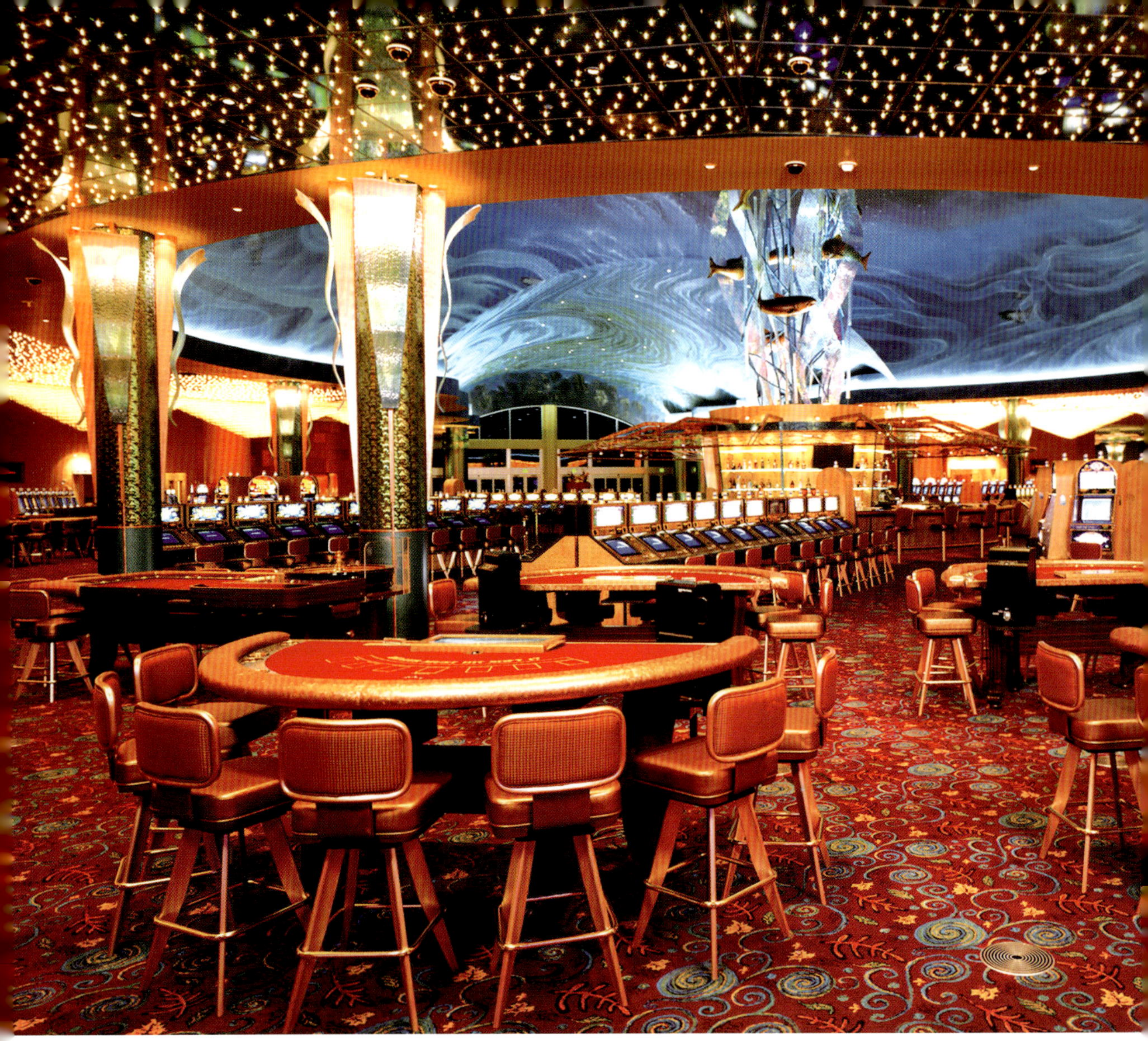

迪奥女人
奢华私享

在拉斯韦加斯开怀畅赌　迪奥女人是那种能扮演好任何一种角色的女人，她们可以穿起公主裙扮淑女，可以穿上套装做女强人。你也许永远猜不到她们会带来何种震惊。她们不在乎别人的眼光，只要自己快乐就好。心情好的时候，她们愿意飞到拉斯韦加斯开怀畅赌，放下淑女的架子，豪爽地和男人们一决高下。

拉斯韦加斯一直是一个神话：足以颠倒贫富，让倾城富有与一贫如洗在一夜之间彼此互换。究竟是怎样的魔力，让这位于沙漠之中的荒芜之地变成一座昼夜通明的国际之城呢？19 世纪初西部开拓时代的人们企求这里能够成为一片肥沃草原，所以把它命名为拉斯韦加斯（肥沃的草原之意）。

■ 金殿酒店赌场

后来越来越多的探险家、商人和传教士来到这里，工人们也随之到来。大概在20世纪40年代的时候，第一家带有赌场的酒店诞生了。接下来的，就成了历史。

当一些事情发生太快的时候，哪怕你一眨眼，就会错过一些精彩片段。在过去60年里这个城市所经历的，就是这样的成长。如今在拉斯韦加斯的每一个街角，都可以看到世界一流的酒店、赌场、餐厅和商店。

迪奥女人迷恋拉斯韦加斯，也许是因为这座城市的多变。拉斯韦加斯就像个任性的孩子，喜欢什么就把什么照搬过来，于是在大道两边林立的酒店群里，你会看到巴黎的埃菲尔铁塔；会看到威尼斯运河，甚至还有贡多拉；会看到埃及的金字塔和狮身人面像；会看到曼哈顿的自由女神和罗马的恺撒。拉斯韦加斯是一个梦想者的伟大作品。这的确是个造梦的城市。一天24小时不停闪烁的霓虹灯，街上川流不息的豪华车，还有每天都在流传的关于金钱和财富的神话，让你以为在这里一切都有可能。

在拉斯韦加斯，迪奥女人能享受到最奢侈的待遇。夜店、豪华水疗中心以及顶级的餐厅一应俱全。来到赌城，自然要试试运气，但还有更有诱惑力的美容中心和购物商场等着你的光顾。这座“罪恶之城”似乎天生就是为快乐的女人创造的。

到拉斯韦加斯的人，除了小孩之外没有不去赌博的，无论是为观赏表演还是因商务会议而来，要想拒绝吃角子老虎机的诱惑，而不小试身手一番，真是难上加难，这是整个拉斯韦加斯所营造出的气氛使然。而迪奥女人就是冲着这点来的，拉斯韦加斯是她们的“战场”，亦是“游乐场”。

拉斯韦加斯所有的酒店皆兼设有赌场，赌场毫无例外都设置在一楼的交通要冲，而且赌场是24小时营业，全年无休。赌场里的氧气要比外面的多60%，灯光控制在最佳效果，使人们在里面从不感到疲劳，永远处于一种亢奋状态。

当迪奥女人走进一家巨大赌场时，仿佛进入了一座光怪陆离的迷宫，那成千上万台老虎机纵横交错地摆满了整个大厅和每个角落，无论走到哪里都可以听到机器沉闷的旋转声和金钱叮叮咣咣的散落声。有的赌场建筑面积达 30 万 ~ 40 万平方米，里面的工作人员多达 8000 人，人们出入几个大型赌场时都会迷失方向。

夜晚是拉斯韦加斯的美景良辰，也是这座城市旺盛生命力的所在。每当夜幕降临之时，五彩缤纷的灯光一下子激活了这座城市。在豪华的赌场门前，迪奥女人欣赏着用现代科技模拟的火山爆发和加勒比海炮火连天的海盗大战，其情其景逼真、气势宏伟磅礴，让人看了心惊肉跳！许多建筑、喷泉、雕塑的设计精美，造型奇特夸张，令人叹为观止。可是到了白天，劳累的迪奥女人或休息，或开车到大峡谷、沙漠公园、胡佛大坝等旅游胜地参观游览，此时的拉斯韦加斯看上去就像一座睡着了的城市。

拉斯韦加斯最大的赌场位于米高梅大酒店内。米高梅大酒店坐落于赌城的中心区拉斯韦加斯大道及热带路交会的十字路口上，酒店在建筑风格方面仿照了 18 世纪意大利佛罗伦萨别墅式样。内部装潢分别以好莱坞、南美洲风格、卡萨布兰卡及沙漠绿洲等为主题。酒店内共悬挂了约 800 幅毕加索原作。

米高梅大酒店有 5034 个房间，29 个客户服务中心都拥有自己的主管，全天 24 小时随时待命。在最为奢华的酒店套间中，包括了一间豪华餐厅、一座配温泉的私人游泳池，以及两间分别烹饪亚洲和欧洲美味的厨房，房客随时可以预订菜肴。在米高梅大酒店中，最小的套间面积约为 260 平方米，最大的超过 800 平方米。最豪华房间的每晚房费高达 1.5 万美元。

米高梅大酒店设有拉斯韦加斯最大的赌场，赌场有 17 万平方米，赌场内设有 165 张赌桌及 3700 台吃角子老虎机。

拉斯韦加斯纽约赌场酒店

赌客们在赌桌边可以随意免费用酒，在餐厅享用丰盛的饭菜，在酒店享用种种免费的服务：赌博入门课程、代客看管小孩、支票贴现、财产抵押等等。酒店内的活动场地均属大型设计，如米高梅历险游乐园是拉斯韦加斯规模最大、最受欢迎的娱乐中心，歌舞、立体声影片、现场表演每日不停上演。酒店中的游泳池是全拉斯韦加斯费用最高昂的泳池。另外，酒店还设有教堂、夜总会、购物商场、沙龙、网球场、日间SPA、美容健身中心等。

拉斯韦加斯也是购物天堂。在百丽宫度假赌场和威尼斯人赌场，除了热闹的室内购物街和60多个专卖店外，每天还定时为游客提供各式歌舞表演。就娱乐表演而言，拉斯韦加斯是全美国，甚至全世界知名艺人的表演圣地，当年法兰克·辛那屈、猫王等皆以在拉斯韦加斯的演出而名噪一时。这就是拉斯韦加斯的生活，香艳，而且活力十足，让迪奥女人充满探索的野心。

去朱丽叶家结婚 迪奥女人讨厌按部就班，即使是结婚这样的大事，迪奥女人也要与众不同。去朱丽叶家结婚的提议绝对会讨她们欢心。

风景绮丽迷人的维罗纳是意大利最古老、最美丽的城市之一。维罗纳风靡全球得因于莎士比亚的名作《罗密欧与朱丽叶》，维罗纳就是罗密欧与朱丽叶的故乡，自然也成为情侣们膜拜的爱情圣地。位于市中心卡佩罗路号小院里的一幢小楼就是朱丽叶的故居。院内正面竖立着一尊朱丽叶的青铜塑像，亭亭玉立，深情而又略带忧伤，似乎仍在期盼罗密欧的翩翩来临。由于传说触摸塑像的右胸能带来美好的爱情，如今朱丽叶塑像的右胸显得尤为锃亮。铜像左侧就是那个令无数女人神往的大理石阳台，正是当年罗密欧与朱丽叶幽会的场所。

现在，人们不仅可以参观现已为维罗纳市立博物馆的朱

丽叶故居，还可登上朱丽叶的阳台宣誓、举办结婚仪式，体验一把月夜在朱丽叶阳台下唱情歌的浪漫。最特别的是，新人们爱的签名也将永远篆刻在阳台对面。也许只有像白瑞德一样幽默机敏，像罗密欧一样温柔多情的男人，才能获得迪奥女人的芳心。

婚礼仪式结束之后，迪奥女人和丈夫还可去朱丽叶家院子里的Il Sogno di Giulietta酒店举办接下来的婚礼庆典，这不仅仅是一间装修别致豪华的酒店，它还拥有最罗曼蒂克的角度，因为可住在正对着朱丽叶阳台的房间，视角绝佳。另外，朱丽叶的墓地也是维罗纳的盛景之一。传说这是罗密欧与朱丽叶秘密结婚的地方，因而每年都有不少情侣专程从世界各地赶到这里结婚，为的是要像罗密欧与朱丽叶一样誓死捍卫爱情。

■ Il Sogno di Giulietta 酒店

享用玛歌堡葡萄酒　迪奥女郎是爱酒的，酒让她们更妩媚，美酒配佳人，玛歌堡的葡萄酒作为当之无愧的顶级陈酿，当然讨得迪奥女人的欢心。美国第三任总统托马斯·杰佛逊在担任驻法国大使的时候曾经多次到访波尔多的众多酒庄，1787 年在他评出的波尔多最好的葡萄酒庄园中玛歌堡为首。此后的两个世纪中，玛歌堡的葡萄酒一直是当之无愧的顶级陈酿。由于玛歌堡出产的陈酿具有高贵的宝石红般的色泽，香气复杂多变，口感细腻顺滑，因此十分受欢迎。对于每年只产约 12500 箱葡萄酒的古老品牌来说，根本无须参加世界各地的酒类展销，因为所生产的葡萄酒享誉全世界，在还没灌瓶之前就已经被全世界的酒商、收藏家们订购一空。

真正让玛歌堡的葡萄酒闻名于世的是拿破仑。1804 年，亡命英国的朱安党头目组织了一批刺客到处追杀拿破仑。当时，拿破仑的好友拉斯特侯爵夫人正掌管着玛歌堡，她便请拿破仑来玛歌堡躲避几天。从此，玛歌堡的好酒让拿破仑情牵一生。第二年，拿破仑亲率法军在奥斯特里茨村与库图佐夫的俄奥联军展开激战。拿破仑调运来几十个装满玛歌堡好酒的橡木桶，他让每个士兵都要喝酒壮胆。最后，奥斯特里茨战役以法军大胜而结束。此后，拿破仑的大军打到哪里，装满玛歌堡好酒的橡木桶便跟到哪里。当拿破仑战败被流放到圣赫勒拿岛时，他甚至恳求看守他的英军士兵去为他拿些玛歌堡的酒来。在他的《圣赫勒拿回忆录》里，他再次提到玛歌堡的酒对他打仗的重要性，他在书中写道："因大雪封山，使得100桶玛歌堡酒未能运到滑铁卢前线。"由此可见他对玛歌堡葡萄酒的喜爱之情。

迪奥女人知道，好酒难求，每当葡萄酒上市的时节，她们会"处心积虑"为自己"抢夺"几瓶玛歌堡的葡萄酒，甚至不惜飞到原产地去。如今，玛歌堡的葡萄酒产量大概为每年两万箱，其中40%是正牌红葡萄酒"玛歌堡"，50%是副牌红酒"玛歌红亭"，10%是白葡萄酒"玛歌白亭"。在波尔多五大顶级酒庄中，玛歌堡葡萄酒的独特之处如同其城堡一样，是一种优雅迷人与气势磅礴的完美结合，其出产的产品均品质优良，只要一上市就被抢购一空。

迪奥之格调

时尚界革命先驱 如果没有迪奥，女性们也许要被传统服饰束缚得更久。1947年，迪奥先生发动了一场服装界的革命，合体的袖子，精美的腰身，源于建筑美学的外形设计，裙子的长度被剪短到地面以上30厘米。他将女性浪漫的气息和梦想从硝烟中带回，抚去和带走一段沉郁的记忆。迪奥也因此成为世界时尚史上最重要的名字之一。

庞大的奢侈品王国 进入20世纪90年代后的迪奥，其产品除高级女装、高级成衣以外，还有香水、皮草、头巾、针织衫、内衣、化妆品、珠宝及鞋等，这是一个缤纷且庞大的奢侈品王国，一个热爱迪奥的女人，可以在这个王国中找到任何她想要的时尚之物。迪奥因此具备了其他品牌无法撼动的地位。

品牌研发机构 迪奥产品的高品质很大程度上要归功于迪奥的研发机构。自1973年起，迪奥即成立了自己的美妍科技中心，拥有来自各个领域的约200名研究学者。迪奥的三大实验室分别从事分子生物学、植物科学及感官科学的研究，为迪奥新产品的开发提供了强有力的技术支持。

“如果迪奥还活着，今天的时尚当是另一种模样。”在克里斯汀·迪奥离世50多年之后的今天，人们仍然给予他如此高的评价。据说，克里斯汀·迪奥的天才设计具有创造“新的机会、新的爱情故事”的神奇。迪奥先生被誉为20世纪最出色的设计师之一。在当年的法国他是声名仅次于戴高乐将军的世界名人。1947年，迪奥推出第一系列作品——“新风貌”一举成名。接下来他的设计一发不可收拾：不对称裙子、垂直型服装、O型、A型、Y型、H型、郁金香型、箭型设计等等，这一系列独具匠心的设计，让他始终走在时尚的最前沿。

迪奥先生在巴黎时尚界辛勤工作的十年里，世界女装从整体到细节都发生了革命性的变化。他的“新风貌”服装从巴黎飞到美国，人们的观念受到了前所未有的冲击。一些守旧的家庭主妇竟然会围攻穿着迪奥新时装的少女们，把她们前卫的紧身胸衣撕碎。更令人吃惊的是，一群美国的丈夫们还组织了“破产大联盟”，他们认为迪奥的衣服太费布料，如果太太们钟情于此，他们就不得不更加拼命赚钱，满足太太们不断增多的纤维布支出。但是无论守旧者怎样的攻击，迪奥服装最终使女人们找回了飘逸、自由和新的欢愉。

无疑，迪奥点燃了女人们对美好的向往，在“那些奢华的超现实主义装饰品”与“优美的边界线扩伸到荒诞的边缘”的抨击中，迪奥先生如同截断万壑千流一样截断了时空。他是时尚界的摩西，带领着巴黎人民“走出非洲”，而在巴黎人民身后，西方世界排起了长队。

迪奥品牌一直是华丽女装的代名词。大V领的卡马莱晚礼裙，多层次兼可自由搭配的皮草等，均出自于天才设计大

师迪奥之手，其优雅的窄长裙，从来都能使穿着者步履自如，体现了优雅与实用的完美结合。20 世纪 90 年代初迪奥出品的优雅女包“戴妃包”，与戴安娜王妃有着一段特殊的传奇。迪奥公司赞助的塞尚画展在巴黎大皇宫展出，开幕式上，法国总统夫人向戴安娜王妃赠送了迪奥新款手袋，戴安娜王妃欣然接受，并立刻使用。随后几天，这款包与她形影不离。而迪奥旋即将这个还没有命名的新包，冠以“戴妃包”（Lady Dior）的优雅名字。迪奥出品的名品香氛“迪奥小姐”也深得戴安娜王妃的喜爱。60 多年来，迪奥的历史上记载了无数的名人佳话，如法国总统就曾以一枚迪奥钻戒迎娶了布吕尼，而布吕尼本身也是迪奥品牌的拥护者。

Dior 这一名字中的四个字母在法语中恰恰包含两层意思：“Dieu”上帝，“or”金子。也许正是这样一个名字成就了今天时尚界的上帝，当然也赚到了金子。

蒂芙尼女人

Tiffany & Women

蒂芙尼意味着奢华、浪漫、魅力四射和优雅高贵，那翠蓝色礼盒的意义不仅仅在于包藏着惊喜与浪漫，它更装着女人最想拥有的安稳可靠的爱情，令拥有者感到万分荣耀。

蒂芙尼女人是世界上最执著于梦想的一类人，她为梦想而活，因梦想而美丽，梦想让她充满激情，永不言弃。

一个女人可以没有美好的生活，但万万不能没有美好的梦想。

清晨时分，纽约第五大道上空无一人，穿着黑色晚礼服，颈上挂着假珠宝项链，打扮入时的霍莉·戈莱特丽独自伫立在蒂芙尼珠宝店前，脸颊紧贴着橱窗，手中拎着一个牛皮纸袋，一边吃着袋里的面包、喝着热咖啡，一边以艳羡的目光观望着蒂芙尼店中的一切……1961 年，根据楚门·卡波特的小说改编，由好莱坞著名影星奥黛丽·赫本主演的《蒂芙尼的早餐》风靡全球，直到现在，很多人都对那个啃着面包圈，痴痴地凝望着蒂芙尼玻璃橱窗的奥黛丽·赫本记忆犹新，那个从乡村来的爱慕虚荣的女孩，梦想着拥有蒂芙尼的首饰，幻想有一天能够在高贵的珠宝店里享受美味的早餐。

《欲望都市》中，夏洛特的第一任丈夫崔在纽约第五大道上，要她进蒂芙尼店里“挑个喜欢的钻戒”，委婉求婚，夏洛特兴奋落泪，说将来告诉孩子“爸爸是在蒂芙尼店前跟妈妈求婚的”。开启蒂芙尼的翠蓝色礼盒，无数女人都会喜极而泣，因为得到了蒂芙尼就等于得到一个甜蜜的求婚，也预示着一段完整的爱情故事的美好开端。而蒂芙尼本身则早已超越了一件珠宝本身，那翠蓝色的礼盒所承载的不仅是爱人们温馨的爱情告白，更是充满幸福和浪漫的华丽梦想。

蒂芙尼珠宝的光芒中蕴涵着幸福的憧憬，就像《蒂芙尼的早餐》中的奥黛丽·赫本，无论多么灰心沮丧，只要徜徉在蒂芙尼琳琅满目的珠宝世界，就有了希望，重获力量。蒂

芙尼就像安徒生笔下那根神奇的火柴，在光芒中诞生美好的幻象，也停驻着女人的一切向往：荣耀、爱情、美丽……

蒂芙尼女人是执著于梦想的女人，她们因为梦想而美丽。其实每个女人心中都有一个梦想，只是很多梦想随着岁月凋零了，或者在反反复复的失败中被颓然放弃了。也有很多女人甚至不敢将自己的梦想公之于世，她们觉得那不过是自己美丽的幻想罢了，说出来，只会成为别人的笑料。蒂芙尼女人不是这样，即使在别人眼中，她们的梦想是有些可笑的，是疯疯癫癫的，是痴心妄想，但是在她们心中，这个梦想是坚定的、神圣的、不容置疑的，她们是为梦想活着的，她们用尽全力奔赴梦想，即使遭受挫折，即使伤痕累累，即使前途漫漫，她们也不会放弃自己的梦想。

蒂芙尼女人是《蒂芙尼的早餐》中的霍莉·戈莱特丽，一心想嫁入豪门，跻身上流社会，有朝一日，在蒂芙尼店中优雅地吃早餐。她的虚荣是大大咧咧呼啸而来毫不掩饰的。她那清纯的放荡，天真的诱惑，毫不掩饰的拜金是如此生机勃勃，充满力量。梦想让霍莉·戈莱特丽在漂泊中保持生命的热情，在繁华与险峻的纽约保持可爱的执著。那种生存是轻松地游走于残酷现实和华丽梦想之间的生命的芭蕾舞，虽然趾尖会有隐秘的疼痛，但被看到的都是优美。

蒂芙尼女人是《欲望都市》中的夏洛特，她是锲而不舍地追求完美爱情和婚姻的女人。也许她有的时候显得太天真，但她一直以来追求的生活也就是我们内心所向往的，只是夏洛特比我们更勇敢，为了实现自己的童话般美好的爱情希翼永远不会放弃努力。心里有一个梦想是一件幸福的事，它会让人生变得更有生机，让一切不可能的事情变为可能。

若向蒂芙尼女人求婚，一定要选对戒指，对于她们来说，错的戒指意味着错的人。而且，送礼物时一定要有观众，锦衣不可夜行，在大庭广众下，幸福会加倍。而且，蒂芙尼女人的一生都在等待这一天。

为什么独爱蒂芙尼？虽然有很多比蒂芙尼更奢华、更贵重的珠宝，但是只有蒂芙尼预示着幸福。170多年来，蒂芙尼的经营者聪明地赋予了蒂芙尼翠蓝色礼盒一个美妙的含义——最好的礼物，最美的梦想。最好的蒂芙尼是别人送的蒂芙尼，对于蒂芙尼女人来说，蒂芙尼的翠蓝色礼盒比它里面装着的珠宝更重要，因为全世界的女人都知道，蒂芙尼的翠蓝色礼盒是世界上最有深意的礼物，那一抹蓝代表着忠贞而永恒的承诺。佩戴蒂芙尼等同于将幸福公之于众。

也许，我们该记住中文版小说《蒂芙尼的早餐》序言中的一段话："女孩子都应有像蒂芙尼一样的繁华梦想，钻石一样的耀眼光芒，要用力去飞用力去追，不在意旁人的眼光，不放弃纯洁的翅膀，我知道那是我归属的地方，是我生活下去的希望。"

喜欢蒂芙尼的女人们

阿根廷总统克里斯蒂娜·费尔南德斯·基什内尔经常佩戴蒂芙尼珠宝。克里斯蒂娜是阿根廷历史上第一位由第一夫人当选为总统的女性。克里斯蒂娜十分注重个人形象，褐色的长发、迷人的举止就是她的标签。她对衣着也十分讲究，喜欢穿国际时装大师设计的衣服，特别喜爱色彩鲜艳的短裙和高跟鞋，搭配上不同的项链、耳环，以此衬托出她高雅的品位与保养得宜的身材。

克里斯蒂娜因几乎天天换鞋款，被政敌讥称为“伊梅尔达”。对于这一奢华习惯，克里斯蒂娜的回应是：“品牌鞋于我，绝不仅仅意味着时髦，在我和基什内尔30多年的婚姻和政治生涯中，它们有着非同一般的意义。”克里斯蒂娜和丈夫、阿根廷前总统基什内尔因为两双鞋而情定终身。结婚前，克里斯蒂娜的母亲对女儿说：“让他给你买双鞋看看吧，从男人买什么样的鞋就能看出他的为人。”于是他们来到一家鞋店，基什内尔知道克里斯蒂娜喜欢白色，就问她想要高跟的还是平跟的。克里斯蒂娜说：“我拿不定主意。”基什内尔说：“那就只好让我替你做主了。”三天后，当克里斯蒂娜激动地将礼物打开时，出现在眼前的两只鞋居然是一高跟一平跟。她的父亲生气了：“我女儿可不是跛子！”基什内尔不慌不忙地回答：“我想告诉克里斯蒂娜，自己的事情要自己拿主意。当别人作出错误的决定时，受害者就会是自己。”随后，他从包里拿出另外两只一高一矮的鞋子，说：“以后你可以穿平跟鞋去看足球，穿高跟鞋去看电影。”克里斯蒂娜因此决定嫁给他。在30年的婚姻里，繁忙的基什内尔对妻子深感歉意，作为补偿，他不断地给妻子买各种样式的鞋。

克里斯蒂娜和丈夫养育了两个孩子，尽管公务繁忙，但她在照顾家庭方面一直是亲历亲为，且平时行事低调，被人们赞誉为好妻子和好母亲。阿根廷人喜欢这位女性总统，报纸上常常出现她穿着鲜艳衣服自信迷人的大幅照片。

纳塔利·沃佳诺娃

俄罗斯名模纳塔利·沃佳诺娃是蒂芙尼的喜爱者之一。2002 年，19 岁的纳塔利·沃佳诺娃身着汤姆·福特专门为她设计的珍珠灰色缎子婚纱，在圣彼得堡举行了童话般的盛大婚礼，整个彼得大帝的后宫闪烁着她幸福迷人的微笑。而她的丈夫波特曼是英国已故子爵爱德华·亨利·伯克利·波特曼的第三个儿子，是一个成功的艺术家。波特曼家是英国排名第 22 位的富有家族，16 世纪时英王亨利八世便赐予其祖先许多封地。纳塔利从此开始时尚界最经典的灰姑娘的华丽转身。

纳塔利出生于俄罗斯小镇诺夫哥罗德。15 岁那年，纳塔利在菜市场被模特星探发掘，一跃成为超级名模。她虽然出身穷人家庭，但被称为精神上的贵族的俄罗斯人尤为看重自己的文化传统，纳塔利的长辈会带着她去看歌剧，欣赏各种音乐会，让她受到了良好的文化启蒙。纳塔利从小便学习芭蕾和戏剧，这些都成为她生活中重要的部分。19 岁结婚生子对于一个模特来说，很可能就意味着职业生涯的终结，可是纳塔利却又一次缔造了神话，在生下儿子后的第六个星期她又重新回到了 T 型台上。直到华伦天奴 2008 春夏高级女装的秀场，这位 25 岁的超模正式宣布退隐，作为年轻而幸福的母亲，她将陪伴她的三个子女开始回归传统的豪门生活。

大堡礁心形珊瑚礁

在大堡礁降灵岛过情人节　梦想，是蒂芙尼女人浪漫的心灵中最美丽的珍藏。她们无法抗拒行走天涯的诱惑，那些让人刻骨铭心的地方，驱动她们一生不离不弃地守望与追寻。在茫茫世界中，总有一些地方让她们魂牵梦绕。在梦想之地，与梦想中的那个人，过一个梦幻的情人节，这本身就是一个奢华的梦想。有一个地方，每年都有成千上万的情侣在此情定终生，蒂芙尼女人当然不会错过，这个地方就是降灵岛。

雄踞大堡礁心脏地带的降灵岛区充满了神秘的传奇色彩。它是在冰河时代末期，当海水上升淹没大部分的海岸线时所形成的群岛，由 74 个小岛组成。降灵岛有全球最美的海滩，小岛岸边有如丝般细滑的净白沙滩。在这些小岛中，除了其中的八个岛屿之外，其他的都是无人岛。降灵岛是澳大利亚人心中的情人天堂，这里最著名的是岛上的“一树山”，那里有最美丽的日出和日落。如此良辰美景，每年都会吸引超过 5000 对情侣在此求婚和结婚。浪漫的蒂芙尼女人当然也不会对此无动于衷。

登上透明的观光直升机，从空中俯瞰，眼前的惊艳往往无法用笔墨来形容，一座座小岛犹如巨大壮观的海洋杰作，一片片珊瑚礁在清澈的海水下艳丽妖娆，阳光刺穿绿色海面，变幻出千丝万缕的艳丽色彩。这种视觉冲击是动人心魄的。如果不用心，很容易忽略掉海面上小小的心形珊瑚礁。完美的心形在浩瀚的海面闪烁，将它拍下来，这天赐的心意就是给蒂芙尼女人最好的礼物。

下了飞机，蒂芙尼女人可以租一艘快艇或驾着自己的私人豪华游艇，航行在蓝宝石般的海面上，开往任何一个人迹罕至的小岛，和爱侣双双登上心形的小岛，体验二人独处的浪漫。不必担心晕船，因为大堡礁的海面通常是平静无波的。如果想找个宁静的岛屿小憩一下，就到海曼岛去吧。曾屡获殊荣的海曼岛度假村拥有 234 个客房，其中在沙滩上建有一座独一无二的豪华海滨别墅，拥有完备的现代化设施。在这里，蒂芙尼女人可以与情人一起享受宽敞的私人游泳池，遥望着远方蓝色地平线，纵情享受无尽的美好时光。

收集古驰的“贾姬包” 男人喜欢收藏烟斗、打火机或者军刀，女人喜欢收藏名牌包。对于女人的这一喜好男人大概永远都无法理解，正如女人不理解他们为何对那些复杂的瑞士军刀着迷。在奢侈品界，值得收藏的名牌包并不多。因为女人们不是要收藏某个品牌的所有包，而是要收藏某个系列的包，这意味着这个包款要有足够长的历史和足够多的款式。收藏古驰的贾姬包是很多蒂芙尼女人的爱好，哪有蒂芙尼女人能抗拒古驰这头“奢华巨兽”的诱惑？这个来自意大利佛罗伦萨的传奇品牌以生产昂贵的手提包和休闲鞋而闻名于世。高档、豪华、性感的古驰在奢侈品界引领时尚潮流，有着永难取代的尊贵地位，是富有的上流社会身份与财富之象征。

女人对待时尚的态度，就像谈一场恋爱，追求完美，永远不满足，这中间如果少了时尚手袋的搭配，就仿佛爱情没有亲吻，缺少激情和浪漫。

半个世纪以前，古驰王国接连推出了带竹柄的皮包、镶金属襻的软鞋、印花丝巾等一系列的经典设计，其独特设计和优良材料使得古驰成为典雅和奢华的象征，为杰奎琳·肯尼迪·奥纳西斯、索菲亚·罗兰及温莎公爵夫人等淑女名流所推崇。古驰从此享誉国际时装界。随着时间的流逝，这个著名的品牌被赋予了奢华、性感、现代的品质，成为现代奢华的终极之作。

对于蒂芙尼女人来说，古驰包是可以收藏的艺术品，有几款经典设计是她们的收藏目录中绝对不可或缺的，第一样就是贾姬包。古驰最经典又能代表品牌精神的手袋，非贾姬包莫属，这款在1961年推出的背包受到了由美国第一夫人嫁做船王妻的杰奎琳·肯尼迪·奥纳西斯的喜爱，因为杰奎琳·肯尼迪·奥纳西斯的小名是贾姬，所以这款包被命名为贾姬包。贾姬包1961年推出的原始款编号是G1244，以米色帆

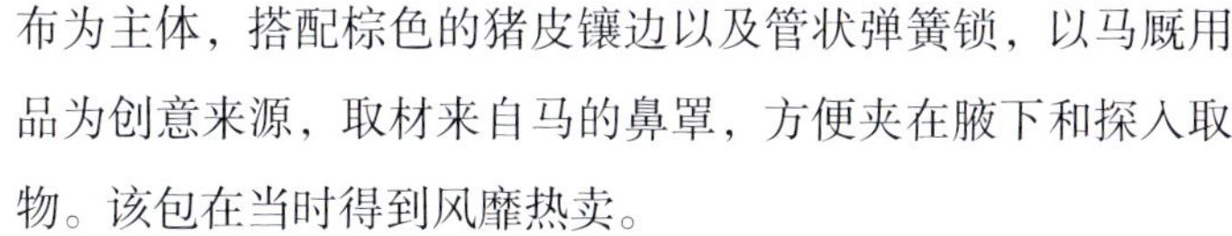

布为主体，搭配棕色的猪皮镶边以及管状弹簧锁，以马厩用品为创意来源，取材来自马的鼻罩，方便夹在腋下和探入取物。该包在当时得到风靡热卖。

1996年，当时古驰的创意总监汤姆·福特为经典的贾姬包赋予了新生命，他将包面与背带细节翻新，让贾姬包重新受到时尚女子的青睐。古驰现任创意总监弗里达·贾尼尼上任后，也在贾姬包上玩花样，她将扣头改为钩式弹簧扣头，更为率性时尚，并且大量运用各式印花与皮质，让贾姬包呈现出新时代的现代感。蒂芙尼女人要收藏全贾姬包，可是一项大工程，因为这意味着她们要从半个世纪前的包款找起，也意味着，她们从世界各地老辈名媛手中收集来的贾姬包，也许比她们还要年长。

开着宝马 Z4 车去约会　美女香车，总是一道靓丽的风景。在西方，越来越多的女性开始青睐跑车。当年，好莱坞

性感女星梦露驾驶着她最钟爱的红色美洲虎 XK140MC 运动车，曾令无数影迷倾倒。尽管如此，在动力十足的跑车世界中，女性似乎永远只是坐在副驾驶座位上的美丽装饰品。如今，这种传统形象正在被颠覆。在美国，那些最酷、最时髦的跑车中，驾驶者往往是穿着名牌高跟鞋的女性。蒂芙尼女人喜欢时尚和细节并举的汽车，比如宝马 Z4。在美国《福布斯》杂志公布的 2007 年度“十大最受欢迎女性豪华车”排行榜中，排在首位的就是宝马Z4。宝马 Z4 受到女性的欢迎，很大程度上得益于其所秉承的“火焰成面”设计理念。由此理念设计的车型在外观上会显得活跃锋利、动感十足。女性更注重汽车的外观设计，她们真的想要一部靓车。

此外，宝马 Z4 的安全性能十分出众，这是女性车主最在意的地方。虽然 Z4 没有固定顶篷，但在事故发生时，乘

客感受的心理压力要低于当今大多数有硬顶的汽车。在安全性能的其他多个领域，Z4 也是领导潮流的先锋。这款运动风尚的敞篷单排座跑车配备了失压保行轮胎。在轮胎被突然刺破漏气的情况下，汽车的控制仍然相当容易，在轮胎完全失压的情况下还能继续行驶 150 公里。所以，蒂芙尼女人完全可以放心地驾驶这款世界上最安全、漂亮的小跑车，那些习惯了在快车道上风驰电掣的男士，以后可要让道了。

蒂芙尼之格调

跨界设计师 蒂芙尼一直有请设计师“跨界设计”的习惯，在蒂芙尼的理念中，珠宝是极灵活的艺术，可以融合音乐、建筑等元素。蒂芙尼的设计师个个不同凡响，他们冷静超然，带来新意不断。比如著名模特埃尔莎·珀雷蒂、建筑师弗兰克·盖里、毕加索的女儿帕洛玛·毕加索等艺术家都为蒂芙尼设计过珠宝。

永恒的魅力 蒂芙尼的设计崇尚经典，从不跟风媚俗，完全凌驾于潮流之上。高水准的打造技术，在流畅线条下变幻出脱俗的简洁设计，展现其自由高贵之本色。它的每一件作品都有永恒的魅力，可以世代相传。世界各国博物馆和收藏家，均把蒂芙尼大师级的作品视为珍藏。

美国精神的演绎 蒂芙尼在美国不仅仅是一个顶级珠宝品牌，它还代表着美国精神：自由、精炼、进取、风格明晰。蒂芙尼见证了美国历史上很多重要时刻，它是美国文化和历史的象征。1861 年，蒂芙尼为林肯总统的就职典礼设计了一只纪念水壶，还为林肯夫人特别制作了一套珍珠首饰。美国内战期间，蒂芙尼为格兰特将军和谢尔曼将军制作过镶嵌宝石的授勋剑。1885 年，蒂芙尼受命重新设计美国国徽。在美国运动界，蒂芙尼同样受欢迎，多次成为奖杯制作商。

“一件美丽的事物，是一份永远的快乐，这就是为什么蒂芙尼艺术的光辉永不暗淡……你邀我赴你的早餐，由此你融入我的生命……亲爱的蒂芙尼，生日快乐，我祝福你，怀着我的爱，也怀着我的羡慕——经历了150年的沧桑，你却没有一丝皱纹，呵，原来，经典永远不老！”这是奥黛丽·赫本在1987年写给蒂芙尼150周年店庆的一小段贺词。当《蒂芙尼的早餐》中为情所困的奥黛丽·赫本在蒂芙尼的橱窗前徘徊；当《西雅图未眠夜》里梅格·瑞恩精心挑选着咖啡瓷具，将心寄于一枚婚戒之上；当《恋爱世代》中，松隆子凝视着那颗代表爱情不确定性的水晶苹果……我们知道蒂芙尼意味深长。

1837年，美国康涅狄格州一位磨坊主的儿子查尔斯·刘易斯·蒂芙尼贷款1000美元，在纽约百老汇大街259号创建了一家专营文具和织品的小店。这个小店的每一件货品都标明“铁价不二”，此创举成为当时的重大新闻。这家不起眼的小铺子，后转为经营珠宝首饰，几经变迁，化身为美国首屈一指的高档珠宝品牌——蒂芙尼珠宝首饰公司，其实力可与欧洲的珠宝王朝一争高下。

现在，很多品牌为了让自己的产品能在成千上万的同类产品中脱颖而出，而在形象设计、产品包装上大下工夫。然而在19世纪，很少有商家能够意识到这点。在创建初期，查尔斯·刘易斯·蒂芙尼创立蒂芙尼品牌后，就开始使用独特的翠蓝色包装盒。直到今天，蒂芙尼的购物袋、商品手册、广告招贴等一切宣传品上仍然使用这种翠蓝色，翠蓝色已经成为了蒂芙尼的品牌专用色。

早在1906年，纽约《太阳报》就报道过：蒂芙尼的货品中有一样东西是只送不卖的，那就是它的盒子。该公司严格规定，除非里面装着他们所卖出去的货品，否则印有蒂芙尼名字的盒子绝对不能带离该公司，以表示蒂芙尼对其货品负责的态度。“蒂芙尼蓝盒”的传统历经于世，只为一条根

本理由：它蕴涵的是举世无双的质量和设计。那翠蓝色礼盒装着女人最想拥有的安稳可靠的爱情。很多人评价说，蒂芙尼那翠蓝色礼盒已成为爱的象征，令拥有者感到万分荣耀。

过去的 170 多年，蒂芙尼曾为多国国家元首度身定做各式珠宝，皇室成员、美国总统和名门望族都是他们的主顾，其中还包括英国维多利亚女皇、俄国沙皇、埃及总统、波斯国王以及意大利、丹麦、比利时和希腊的皇帝。好莱坞的明星们更是对蒂芙尼简约纯净的设计心醉神迷。男影星理查德·波顿更因为给他著名的妻子伊丽莎白·泰勒购买了一枚蒂芙尼胸针而引发轰动一时的新闻。而当时美国总统约翰·肯尼迪的妻子、美国第一夫人杰奎琳·肯尼迪·奥纳西斯也同样是蒂芙尼的忠实顾客。

褪尽繁华与喧嚣之后，爱情在蒂芙尼的诠释中更显专注。它擅长将恋人的心声娓娓道来。蒂芙尼婚戒是感情忠实的见证，那翠蓝色礼盒中隐藏着缤纷的故事，打开它，秘密揭晓的瞬间，一切已成为永恒。

法拉利女人
Ferrari & Women

法拉利是激情和梦想的化身，是不断创造极速神话的机械艺术品。

法拉利女人是生活的冒险家，她不喜欢一成不变、安稳从容的生活，只有不断地挑战、征服才能让她感觉到生命的意义。

她们是令人敬佩的梦想主宰者。

80年前，一个意大利人创造了世界上最优秀的跑车品牌，从此，法拉利成为少数人的激情，多数人的梦想。喜欢跑车的女人永远都没有喜欢高跟鞋的女人多，对于大多数女人来说，她们会把两百万花在珠宝、服装或鞋子上，而不会去买一辆法拉利。法拉利女人是那些与众不同的女人，她们喜欢挑战，喜欢一次又一次超越自己的极限，她们享受心脏极速跳跃的快感。

法拉利女人拥有冒险家一样的性格，她喜欢追寻刺激的生活，喜欢赛车、跳伞、冲浪以及其他可以让她尖叫的运动。独立是她的代名词，而冒险是她的游戏规则。当尝试任何新事物时，她是完全无畏无惧的。

法拉利女人的性格和玛莎·盖尔霍恩如出一辙。如果世界上没有战争，玛莎说不定会成为最迷人的女车手。玛莎曾是海明威的第三任妻子，她的光芒被更著名更优秀的海明威所掩盖，事实上，她是比硬汉海明威还要坚强的女人。这个骄傲、勇猛、充满野心的女人是一位疯狂的战地记者，她采访过西班牙内战、芬兰战争、第二次世界大战、越南战争等世界上的著名战争，她去世后，新闻界设立了以她的名字命名的新闻奖。

大多数人无法理解为什么一个女人对法拉利和速度如此着迷，正如人们无法理解玛莎对战争的狂热一样。世界上总

有一些女人，用让人难以置信的方式经营着自己的人生，激烈而精彩地活着。玛莎在马上就要大学毕业时退学，她渴望过一种更刺激的生活，她的内心荡漾着冒险精神和不安分，于是，她去巴黎当了一名记者。从1930年开始，世界上哪里有战争，哪里的硝烟最浓烈，哪里的炮火最激烈，玛莎就去哪里。在1989年，81岁的玛莎仍然检点行装，现场报道美国入侵巴拿马事件。她的第一任丈夫无法忍受她的强硬作风，她的婆婆说她“简直就是地狱里的魔鬼”。法拉利女人会要求另一半尊重她的自主权，那是一种对私人空间和独立的欲望。

玛莎用火辣辣的个性征服了海明威。他们都喜欢冒险和旅行，内心不安分。在1940年玛莎与海明威结婚时，一位记者把他们的结合形容成“打火石和韧钢的配对”。婚后，玛莎与海明威来到古巴享受着婚姻生活，海明威声称不再写作，而玛莎则依然书写在西班牙时那些惊心动魄的经历。无论是在战场上，还是生活中，玛莎从来都比海明威勤奋和严谨。海明威靠作家的威名提供的便利写新闻报道，玛莎则用生命写报道。在战场上，她比海明威离炮弹更近，离危险更近。感情破裂后，他们分头行动参与了诺曼底登陆的报道，海明威远远地站在山崖下，而玛莎则化装进入英国的担架队，随部队登陆诺曼底，成为第一个报道诺曼底登陆的女记者。婚姻维持了五年后，玛莎主动抛弃了海明威。也许，像玛莎这样的女人永远不会成为一个甘愿偎依在丈夫怀里的小女人，她有自己的世界，也有自己的追求。

很多年以后，当玛莎患上癌症，双目失明，无法再采访和写作时，她选择了结束已然失去意义的生命。熟悉她的人都知道她的决绝和勇敢，她90年的生命里，没有浪费过一天。

当世界上一些女人在LV店里挑选裙子，一些女人品饮香槟，一些女人伏案工作时，还有一些女人像战士一样在自己选定的战场上冲锋陷阵，一次又一次挑战着极限，她们就是法拉利女人。她们总是愿意尝试一项新的冒险。当然，大部分时间里，她们都是自己一人参与冒险，因为其他人可能不敢参与那些危险的行动。如果你问一个法拉利女人：“当法拉利以200多公里的时速狂奔时，你不会怕吗?”她会回答你：“怕归怕，但是真的喜欢那种濒临极限的感觉。”与其说法拉利女人热爱法拉利的惊艳、活力与冲动，不如说是在爱它的纯粹，那种献出自己的一切去追求一个美丽梦想的纯粹。

喜欢法拉利的女人们

英国著名球星大卫·贝克汉姆的妻子维多利亚崇尚奢侈品，她甚至夸张地拥有100款爱马仕柏金包。英国一家金融网站估算，单纯这项收藏总价值为150万英镑。说维多利亚是拥有奢侈品最多的女星也不为过，她每年用14.5万欧元选购衣服。她从来不为4万欧元以下的花销动用自己的金卡。为了给他的足球巨星丈夫买个像样的生日礼物，她可以在一天之内花掉60万欧元。

维多利亚过着平常人眼中不可思议的生活：1998年贝克汉姆和维多利亚订婚。在那年的圣诞节，维多利亚送给贝克汉姆一辆法拉利550 Maranello，这辆车至今仍是贝氏车库里原始造价最高的。贝克汉姆赠给维多利亚的车也不少，比如

■ 维多利亚·贝克汉姆

■ 潘妮·兰开斯特

那辆能抵御生化武器的豪华版陆虎。维多利亚为维系夫妻感情，曾经不惜血本买了一部全球限量 35 部、价值约 400 万的劳斯莱斯作为圣诞礼物送给贝克汉姆。贝克汉姆与维多利亚相互赠送的礼物都非常贵重，几万英镑的项链、几十万英镑的镶钻名表都算是逗维多利亚开心的小礼物。

维多利亚不会放弃任何一个享受的机会，哪怕剪头发也一定要花上 300 英镑。他们位于英国赫特福德郡的豪宅“贝金汉宫”原本价值 300 万英镑，她与丈夫近年来又动用了 100 万英镑进行了专门的装修。比如在他们长子布鲁克林的卧室中，专门使用了一种半球形的天花板，让布鲁克林可以在晚上看到星空，仅仅为这个设计就花了 2 万英镑。根据维多利亚的需要，“贝金汉宫”内还有专门的录音室。为了出行方便，该处豪宅还专门为直升飞机安排了起落地点。浴室的装修让人感觉到维多利亚夫妇生活的奢侈：抽水马桶的坐圈居然是用黄金打造的。而在花园内，竖有维多利亚一家的青铜塑像以及一些仿造中世纪的建筑物。

性感名模潘妮·兰开斯特是有“摇滚铁公鸡”之称的洛·史都华的妻子，即使在怀孕期间，她也要驾驶红色法拉利跑车出行，可见对法拉利的喜爱。潘妮·兰开斯特不但拥有靓丽容颜，而且还有着一副连魔鬼都要嫉妒的好身材，她在时尚着装方面也有着独到的见解。虽然早有人说过，男人绝不会向戴眼镜的女子献殷勤，但是潘妮却大胆挑战传统，以百变的风格、十足的诱惑充分展示了眼镜女郎的巨大吸引力，她说：“我喜欢用一副漂亮眼镜来搭配各式衣服，这样可以营造出真正的时尚感，或者让一件简简单单的衣服焕发出夺目光彩。”

体验冒险的乐趣　法拉利女人着迷于挑战极限时心跳的感觉，挑战极限的奢侈运动更像是享受“快乐极限”的游戏，需要的是金钱、胆量和闲情。徒步时的乏味艰苦，潜水时面对黑暗与未知的恐惧，极限运动的险象环生……有时候，对于热爱户外运动的法拉利女人来说，她们自己也很难说得清楚为何会对这些事情如此着迷，也许是为了追求那一瞬间的感觉，也许为了炫耀自己的勇气，但是有一点她们非常清楚——一旦上了瘾，就别再想戒掉它。世界上有五大冒险圣地，它们风格各异，都是爱好冒险的法拉利女人此生必去的地方。

潜水——法属波利尼西亚塔希提。谈及塔希提，人们忍不住想起毛姆《月亮和六便士》中的一段描述：“高更抛弃所有，不顾一切来到这个小岛——他画起了这里的少女。塔希提少女相对而坐，素色的小花簪在发际静静地散发着芬芳。这样的生活一过就是 12 年。”没错，这座法属波利尼西亚群岛中最大的岛屿还有一个美丽的名字——塔希提岛。“塔希提”这个名字似乎更富有人文意味，令人联想到这也许是高更笔下某个少女的闺名。对于法拉利女人而言，排在世界十大潜水胜地之首的塔希提，毫无疑问是冒险的首选。其中，夜潜又是首选中的首选。在伸手不见五指的水中，没有阳光

折射、没有同伴的身影，也没有海潮声的指引，那些白天无法看到的海中生物在微弱的灯光下舞动身姿，既危险又美妙。给法拉利女人的建议是：尽管这里是潜水者的“人间天堂”，但潜水初学者最好还是量力而行。

橡皮艇——加拿大马德莱纳群岛。加拿大有世界七大奇迹之一的尼亚加拉大瀑布，有大冰川时代遗留的千岛湖，有稍纵即逝的夏季，有温哥华秋日的红枫……除了这些，加拿大也是雪上户外运动的摇篮，出过好几个滑雪天才。这些都是人们对加拿大流连忘返的理由，然而，这里还有一样运动叫人情有独钟——海上橡皮艇。加拿大圣·洛朗湾的马德莱纳群岛虽然名气不够大，却拥有独一无二的自然景观。它有

■ 波利尼西亚塔希提

巴厘岛四分之一的秀美，威尼斯四分之一的精致，夏威夷火山岛四分之一的大气，格陵兰岛四分之一的冷酷——将这些特质融合在一起，就是一个百分百独特的马德莱纳群岛。每年九月，这里都会雷打不动地举行一场名为“蓝色大回转”的海上橡皮艇比赛，这可是世界上最著名的激流大回转比赛之一。给法拉利女人的建议是：在这里参加比赛，主要目的不是竞争和排名，而是领略大自然的迷人风光。

冲浪——突尼斯西迪布撒以德小镇。蓝天、阳光、碧海、沙滩……在充满着传奇色彩与古老传说的突尼斯小镇，最应该做的事情就是喝一口当地特产的薄荷茶然后抱着冲浪板与海浪玩游戏。建造在悬崖峭壁上的突尼斯小镇西迪布撒以德曾被美国《国家地理》杂志评选为“世界上十大浪漫小镇”之一。这座北非最美丽的小村落位于突尼斯城以北 20 公里处。据说这里是将欧洲优雅气息与非洲粗狂风情结合得最恰到好处的地方。从这里出发去撒哈拉沙漠观赏日出日落也很便捷，但这里真正闻名的还是其为冲浪爱好者提供的绝佳自然环境。给法拉利女人的建议是：西迪布撒以德距离迦太基国际机场不远，那里通常是外国游人来突尼斯的第一站。

骑着哈雷去旅行 法拉利女人是令人敬佩的，当名媛贵妇乘着私人飞机环游世界的时候，她们骑着哈雷戴维森去旅行。她们脱下裙子和高跟鞋，穿上厚重的摩托车服，像男人一样发动引擎、轰油门。这样的旅行，她们永远不知道自己会遇到什么人、发生什么事，整个旅行仿佛一场华丽的探险。虽然途中充满了各种挑战和麻烦，但是也充满了克服困难的成就感。骑着摩托车去旅行，走走停停，她们不在意自己到底跑了多远的路、看了多少景观、品尝了多少美食，只在意自己内心的感受，一切快乐就好。

“只有驰骋在公路上，我才感觉那个真我回来了。”骑着哈雷去旅行的女人们如是说，“漫游使生命变得惬意而简

单，在你眼中只有落日、公路、沙漠与音乐。只有此时，生活才变得有些可爱。”在旅途中，她们会遇到许多志同道合者。哈雷车友恐怕是世界上最好辨认的，无论是摩托车、夹克、文身，还是雪茄都在发出一个明白无误的信号——我们在这里。潇洒的女人不必向旁人解释哈雷骑士精神，唯一理解的方式就是乘上一匹桀骜的铁马，绝尘而去。

“我是一个开哈雷、吃牛排、烟不离口、喜欢豪饮的女孩。”当红奥斯卡影后查理兹·塞隆酷酷地说。而《花花公子》每在新年之际都会找93岁的身为曾祖母的老妇裸体面带微笑地坐在哈雷摩托车上，摆着经典摩托车女孩的造型做新年月历。美国亿万富翁福布斯不惜人力物力，搜集了上百辆哈雷摩托车。“猫王”在哈雷摩托车上的照片已经到了拍卖场……

谈及哈雷，人们不经意间就会冒出“哈雷文化”、“哈雷方式”这样的词语。哈雷车迷是如何爱上哈雷的，每个人都有不同的故事。但是，有一点可以肯定的是，他们都充满激情，向往自由。这种精神上的契合，是车迷爱上哈雷最重要的原因。事实上，在相当长的时间中，纯金属的坚硬质地，炫目的色彩，大排量油门所带来的轰响，让很多迷茫的年轻人发狂，他们在哈雷那里找到了精神家园。为了与狂热、叛逆、不羁的风格相配，他们穿上印有哈雷标志的外套、毛边牛仔裤和粗犷的皮靴，身体文上哈雷的标志，在高速公路上呼啸而过。当年的反文化已经成为今天的主流文化，这段追逐梦想的旅途仍在继续。只是“在路上”已不再是逃离社会桎梏的途径，而是一种体验自由的方式。崇尚自由、独立、品位、进取的精神陪伴着骑士们追逐梦想的旅途。上世纪60年代曾经叛逆寻梦的哈雷迷们现在已经进入社会主流，甚至成为社会精英。哈雷，不再代表着狂放不羁、惹是生非，它已经成为精致理想生活的一种特有的标志。

其实，征服人心的是哈雷所代表的那种无拘无束的形象，那种追求真正自由的精神。似乎哈雷的骑手们代表着一种对原有程序化生活的反叛，对枯燥生活的一种否定，这种精神的本质就是：自由！

法拉利之格调

技术与艺术的平衡 从一开始，恩佐·法拉利就确定了每天只能生产17辆新车的“铁律”，为的是不破坏法拉利技术与艺术的平衡，所以，每一辆法拉利都是无可挑剔的艺术品。而法拉利每年的客户不会超过5000人，所以每一个客户都会享受到非常周到的个性化服务。

全能生产 法拉利只生产最高档的跑车，并且从不生产四门车，也从不寻求代工，所有零部件全部在意大利本土生产，而且基本都是手工生产。法拉利不像威廉姆斯或迈凯轮那样只做底盘，而发动机却用其他企业制造的。法拉利什么都做，它是世界上唯一自己生产发动机、变速器、底盘的跑车公司，这就是传奇。

建立驾驶的冲动 法拉利区别于竞争对手最大的优势在于建立驾驶的冲动。相对于宾利和劳斯莱斯让许多人热衷于谈论小牛皮和意大利胡桃木，惊叹于车内的高级音响和吧台，法拉利为了竞赛的理想而制造，可以称得上是“一匹纯种的飞马”。而法拉利坚持半个多世纪的造车理念——“上街是跑车，下场是赛车”的造车原则，如今仍在继续。

世界上的跑车制造商多如牛毛，而能与法拉利相提并论的寥寥无几，因为它已经超越了交通工具的范畴，成为艺术杰作。作为纯手工打造的汽车，法拉利最吸引人之处就是细节上流露着的意大利味道，它们体现着独特的气质，带着体温和生命力征服了世界。法拉利从来不做广告。法拉利人说：“人们购买法拉利，是为了实现自己的梦想，一个用激情和技术创造的梦想。而这是广告无法传达的。”换句话说，法拉利从来不做传统意义上的广告，赛车就是它最好的广告。

在这个没人知道明天是什么样子的世界上，唯一能让人免于沮丧的东西，就是绚丽的梦想和永不妥协的激情，而法拉利是这二者最好的结合体。

如今，闻名全球的骏马标志和法拉利之红的来源都与汽车比赛有关。1923年，25岁的恩佐·法拉利还是阿尔法车队的赛车手，在一次比赛中，他有幸遇到了一位赛车迷——康蒂丝·白丽查伯爵夫人。她告诉恩佐，她儿子佛朗希斯科·巴拉克是一名非常出色的战斗机驾驶员，他的战斗机两侧的飞行徽章是一匹跃马，希斯科用它作为自己的护身符一直好运连连。伯爵夫人对恩佐·法拉利说：“把跃马印到你的车上吧，它会给你带来好运的。”恩佐欣然同意。就这样一匹腾空跃起的骏马成为法拉利的永久标志。而具有传奇色彩的“法拉利红”起初仅是国际汽车联合会在上世纪初分配给意大利赛车的颜色，作为意大利赛车参加大奖赛的专用颜色。

法拉利的历史是一部执著于赛车运动、以生产高性能跑车为神圣梦想的历史。法拉利车队是F1历史上最具传奇色彩的车队，成立初期的法拉利车队是为阿尔法·罗密欧出赛的，直到上世纪40年代之后，法拉利才脱离阿尔法·罗密欧，成为一支完全独立的赛车队。半个多世纪以来，除了法拉利车队，还没有其他任何一支车队能够在世界一级方程式赛车运动的赛场中取得如此巨大的成功。在相当长的一段时

间内，即使是像宝马和戴姆勒-克莱斯勒这样十分成功的企业集团也无法打破“红色车队”蝉联冠军的神话。正是对独立开发属于自己的完美赛车和公路版跑车的无止境追求，造就了这匹腾飞的骏马，并使它成为一个传奇。

与其他跑车品牌相比，法拉利的特殊性在于：相对于主营创收的跑车制造研发部门，体育竞赛部始终是更为重要的核心部门。在那里，每年17%的投资额都被固定注入最新引擎制动技术的开发中，法拉利希望以此确保在F1赛事中的主导地位，以及在技术标准上的权威话语权。尽管F1赛事是一个“无底洞”，需要大量的资金，但法拉利从来就不把赛车当成一种单独的花费，而是当成研发的一部分，其中一些重要的成果要应用到法拉利跑车上，因此，法拉利会永远参与比赛。

普拉达女人
Prada & Women

普拉达拥有超凡脱俗的品牌个性，风格简约而极尽奢华，特立独行而形象可人，低调优雅而热情奔放。

普拉达女人是事业型女人，她神采飞扬，气魄如兰。她不需要王子拿着水晶鞋来改变她的命运，她要活出她自己。

她们是一群穿普拉达的可爱的“女魔头”。

2006年，普拉达跟随一部电影走遍了世界，哪里有人谈论这部电影，哪里就有人谈论普拉达。尽管几乎全部的顶级奢侈品都在这部影片中登台亮相，但是人们关注的焦点始终是普拉达。这是因为，在令人目不暇接的场景变换中，观众不可能记住每件衣服的品牌，但它们都有一个共同名字——《穿普拉达的女魔头》。影片主人公的性格特质也被浓缩为一个词——普拉达。普拉达在被观众津津乐道的同时，也在观众心目中留下了深深的烙印。而普拉达女人的形象，也被定格在“女魔头”身上。

女主角安迪在剧中的台词“即使我不喜欢这份工作，但我也不能让他们看不起我，我要干出个样子来。”这句话被评为现代职场女性不服输品性的绝佳范例。影片真实再现了职场女性生活紧张忙碌的一面，剧中主要人物之一的“女魔头”折射出职场女性必须具备冷静、睿智、干练、严谨等品质，其面临的巨大压力以及在危急时刻的抉择都令职场女性感同身受。

这部电影改编自同名畅销小说，原著作者劳伦·魏丝在这部小说里讲述了自己的亲身经历。书中那个来自地狱的老板的形象，亦是直指现实生活中的前《时尚》主编安娜·薇托尔。安娜·薇托尔曾经拥有在时尚圈翻云覆雨的权力。书中把她描绘成一个时尚媒体暴君，不可一世，专横跋扈。时

装发布会要等她到场才开始，设计师和模特要得到她的垂青才能发达，她说潮流往东就不会往西，她说IN的就不会OUT，她年薪百万美元但对属下既苛刻又吝啬……在电影首映式上，当人们以为安娜·薇托尔会恼羞成怒破口大骂时，她却堂而皇之地穿着一身普拉达飘然而至，接着在编辑部大摆宴席，宣布自己将开始写自传。

当然，现实生活中没有那么多的女魔头，穿普拉达的不一定都是女魔头，但普拉达女人通常是事业型女性，比如品牌现任掌门人缪西娅·普拉达，以及《欲望都市》里的米兰达。作为一个成功的律师和事务所合伙人，米兰达这个哈佛法学院毕业的高材生首先是个不折不扣的工作狂。一天工作16个小时对她而言是家常便饭。在事务所里，她永远是标准女强人的打扮和做派——齐耳短发、白色翻领衬衫、深色职业套装——举手投足间散发着知识女性独有的优越感和成熟干练。因为事业成功，她独立而自信。她在繁华的纽约上东区拥有自己的高档住宅。米兰达是一个自我保护感非常强的

■ 梅丽尔·斯特里普

人，这种强烈的保护意识仿佛一把双刃剑，一面令她保持冷静的头脑、理智的判断、保证了其在事业上的无往不利；另一面则令她在生活中常常言辞尖锐、一针见血，甚至有时果决干脆到冷酷无情——她厌恶传统，视之为矫情而严加拒绝，她不喜欢在朋友的婚礼上穿带花边的小礼服，不喜欢在生过孩子后配合别人的夸张喜极而泣，甚至在挑选自己的结婚礼服时还一再告诉店员不要那种白色的好像处女般纯洁的婚纱，她只想以自己的方式作出选择而不愿迁就任何约定俗成的游戏规则。

这就是普拉达女人，独立、敬业、直接、理性、干练。她们在工作中有很强的原则性，是理想主义者，可以为了追求自己所认可的价值观而奉献一切。她们善于听取别人的意见，但是过分追求完美使她们在团队合作中让人觉得吹毛求疵。不过干脆利落也是这种女人的优点，她绝对不会歇斯底里让你心烦。她们不像劳斯莱斯女人那样强大，但是她们活得很认真。看起来，她们似乎冷漠、不懂感情，她们尖锐而不留余地地指出朋友的缺点，她们在感情和事业上的付出上显然更侧重于后者。其实，她们是敏感脆弱的女人。她的拒绝，是因为渴望；她的尖刻冷漠，是因为害怕受到伤害。在感情面前，她其实是个手足无措不善表达的孩子。

普拉达代表了冷傲、硬朗的鲜明气质。从电影《穿普拉达的女魔头》中女强人的形象到和LG合作推出的手机款式，普拉达一改以往人们对女性产品和服装的既有印象，仿佛柔弱内敛的感觉已不合时宜，不能充分代表新时代女性。现在的女性是独立自主、聪明的，普拉达就正好抓住这个特点，帮助事业型女性建立起强势的形象，让她们好好装备，迎接工作上的挑战。普拉达善于利用分明的线条和神秘的深色去营造一种简洁而实用的形象。普拉达每一季的服饰，都不会让人觉得累赘，相反它永远充满贵族气质，好像一颗钻石一样有着坚硬璀璨的特质，这种特质代表穿普拉达的女人也拥有一颗坚毅的心。

喜欢普拉达的女人们

好莱坞女星凯瑟琳·泽塔·琼斯经常身着普拉达服饰出席高级派对，泽塔·琼斯有着一头乌黑飘逸的长发，一双琥珀般迷人的眼睛，仿佛天生带着一种独特的浪漫气质，连著名的花花公子迈克尔·道格拉斯也对她一见倾心，甘愿拜倒在她的石榴裙下。有着埃及艳后般美貌的泽塔·琼斯在奢侈生活上与前者也如出一辙，只不过古埃及美女用的是牛奶浴，而她用来护发的昂贵保养品则是鱼子酱。这位好莱坞巨星本就以一头极有光泽的秀发著称，当她发现鱼子酱有护发功效后，就一发不可收拾地爱上了这种一次200英镑的昂贵保养品，多油的鱼子酱使她原本色泽饱满的秀发看起来更光亮。泽塔·琼斯的美发方式花钱又费时，过程是先用含丰富块菌的洗发水洗发，然后再抹上鱼子酱并不停地梳头按摩，整个过程持续两个多小时。泽塔·琼斯的丈夫迈克尔·道格拉斯也是鱼子酱的疯狂爱好者，只不过他不是迷恋其美容效果，而是喜欢它的美味。在与泽塔·琼斯的婚礼上，迈克尔就为婚宴一口气点了价值1.2万英镑的名牌鱼子酱。

夏洛特是摩纳哥大公主卡罗琳的爱女，格蕾丝王妃的外孙女。遗传自家族的优良血统，夏洛特从小就是美人，15岁时就成为时装界名人。2001年开始，夏洛特几乎每周都出现在时尚杂志，或是跟王室有关的杂志上。人们对她的评价是："她是公主，而且她还很酷。"法国的时尚杂志《ELLE》对她评论道："夏洛特简直成了法国女孩的一本'完全时尚手册'，因为她贵为公主，却又如此富有个性。""她简直美若天仙，因此就算她穿着奇装异服，人们也从来不会觉得低俗。"

普拉达和古驰这两个品牌是夏洛特的最爱。夏洛特不喜欢那种过于炫耀的装束——比如留着短发，身着牛仔和运动鞋，露出肚脐之类。她有自己的一套扎头巾的方式，发式也别具一格，像许多女孩一样，她喜欢搜集各式各样的小饰品。有时夏洛特会选择一件牛仔的开衫，但却用名贵的珠宝将两片衣襟连起来，在胸口处打个结作为装饰。2005年，英国著名时装杂志《哈泼斯与名媛》评选"全球百大美女"，夏洛特从逾千名来自时尚、艺术、王室及演艺界著名女性中脱颖而出，排在第十位，成为全球十大美女之一。

瓦宾法鲁岛悦榕庄

卡莉·菲奥莉娜是另一位穿普拉达的"女魔头"，让人感到恐怖的不是她的性格，而是她的成就。她担任美国惠普公司首席执行官达六年之久，连续多年被《财富》杂志评为全美"最有权威的商界女性"。习惯于每天早晨4点钟起床的卡莉喜欢浇浇花，喂喂鸟。在享受生活闲趣的同时她的脑子并没有闲着，她认为这是一天中思维最活跃的时刻，最适于思考问题。此外卡莉一家都喜欢乘游艇出游，他们的周末通常是在游艇上度过的。卡莉的丈夫弗兰克是AT&T公司的副总裁，现在已提前退休，心甘情愿地担当着"模范丈夫"的角色，弗兰克常说的一句话就是："嘿，这就是现实——我娶了一位准能当CEO的老婆。"

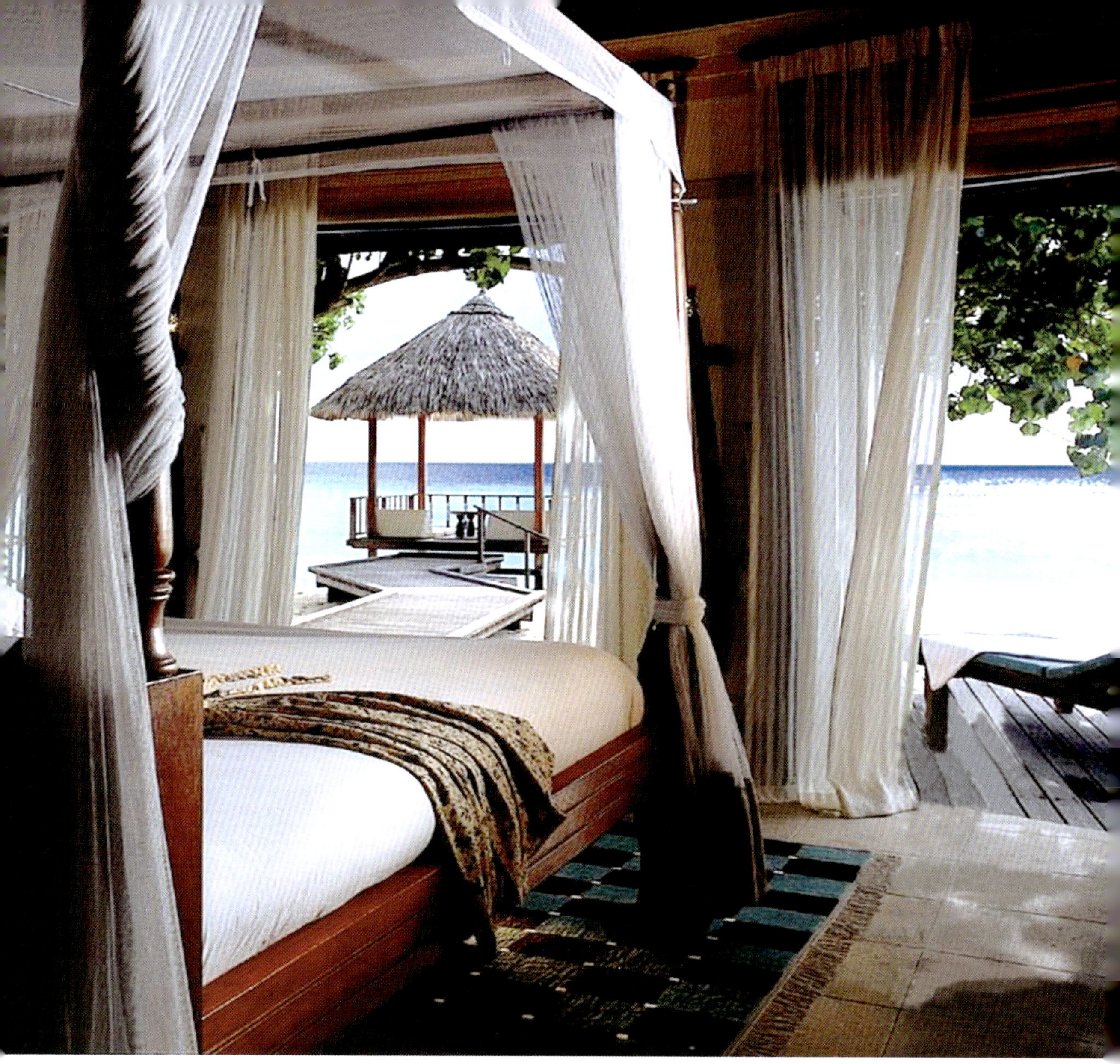

生活主张
LUXURY WOMEN

普拉达女人
奢华私享

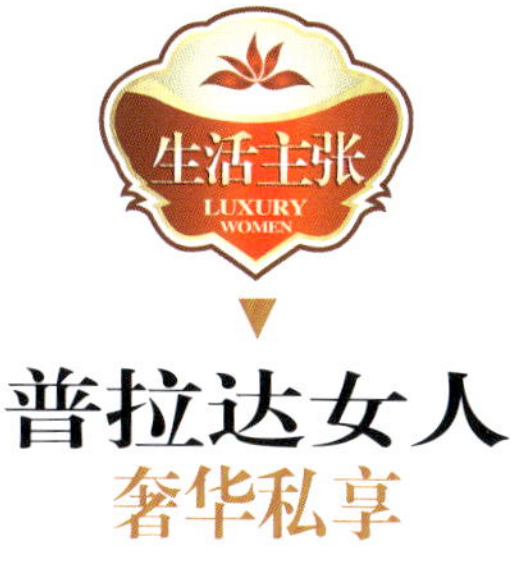

去马尔代夫瓦宾法鲁岛潜水 事业女人很容易陷入焦虑的状态，她随时可能被突如其来的变化扰乱心情。与其随波逐流，不如有意识地培养一些快乐的习惯，随时帮助自己调整心情。比如看一部电影，在周末的清晨做白日梦，在水边散步，给朋友寄卡片，吃一份昂贵的蛋糕或巧克力等。或者干脆离开自己熟悉的环境，远渡重洋，到马尔代夫释放心情。

马尔代夫被称为“地球上最后的香格里拉”，又被称为“印度洋上最后的人间乐园”，无数个田园般的度假海岛荟萃在这片与世隔绝的热带净土上。马尔代夫由北向南经过赤道纵向排列，形成了一条长长的礁岛群岛地带。1190 个岛屿都

是因为古代海底火山爆发形成的，有的中央突起成为沙丘，有的中央下陷成环状珊瑚礁圈，点缀在绿蓝色的印度洋上。在1190个珊瑚岛中，202个岛屿有人居住，87个岛屿被开辟为“一岛一世界”的旅游度假村。

马尔代夫是全球三大潜水圣地之一，到这里若不潜水实在遗憾。在这里潜水需要持有专业潜水教练协会（PADI）颁发的潜水执照。在马尔代夫有专门管理潜水运动的机构，每一座岛屿度假村中皆有潜水学校，一般来讲，通过三天的课程培训就可以考取PADI的潜水执照。

瓦宾法鲁岛位于印度洋马尔代夫群岛的核心地带，是卡

■ 瓦宾法鲁岛悦榕庄

福珊瑚群岛中的一座，而瓦宾法鲁岛整座岛屿都属于马尔代夫悦榕庄度假村。“瓦宾法鲁”在马尔代夫语中的意思为“被圆形珊瑚礁环绕的圆形岛屿”，这个词将小岛的特征描绘得活灵活现。小岛与世隔绝，被雪白的细沙和清澈见底的海水包围。

瓦宾法鲁岛是至高奢华浪漫的体现。悦榕庄别墅中央是绿色，四周是白色，近岸十数米处的透明浅海呈澄澈的浅蓝，再远些的海水则是碧如翡翠般的孔雀蓝，而深海则是深邃的幽蓝。没有亲眼看到过的人很难相信这样的色彩竟然是真实的。纯木制别墅清爽舒适，外面宽阔的露台面对大海，躺在有幔帐的大床上，侧身就能看到大海。漫步于浅滩的时候，常能惊喜地发现喇叭鱼，小鲨鱼和海龟悠游于清澈见底的海水中。在这样的环境里，不放下一切尘世琐事尽情享受，简直是暴殄天物。

悦榕庄度假村拥有48座度假别墅，每座别墅都出自名家设计，其形态酷似贝壳，别墅特有的圆锥形茅草屋顶玲珑可爱。每栋别墅都拥有一幅豪华而巨大的海景“风景画”，还有海滩帐篷起居室，日光浴场所，按摩浴缸和室外喷淋。

在瓦宾法鲁悦榕庄色彩斑斓的珊瑚礁中探险，着实是难忘的经历。许多度假村都是集中潜水，而悦榕庄则不同，悦榕庄雇用了海洋生物学家，他们会带领游客们体验生态潜水的乐趣，当普拉达女人看着印度洋清澈的水，水下五彩的世界，难以想象的各种鱼类，还有空中飞行的水上滑翔机，心情会变得无比舒畅。

如果普拉达女人想去探险而不仅仅局限于马尔代夫慢节奏的生活，还可以参与许多其他的消遣活动，比如深海垂钓或乘透明玻璃船出海。体验钓鱼的乐趣也好，凭海临风的逍遥也好，随船驶入大海深处观看深海生物也好，在美丽的环境中，一切都是那么美好，令人难忘。

到瓦尔登湖释放灵魂 在繁忙的生活中给自己一天放松的时间来冥想生命，对于普拉达女人是绝对必要的。当不堪生活的重负时，站在瓦尔登湖边，她们会感觉到生活就像一滴水一样简单。150多年前，28岁的梭罗摆脱生活中的所有羁绊，来到林木环抱少见人迹的瓦尔登湖畔，靠一柄借来的斧头，伐木造屋，掘地种粮，过一种最朴素最简单的生活。忙碌的普拉达女人偶尔也需要像梭罗一样净化身心，不然，快乐就要离她们远去了。

瓦尔登湖坐落在波士顿的康克德小镇。瓦尔登湖淡雅清秀的景色是需要慢慢去品味的。它的永恒魅力在于它的自然、纯朴以及恬静，所以梭罗才称它为"神之滴"。在瓦尔登湖周围缓缓散步，心会渐渐安静下来，渐渐体验到当年梭罗接近自然、接近生活中最简单原则的生命感悟，感觉到一种生命的升华。每个人的生命中都有一个瓦尔登湖，那是一个梦，一个世外桃源，所以我们才一直苦苦追寻。

从瓦尔登湖驱车32公里，就能到达美国最古老的城市波士顿。波士顿有一个非常著名的教堂，美国独立战争就是从这里打响的，这个教堂就是旧北教堂。当然，在波士顿不能错过哈佛大学。脱下套装和高跟鞋，穿上舒服的休闲衫，在这座著名学府里，假扮一回哈佛学生……对于普拉达女人来说，一生至少要有一次，忘记自己的身份，忘记工作，放下争强好胜的心，来到瓦尔登湖释放灵魂，来到旧北教堂沉湎往事，来到哈佛大学找回青春的激情。

万宝龙侧影系列钻石女表 对于那些在事业上蒸蒸日上的普拉达女人来说，在和男人相互依存、竞争和合作的过程中，一块中性化的手表似乎更为需要。万宝龙，这个看似属于男人的品牌，其实也在为那些事业女性设计着属于她们的手表，其侧影系列亦是如此。简单的长方形表壳连带金属表链，整块手表似乎有些向手镯的方向发展。简单的可以在表

壳旁边稍稍点缀上些许钻石镶嵌，并且连同罗马数字的钻石刻度一起闪耀于手腕之上。当然，也有更为奢华的设计：把万宝龙引以为豪的白色六角星标志变成一圈一圈如波光粼粼般溢出在表盘和表壳之上，完成一圈又一圈的六角星钻石镶嵌。把勃朗峰佩戴在手腕上，会是怎样一种感觉呢？

普拉达之格调

皇室供货商 1913年，马里奥·普拉达以制造优质的旅行手工皮件起家，创立了普拉达。六年后，普拉达成为意大利皇室指定的供货商，并被意大利皇室授权，独家使用印有萨瓦盾徽和纹章节的标志至今。皇室供货商的背景不但象征着普拉达的精湛技艺和传统，也代表着普拉达继往开来的使命。

精湛工艺 普拉达不那么讲究材料的处理，而是强调制作的精湛技艺。每一个系列的问世，都经过了严谨的钻研和考察，选用的可能是现代技术，也可能是古老工艺。例如，当他们决定用金箔的时候，他们就要求法国古老的作坊重新采用那些已经停止使用的原始制作方法。

个性化设计 普拉达现任掌门人缪西亚·普拉达的设计总是带着反潮流的前卫性，善于从记忆中寻找灵感，并且始终贯穿着从自我出发的思维基点，使得普拉达的产品总是能脱颖而出。

1913年马里奥·普拉达在意大利米兰开设了一间普拉达精品店，专营皮具和进口商品。马里奥·普拉达遍访欧洲，选购精美的箱包、饰品以及服装等产品供上层社会享用。普拉达后来开始制造一些针对旅行的手工皮具产品。由于品质出众，普拉达很快就吸引了大批皇室贵族及欧洲上流社会人士。1919年，普拉达被赐封为意大利皇室的御用供货商，如

此殊荣使其成为意大利豪华旅行皮具的代表。

在普拉达家族中，女性是不允许参与家族事务的。然而世事难料，正是家族中的两位女性使普拉达得以延续，进而获得了巨大的成功。1958 年马里奥去世，女儿路易莎·普拉达临危受命，承担起执掌家族的大任，虽然她从未管理过企业，但继承了父亲非凡的经营才能，她很快就让普拉达摆脱了因父亲的去世而陷入的恐慌，再次振兴起来。20 世纪 70 年代，世界时尚潮流波涛汹涌，普拉达受到时尚大潮的冲击，同时古驰、爱马仕等品牌不断壮大，形成强有力的挑战，普拉达处于事业发展的路口，此时家族上下都期待一位救世主的出现。这位救世主及时出现了，她就是路易莎·普拉达的女儿缪西亚·普拉达。

作为老字号的第三代传人，缪西亚在富裕的贵族环境中长大，开始的时候，她并没有想到自己会和服装设计这条路有关联，20世纪60年代，她选择了去米兰的大学学习政治学，相对于其他知识分子而言，缪西亚并不是一个仅仅具有战斗精神的女性，她在生活中，还是随时地关注着流行趋势，特别是看到收藏在母亲衣柜中那些由著名设计师缝制的整洁服装，缪西亚既感到好奇和喜爱，又感到一种特别奇妙的憧憬和骄傲。

1978年，28岁的缪西亚从母亲手里接过由外祖父传下来的公司。她觉察到普拉达不可以再继续在传统的名义下正襟危坐了，要想让普拉达走得更远，必须找到一条将“传统与现代融合”的新路。1987年，缪西亚在一次商品展览会上偶然同设计师帕特里奇奥相识，两个人一见钟情，最后结为人生的伴侣。这次意外的邂逅带来的婚姻对普拉达来说，无疑是一件具有历史意义的事件。从此，缪西亚用自己独特的时尚感悟力进行设计，而帕特里奇奥则用思路清晰的逻辑进行工作，两个人在各自互不侵犯的领域努力，偶尔也会相互补充不足的部分。很多人都说，缪西亚和帕特里奇奥的结合不仅成就了一段美丽的爱情，更给整个时尚圈带来了一个最强的合作组合，两个人的默契合作使普拉达的发展异常迅速。

拥有上百件一线名牌服饰，也抵不过一件高级礼服。高级定制礼服说是艺术品也不为过，如果钱不是问题，高级定制礼服是全世界女人都想要拥有的东西。

缪西亚说：“或许我有种总想尝试不可能的个性。当我发现有些事是不可实现的，而那恰恰就是我要努力的方向。我总是试图把对立的、不和谐的事物融合在一起。并且，我通常会同时对六七个不同的概念感兴趣，并试图把它们和谐地表现出来。”因此，普拉达的每个系列都充满了令人兴奋和意外的元素，而这些只是证明了缪西亚无穷无尽的想象力和创造力。她说：“我从来不会迷失，面对纷繁变幻，总是相当理智和清醒。我从来就没有害怕过任何变化。”2003年，《华尔街日报》将她评选为全欧洲最有影响力的30位女性之一。缪西亚·普拉达以其卓越的管理才能及非凡的设计，将普拉达塑造成为当今最受人拥戴的奢华象征。

菲拉格慕女人
Salvatore Ferragamo & Women

菲拉格慕热爱女性，并赋予她们美丽和自信。

菲拉格慕女人是性感女郎，她柔情似水，仪态万千，魅惑的红唇、妩媚的幽香带给她永远都不会被摧毁的自信。女人羡慕她，男人爱慕她。

她们是将时间和美丽封存，青春永驻的女人。

你一定记得玛丽莲·梦露在《七年之痒》中，站在地铁口笑着捂紧飞扬的裙子的经典镜头，当时她脚上那双性感的镶金属细高跟鞋就出自菲拉格慕之手。梦露踏着菲拉格慕的细高跟鞋说："虽然不知道谁最先发明了它，但所有女人都应该感谢他。"继梦露之后，索菲亚·罗兰、麦当娜成为菲拉格慕的热衷者。

菲拉格慕女人的性格千差万别，但她们有一个共同点——性感。她们像梦露一样传达着女性的气息，把女性魅力发挥到极致，把女人做得有滋有味，有声有色。按照苏珊·布朗米勒的说法，梦露的形象集中体现了女性有可能达成的一切女性特质，她是掌握话语权的男性视角所塑造出来的最完美的女性特质标本。

性感是菲拉格慕女人的优势，但这优势太夺目，有时会让人忽略她们的内心世界，比如梦露。虽然她在与别人的交往中遵从着严格的礼节和举止规范，可是，梦露是不幸的，她的女性魅力成就了她，也害了她。导演们愿意让镜头给她的"梦露步态"几分钟的特写，却吝于给她机会让她有成长演技的机会。在他们的心中，只要她在镜头前搔首弄姿一下就足矣，何必冒风险，有谁会愿意看她的演技呢。她死后，她的一任前夫曾说过是好莱坞害了梦露。

让性感成为武器，而不是毒药，只要菲拉格慕女人足够

玛丽莲·梦露

■ 麦当娜·西科尼

坚强。其实，菲拉格慕女人的魅力更多的是来自她们的内心深处，很多美好的特质从她们身上真实流露出来，这是一种醉人的味道。最典型的例子自然是麦当娜。麦当娜在后现代与后女性主义时代成功地借用了梦露的形象——什么都不缺，头发、衣服、风格，只减去一样——脆弱。“梦露用诱惑来为男人提供他们想要的，麦当娜用诱惑来达到她想要的。时代的区别，使麦当娜成为少女们的偶像。”媒体人葛洛丽亚·斯坦尼姆说。她一生所求不过一个词——成名。她所作所为全都为了四个字：永不忘记。她呐喊着：“只要我没有上帝著名，我就不快乐。”作为一个女人，麦当娜，你可以仰慕她，或者厌恶她，但你不能无视她。全部或者全不，没有中间路线。

梦露和麦当娜，同样是菲拉格慕女人，同样的性感，不同的命运。梦露是永恒的孩子、女人的结合体，极度的脆弱与被夸张的性感的独特结合，使之成为男性社会最著名的性感女神。麦当娜是女战士，欲望是她的俘虏，使你臣服。男人就像铁路两旁不断倒退的树木，一闪而过，而她则是一列高速疾驶的火车，不断开向光辉的顶点。她将性感作为一种示威和抗争，在与各种势力对峙中，她永远获胜。所有的这一切，只因为麦当娜更坚强。我们仿佛可以听到，当梦露站在菲拉格慕高跟鞋上，风情万种地说：“虽然不知道谁最先发明了它，但所有女人都应该感谢他”的时候，同样脚踏菲拉格慕的麦当娜盛气凌人地宣称：“给我一双菲拉格慕高跟鞋，我就能征服全世界。”

菲拉格慕女人是性感的，亦是物质的，这并不值得批判。每个人都有物欲，只不过菲拉格慕女人更加直接，因为她们更有自信，就像麦当娜说出举世皆惊、掷地有声的豪言壮语：“尽情尽性，名与利，我向世界索求！”也许，关于菲拉格慕的一切正如女作家亦舒所说：女人的堕落从高跟鞋开始，堕落的源头是欲望，欲望的顶端是尖尖的鞋跟。穿着高跟鞋的女人因为不方便使用公共交通工具，只好打私家车的主意；因为摇曳生姿、顾盼自如，便需要能够消受得起美女的高级别男人来配；因为掌握美丽秘诀而想要更美丽时，便嗜钱如命。欲望很丑陋，但高跟鞋并不完全有罪。站在高跟鞋上，女人变得妩媚自信；站在高跟鞋上，女人无须仰视男人；站在高跟鞋上，女人看得更深更远。高跟鞋是天堂与地狱之间的跨虹。无法与天使结伴，那我愿意穿上高跟鞋与魔鬼共舞。

喜欢菲拉格慕的女人们

一代歌后麦当娜在西方早已超越了纯粹的音乐范畴，而成为一个文化图腾象征，从早期的叛逆不羁的物质女孩，到中期愤世嫉俗的女权主义者，再转变为今天满怀感恩之情的两个孩子的母亲，成功的企业家，唱片公司的老板，音乐录影带的先驱、时尚的领导者……她的每一个转身都华丽惊艳。

现在，麦当娜过着奢侈的生活——她只喝5美元一瓶的“卡巴拉圣水”，所以每个月光在喝水方面的开销就得花费1万美元左右；为了维持青春美丽，她以鱼子酱泡香槟来敷脸，原理是鱼子酱的高蛋白可以活化肌肤，香槟则促进血管舒张，一个月期疗程的费用是3000美元；她花费10万英镑为自己庆祝50岁生日，近百位宾客、巨大的生日蛋糕、奢侈的自助餐、昂贵的香槟、簇拥着身穿透明洋装和高筒马靴的麦当娜。2003年，前卫的麦当娜决定留在保守、古老的英国定居，而让她决定留下来的最大原因竟然是英国的物质生活。伦敦数量众多的顶级设计师让这个时装迷兴奋不已。在麦当娜眼中，好莱坞的商店根本就不能和伦敦的相提并论，她甚至放弃贝弗利山庄的豪宅而在时髦的诺丁山置了房产。麦当娜喜欢英国还因为她在这儿可以结交到社交界的名流，从而使她在各方面看起来都像是一个“上等的女人”——时装设计师斯黛拉、贝克汉姆夫妇等人都和她交往甚密。她曾花900万英镑买下一处占地400公顷的僻静高雅的别墅，却嫌附近特技飞机训练场搅乱了宁静的生活。飞机的噪音和每星期来看表演的上千游客让她非常恼火，于是干脆买下了这座造价80万英镑的机场，结果造成300人失业。毫无疑问，这个当年的“物质女孩”俨然已经蜕变成为英国贵妇。

性感是一种修为，不仅仅在于美貌身材、言谈举止，只有了解性感的内在和外在含义，才能让它成为女人永远随行的魅力武器。

好莱坞影星葛丽泰·嘉宝是菲拉格慕的忠实爱好者，她曾一次订购70双菲拉格慕设计的鞋。人们总说，但凡美丽倾城的女子都是上帝垂青的造物。可像葛丽泰·嘉宝这样的女人，连上帝都忍不住要俯下身，亲吻她的手背，让她接受万物的朝拜。连恶魔希特勒都热爱她主演的《茶花女》。但嘉宝说：“我要劝他休战，不然我就把他杀了。”在好莱坞，嘉宝是个异数。小偷们频繁光顾别的巨星豪宅，但从不去嘉宝家，据小偷们说——他们敬佩嘉宝。嘉宝的生活简朴在好莱坞是出了名的，她虽周薪五六千美元，但她的管家却得到命令，每日家用不准超过一百美元。她生活中只有两件奢侈的事：每天早上在床上享用丰盛的斯堪的纳维亚式早餐，以及只用英格兰进口的春黄菊茶洗头发。嘉宝非常害羞，总企图远离公众的视野，她外出旅行，住旅馆总是使用化名。她进出旅馆时，一顶大草帽遮住了五分之四的面孔，连帽檐下那副太阳镜都看不到。上车时，她一个箭步就钻进汽车，进旅馆门时，像一颗子弹一样射进电梯。会见别人时，她在毫无阳光的起居室里，脸还罩上一层面纱。嘉宝最喜欢的活动是，在雨天，穿上雨衣，戴上航海帽或打着雨伞在雨中行走；或者乘月夜在好莱坞近郊农村的地区漫步。

葛丽泰·嘉宝

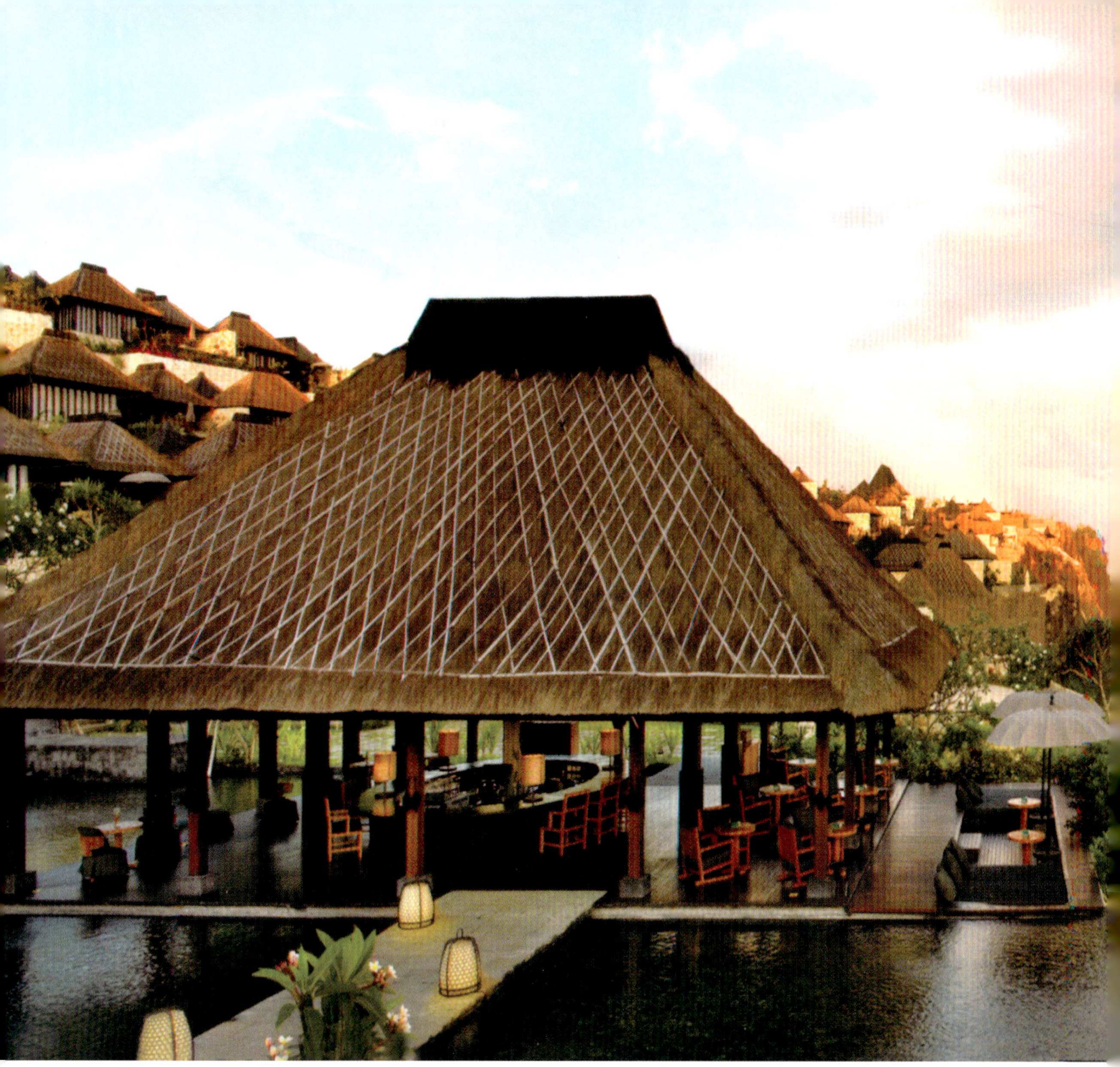

菲拉格慕女人
奢华私享

到巴厘岛做 SPA　没有任何一类女人比菲拉格慕女人更爱惜自己的身体，她们当中的许多人不远万里如同候鸟一样四处旅行，就是为了能够找到一间酒店，获得一次最纯正的 SPA 享受。在整个东南亚地区，说起 SPA 的起源，当属印度尼西亚的巴厘岛和泰国的普吉岛，而其他地方的 SPA，大多数都是印度尼西亚式 SPA 和泰式 SPA 的衍生与模仿。要想获得最原味的 SPA 体验，还是要回到这两个源头去寻找。

巴厘岛的 SPA 讲究的是最原始的材料与手法，它所使用的一切用品，包括精油、护肤用品，都无一例外地来自于巴厘岛的天然资源，绝对环保，而且在其他的地方不会找到。在巴厘岛，想找到最地道、最有情调的SPA度假村，需要走进巴厘岛茂密的山林。本来，巴厘岛的SPA就是从居住在山林里的原住民的日常生活中演化而来的。

出于景观保护的目的，巴厘岛当地政府规定所有建筑不得高于椰子树。所以巴厘岛各酒店都没有高楼大厦，而以别出心裁的花园设计取胜，很多游客几乎整个假期都在酒店中度过。如果说巴厘岛酒店是一个传奇，巴厘岛宝格丽度假村就是传奇中的传奇。建于150多米高悬崖上的宝格丽度假村，是拥有私家海滩、悬崖升降机、VIP海滩会所、尊贵珠宝及饰品店的度假村，同时所有用品、餐具、设备都由专人制造，这样的酒店恐怕在全世界都绝无仅有。酒店融合了巴厘岛当地风格和意大利风情，位于巴厘岛的西南端，距著名的乌鲁瓦图海神庙不远。酒店下面还有一条长达1.5公里的美丽宜人的海滩，通过悬崖升降机就可以到达那里。

宝格丽SPA度假中心

在有59栋别墅的宝格丽度假村里，每一栋别墅的建造都有它自己的特点，而且在每栋别墅周围都设有私家花园、游泳池、露天起居室和约300平方米可以俯瞰印度洋的区域。在客房内，到处都陈列着独一无二的陶瓷以及蕴含完美工艺的装饰品。当地人的传统影响了宝格丽别墅的设计结构：通过玻璃墙将卧室与室外的起居区分隔开，并按照当地人的习惯摆床，睡觉时双脚伸向大海，头朝着巴厘岛神圣不可侵犯的阿贡火山。

宝格丽SPA度假中心俨然成为名流明星争相造访的胜地，独特的SPA疗程让人远离喧嚣，尽享生命。菲拉格慕女人在这里边做SPA，边聆听海浪拍打岩壁的撞击声。这对于追求绝对隐私与奢华享受的人而言，是相当舒适而独一无二的经验。

畅饮木桐堡葡萄酒 舞会正是欢快时，菲拉格慕女人拿着一杯红酒安静地坐在一方角落细品，披肩慢慢滑落下来，裸露出晚装下那白皙圆润的肩。菲拉格慕女人热爱红酒，因为它如此美丽，如此甘醇，让人迷醉，正如她们自己。

菲拉格慕女人无法不被木桐堡葡萄酒吸引，这个庄园出产的葡萄酒几个世纪以来一直被欧洲贵族们所追捧，被世人赞誉为“流动的红宝石”。木桐堡的发展历程颇具传奇色彩，它是近百年来唯一一家能够从二级酒庄上升至一级酒庄的酒中至尊，也是波尔多五大名庄之一。它出产的葡萄酒雄浑丰厚，甘醇并且回味绵长，即使在没有升级之前，也一直能保持酒质和价格居高不下。

如果要体验“流芳百世”真正的意义，只要品一品1945年的木桐堡葡萄酒就会明白了。1945年，木桐堡出产的24瓶红葡萄酒被称做“世纪之酒”，它不仅曾被评选为“一生中必尝的百大好酒”第一名，而且被众多葡萄酒专家视为20世纪最好的波尔多酒，是最具收藏价值的顶级酒之一。世界著名酒评家小罗伯特·帕克在1997年品评这款酒时认为，其口感浓郁醇厚，是一款持之以衡的100分酒。在1997年伦敦的克里斯汀拍卖会上，木桐堡1945年酿造的5升装葡萄酒拍出了11多万美元的天价，成为现今有记载的最贵的大瓶装葡萄酒。

进入21世纪后，藏酒专家们发现1945年的木桐堡葡萄酒的口味刚刚开始进入巅峰状态，小心呵护可以再放50年。2006年9月28日，在洛杉矶佳士得葡萄酒拍卖会上，一箱12瓶750毫升标准瓶的1945年的木桐堡葡萄酒被拍出29万美元的高价，成为木桐堡葡萄酒的又一段佳话。

有一种女人，她充满激情、魅力、个性，于她身上，有一种美，超乎视觉、言语、想象，无论置身哪里，都一样炫亮夺目。

我们，追寻这种美，我们，渴望做真正的自己，我们，希翼唤醒内心的激情，从此，璀璨而富有感染力。

兰蔻口红　如果只能拥有一件化妆品，会有95%的菲拉格慕女人选择口红。口红是女人生命中的刺激物品，它使女人懂得美丽的招术，而在嘴唇上闪现出独特的韵味。经典的梦露红唇兼顾了妩媚、快乐与女人味，就算是素着一张脸，一旦配上红唇，也立刻变得生机无限。很多女人是因为爱上了兰蔻那朵玫瑰，而买下人生中的第一支口红。兰蔻口红的魅力，就像表情迷离内心坚韧的法国女人，让人忍不住赞叹。

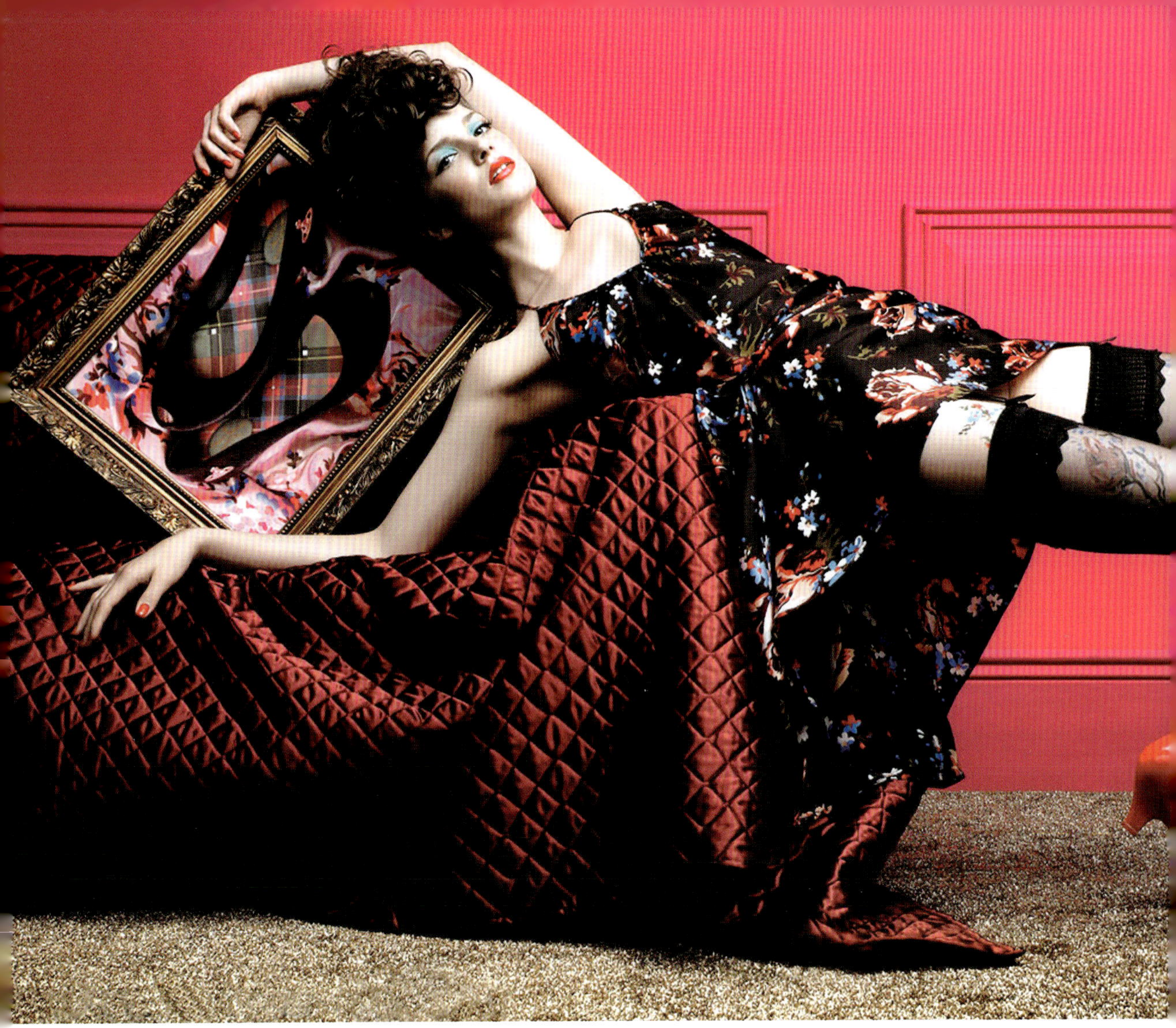

奢华解语
LUXURY WOMEN

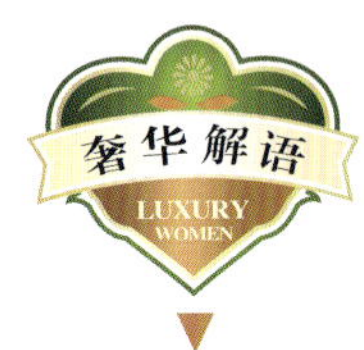

菲拉格慕之格调

创新材料 菲拉格慕对创新材料的运用自品牌创立伊始就成为其一大优势。现今采用的各类皮革、20世纪20年代至60年代使用的麦秆、玻璃纸和塑料、刺绣、珠片等新奇材料以及近年来凸显奢华的用料都将这一点彰显无疑。

创新工艺 菲拉格慕先生认为鞋的舒适和美观同样重要，对于很多女性因为穿上不合适的鞋子而脚病重重，菲拉格慕感到非常惊讶。为了要让自己制造出来的鞋子更舒适，他在加州大学攻读脚掌结构学，在那里菲拉格慕学会了身体的重量如何对脚掌造成压力的知识，于是他设计出加入铁片的鞋子以加强鞋子在拱位处的支撑力。这一工艺后来被全世界的制鞋业学习，一直沿用到今天。

手工制作 尽管在需求不断增长的情况下，菲拉格慕先生被迫把生意扩充，但他仍然拒绝利用机器造鞋。他想出手工生产线的解决方法，即每个工作人员在造鞋的过程中专门负责某部分，这样，在业务扩充的同时仍不需依赖机械。

灰姑娘穿着水晶鞋和她的王子走上了红地毯，在20世纪福斯公司的电影中是这样写的。萨尔瓦多·菲拉格慕的命运也像这么一则故事，一个执著的鞋匠干成了一件令世人瞩目的大事业，他也有这样一双幸运的水晶鞋。而电影中灰姑娘穿的水晶鞋正是菲拉格慕制造的。

1923年，萨尔瓦多·菲拉格慕开了第一家鞋店——“好莱坞”鞋店。四年后，菲拉格慕回到意大利，招揽大量优秀工匠，在佛罗伦萨开了一家制鞋厂，产品定期出口美国。同时，他推出了以自己名字命名的菲拉格慕品牌。

菲拉格慕凭借出色的制鞋品质，开始获得意大利和欧洲其他国家上流社会的接受与青睐，与此同时，他的创作能力和高超手艺被众多导演、明星所欣赏，菲拉格慕的鞋越来越多地在电影中出现，包括电影史上的经典之作《十诫》、《万王之王》和《巴格达之盗》。菲拉格慕从此和电影结下了不解之缘。1959年，菲拉格慕为玛丽莲·梦露设计了一款水晶高跟鞋，这款镶红色水晶高跟鞋，充分体现了梦露热情、性感的气质，成为菲拉格慕永恒的经典。1999年，这双鞋以4.2万美元在伦敦拍卖，现由菲拉格慕集团收藏。如今，在菲拉格慕博物馆存放的无数双鞋楦上，人们可以找到葛丽泰·嘉宝、索菲亚·罗兰、温莎公爵夫妇、奥黛莉·赫本等许多熟悉的名字。菲拉格慕在好莱坞的支持者众多，他也因此获得了“好莱坞明星的制鞋师”的美誉。

菲拉格慕的鞋子曾经被评选为“25件女人一生应该拥有的奢侈品”，与“像007一样的男人”一样受女人欢迎。菲拉格慕穿越百年历史，从鞋到服装再到整体时尚的塑造，如今已经成为让世界名流喜爱的老牌子，受到无数时尚人士的追捧。

纪梵希女人 Givenchy & Women

纪梵希展现了一种优雅的态度，一种凌驾于傲气之上的完美亲和力。

纪梵希女人是优雅女人，她拥有一种欧洲人的优雅与美国人的活力、天真、清纯复杂交织的特质，仿若降落人间的天使。

她们是一段不老的传说。

半个世纪以来，在时装界，纪梵希是“优雅”的代名词，纪梵希女人也被形容为拥有“无与伦比的优雅气质”。奥黛丽·赫本是纪梵希服饰的最佳代言人，她在电影《蒂芙尼的早餐》中穿着纪梵希黑色小礼服的形象，成为大多数人脑海中纪梵希女人的经典形象。

纪梵希女人是善良而大度的，因为善良，她的眼底闪现着温柔、清澈的光芒，因为大度，她不会因为斤斤计较而产生刻薄的表情纹，并且在天地间存一份慈悲心。她是有品位的，懂得穿着打扮，懂得色彩搭配，懂得心灵与外形的协调。她拥有温柔沉静善解人意的个性，并永远保持着微笑。她的优雅暗含着一种对世俗的抗争，抗争着不做一个低俗的人。

纪梵希女人是简单得不能再简单的女人，她们不喜欢城市的水泥森林，向往乡村的宁静安逸，于是她们当中的很多人把家安在了乡村别墅中。在纪梵希女人眼中，给丈夫做饭和陪伴孩子比做一个电影明星更有意义。她们酷爱动物，喜欢花和绿色植物。在家中，她们专注于购物、烹饪、阅读和园艺，这些才是她们生活的真正内容。就像赫本所说的：“小狗，好看的电影和电视节目，丰盛的晚餐，还有一家人其乐融融，这样的场景让我感到幸福，我的目标不是过上奢侈的生活。我愿意和家人待在家里，不管报上怎么报道，我就是喜欢，我是个简单的人。”当纪梵希女人找到了自我，

拥有独立的思想和心灵空间，心中充满爱，独享属于自己的那份平静和简单时，就会和赫本一样优雅了。

奥黛丽·赫本，这个被称为“人间天使”的女人，始终是纪梵希故事的主角。赫本总是被视做世界上最高雅、最有品位的女人。纪梵希先生创造了赫本清新脱俗的形象，创造了一个优雅女人的审美品位。除了大部分戏服，生活中的赫本几乎是非纪梵希服装不穿。纪梵希善用夸张的色彩，而服装的造型则相当简洁，这从某种意义上回复了高级时装的典雅与高贵，但同时又赋予时装以时代的新意。这或许正是赫本对其情有独钟的原因。

纪梵希先生经常开玩笑说：“赫本即使只是披着一个装土豆的口袋，也能够显露出高雅的气质。”的确，优雅的女人看背影就知道。导演比利·怀尔德说：“奥黛丽·赫本呈现的是一些消逝已久的特质。例如：高贵、优雅与礼仪……上帝都愿意亲吻她的脸颊，她就是这样一个讨人喜欢的人。”

奥黛丽·赫本

她的优雅是纯净而清丽的，她的优雅与天使般美丽的面容无关，与荣誉无关，亦与年龄无关。女人的优雅源自于内心的价值观，这并不是刻意营造出来的，而是谦逊品德的自然流露。就像赫本的最后一任丈夫对她的评语：“奥黛丽很早就意识到，在人生和事业中，以美貌或荣誉实现的自我价值是短暂的。因此她一直保持最纯粹的自我——现实、清醒并富有同情心。”赫本同样经历过很多不幸，童年时父亲的离开，二战的阴影，丈夫的婚外情，几次失败的婚姻，流产……纪梵希女人的特殊就在于不论经历了怎样的磨难或是得到了多大的荣誉，都能清醒地找回自我，又变成那个简单而优雅的自己。

人们狂热地欣赏着纪梵希一次次给女人们带来的优雅震撼，甚至就连像温莎公爵夫人、美国总统夫人杰奎琳·肯尼迪、摩纳哥王妃格蕾丝·凯莉那样的高贵女性也在疯狂追寻着穿着纪梵希服装的赫本留在她们心中的完美形象，因此，纪梵希的作品迅速走红并多次被其他的品牌复制和模仿，纪梵希女装无疑成为了那个时代优雅的标志。

纪梵希女人是不怕老的，她们越老越有魅力。在2007年的戛纳电影节上，张曼玉用一袭秋香绿的纪梵希定制礼服尽展成熟的韵味。女作家陈燕妮说：“女人脸上稍有风霜，便是动人，便是性感，那种无可奈何的风姿绰约，令人着迷。”的确，纪梵希女人也是会老的，但这个“老”字绝不只是岁月的简单堆砌，而是一种飞扬积淀后的精华，饱含睿智的光辉。

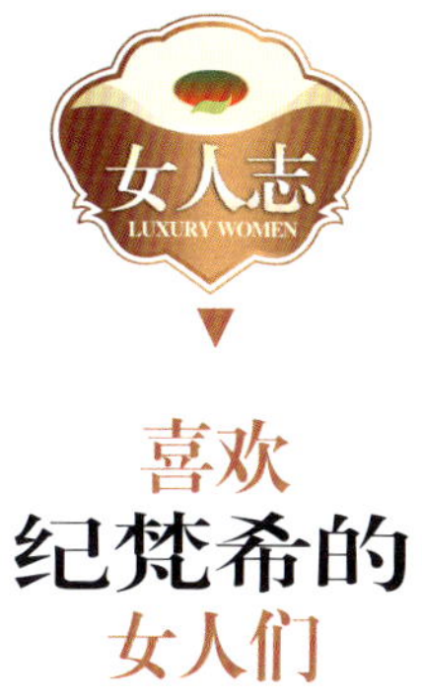

喜欢纪梵希的女人们

在中东，有一位优雅的女性让整个世界为之疯狂，西方的媒体将她与杰奎琳·肯尼迪、戴安娜相提并论，她成了大西洋两岸访谈记者、专栏作家、时尚杂志争相报道的人物，她就是全球最年轻的王后——约旦王后拉尼娅。她不仅打扮入时、举止优雅，而且充满智慧，赢得了世人青睐。

与漂亮的外表相呼应，拉尼娅也是一位优秀的领导人。她长期关注女性权益，打破了外界对阿拉伯世界女性的传统认知，积极投身社会工作，勇于担任先行者，在教育改革、男女平等等议题方面贡献卓著。作为阿拉伯世界的一位女性领袖，拉尼娅非常清楚自己的魅力所在，美可以是一种力量，她懂得用迂回和温婉的方式实现自己的梦想。正是这种在传统与开放、事业与家庭之间出色的平衡能力，使得她的美与众不同。

拉尼娅无可挑剔的五官和天生的模特身材，让她能轻松驾驭所有服饰，但她最喜欢的依然是裙装，特别是端庄高贵的纪梵希长裙，这种长裙不但增加了女性的柔美感也拉长了身体，而长裙上的花边将王后的端庄与隆重表露无遗。通常在白天她选择棕色或深咖啡色，夜间则偏爱深金黄色，虽然她不常穿约旦妇女的民族服装，但有时候戴上头巾，显得别有风味。谁能想到，在拉尼娅的加冕典礼上，她戴的钻石王冠并不是自己的，而是从亲戚那里借来的，“假如家中已经有一个了，那么再去买一个就是非常愚蠢的。”但对时装拉尼娅有着浓厚的兴趣，尤其热衷于纪梵希和罗兰德·毛利特这两个品牌，喜欢购买手袋的她还获得了“手袋王后”的绰号。

在肯尼迪总统的葬礼上，整个肯尼迪家族都穿着纪梵希服装，杰奎琳·肯尼迪为葬礼专门订购了一套纪梵希礼服，专程从巴黎空运到美国。据说当时整个肯尼迪家族都非常喜爱纪梵希服装，纪梵希工作室内有肯尼迪家族每个女性的服装样码。

杰奎琳出生于大富大贵之家，而后步入声名显赫的肯尼迪家族，嫁给了美国历史上最有魅力的总统——约翰·肯尼迪。肯尼迪遇刺后，杰奎琳在葬礼上表现出的勇气得到了全世界的赞赏。《伦敦晚报》称赞她：“杰奎琳·肯尼迪给了美国人他们最缺少的一种东西——皇族的威仪。”

在没有了丈夫的日子里，杰奎琳选择嫁给了希腊船王奥纳西斯，成为历史上第一个改嫁的第一夫人。她不在乎别人的指责，她在乎的是自己的幸福。奥纳西斯为杰奎琳与她的两个孩子建造了一套别墅：一栋有160个房间的度假别墅。他还专门为她一人租了一家大剧院，并深更半夜带她去看歌剧，让这位一度频频亮相于各国政要舞台的前总统夫人沉醉在金灿灿的生活中。这位如花似玉的绝色佳人还能在早餐托盘上找到惊喜：有可能是一串价值连城的珍珠项链，也可能是一枚让伊丽莎白女王也要嫉妒的八克拉钻戒，或者一只由法国最有名的设计师雕刻的金手镯。这一切让杰奎琳有种错觉，那就是步入了童话，变成了享有一切的皇后，而不是那个几年前陪在肯尼迪身边需要时刻注意仪态的第一夫人。

每个女人心中都有一段传奇，虽经历岁月沧桑，但依旧光彩如新。

然而好花总是不能长开，童话总归会结束。奥纳西斯去世后，接管船王帝国的奥纳西斯之女使用浑身解数，最终将杰奎琳赶出了奥纳西斯帝国。此后，杰奎琳靠自己的劳动生存。她当了几年编辑，还写了一本自传，晚年过得相当充实。由于癌症的折磨，她在61岁就离开了人世。

■ 格蕾丝·凯莉

如果世界上只可能有一个灰姑娘获得圆满的幸福，那她就是格蕾丝·凯莉。她凭着《乡下姑娘》荣膺奥斯卡影后，但是人们记住的却是她的另一个身份：摩纳哥王妃。格蕾丝是幸福的王妃，她得到了丈夫所有的宠爱。在格蕾丝不幸车祸去世后，雷尼尔三世悲恸欲绝。事后有人问他是否考虑再娶，他回答道："这怎么可能呢？我不论到哪里，都看到格蕾丝的影子。"在她最后一段时光的照片里，她开着敞篷车，用丝巾裹住一头金发，戴着她喜欢的小圆墨镜，嘴角轻扬，一路飞驶在最后的传奇故事里……她那高贵优雅的造型从来也不曾在岁月里蒙尘，成为了至今仍然为人仿效的时尚经典。26 岁就成为时尚符号的格蕾丝，她在电影中的缎带披肩已经成为过去，而她常备的白丝手套却作为王室象征坚守到了最后。不可否认的是，王妃的光环让格蕾丝的故事变成了一个传奇，她所代表的时尚细节也有了新的定义。

奢侈女人
LUXURY
WOMEN

纪梵希女人

奢华私享

在剧院度周末　在大都市里，看话剧的人永远比不上看电影的人多，但话剧却以其舒缓美好的节奏悄无声息地笼络了优雅女人的心。她们不再说“我不在咖啡馆，就是在去咖啡馆的路上”，而开始流行“我不在看话剧，就是在去剧院的路上”。

话剧永远不可能成为电影那样的主流娱乐形式，这是城市的生活节奏决定的。但是，话剧可以成为一种优雅的生活方式，在某个群体中间流行，慢慢地会有越来越多的人加入。纪梵希女人不一定把看话剧当做艺术或者专业，她们仅仅把它当做是一种消遣和放松。话剧吸引纪梵希女人的地方很多，首先现场感是电影无法比拟的；其次，音响、舞台、演员的互动也会让她们有与众不同的感受。

周末，纪梵希女人开始选择走进剧场，去享受一段独特的休闲时光。清静、自然、接近、回味……话剧让她们的生活重新回归一种不插电的状态。当然，纪梵希女人对剧院的选择也是有标准的，不是什么剧院都能得到她们的青睐。从公元前 5 世纪希腊的扇形露天舞台的诞生到世界上最华丽的巴黎歌剧院，2500 多年来，作为艺术殿堂的剧场一直见证着、体现着人类审美意识的变化和科学技术的进步。有的剧院是一生一定要去一次的，这些剧院会让纪梵希女人感悟到话剧的另一种含义。

■ 巴黎歌剧院

排在第一位的就是希腊的扇形露天舞台剧院。要追寻戏剧艺术的源头，纪梵希女人就一定要到希腊去。希腊人自古就对酒神狄俄尼索斯无比崇拜。在纪念他的节日里，人们抛弃一切禁忌，尽情狂欢，这样的庆典孕育了戏剧艺术的诞生。公元前534年，有一个叫费斯皮特的人演了一出戏：那是扮演狄俄尼索斯的演员和合唱队的对白。从这一年开始，戏剧表演成了狄俄尼索斯日的必备内容，表演的场所——剧场也应运而生了。

古希腊的建筑师擅长建造严谨而壮观的庙宇。不过，他们建造出的剧院同样完美：在山岗的缓坡上，阶梯状的露天看台像一把打开的扇子。那些座位是用光滑的石头或白色大理石砌成的。它们像瀑布一样流淌下来，会聚点是一个半圆形的小广场，演员们就在那里表演。在演员们的身后，有一个不大的后台建筑，希腊语称做“斯凯纳”，起背景的作用，演员们也在那里化妆、存放服装和面具。坐在巨大的露天剧场里，纪梵希女人会觉得自己是整个戏剧的一部分。

■ 莎士比亚环球剧院

如果要看莎士比亚的戏剧，就一定要到莎士比亚环球剧院。莎士比亚的悲剧、喜剧和历史剧都是在伦敦环球剧院里上演的。莎士比亚环球剧院在建成14年之后被大火焚毁，1614年重建并使用至1644年，后来由于建造新房而被拆毁。现在，我们在泰晤士河南岸看到的莎士比亚环球剧场是美国电影演员萨姆·沃纳梅克于1986年在得到有关方面许可后按照原样历时10年重建的，是一座专为欣赏、研究莎士比亚及其同时代优秀剧作家的作品而修建的剧场。剧院内外结构和装饰力求再现莎士比亚时代环球剧场的风貌，以帮助观众体验和欣赏莎士比亚时代的戏剧表演艺术。1997年环球剧院重新建成并投入使用以后，这里每年都举行莎士比亚戏剧节，没有到过这个剧院的女人不能算是真正的戏剧爱好者。

如果纪梵希女人要看歌剧，去科文特花园皇家剧院再合适不过，这个容易引起美丽联想的名字来源于剧院所在地的

名称。科文特花园皇家剧院是英国最大的歌剧院，这是英国著名的戏剧活动家和演员里奇建造的第二座剧院。科文特花园皇家剧院于 1732 年 12 月落成。之所以头顶“皇家”光环，是因为里奇持有一份皇家的许可证书。最初，这不是一座专门的歌剧院，在落成典礼上演出的是康格里夫的戏剧《世界的方式》。从 1847 年起，科文特花园皇家剧院成为专门的歌剧剧院，话剧从剧院的剧目单中删去了。成为专门的歌剧剧院之后，科文特花园皇家剧院更名为“皇家意大利歌剧院”。1892 年后剧院正式名称中“意大利”一词消失了，变成“皇家歌剧院”。现在的皇家歌剧院则是英国最大、最有影响的歌剧和舞剧院。在这个剧院中听歌剧，会让纪梵希女人产生皇族一般的尊荣感。

沐浴奥莱·尼思水晶灯的光芒之下 纪梵希女人都有一种特别的神韵、气质与品位，她们将修养当做是自己的最高追求与境界。在她们看来，女人可以不漂亮，但不能没有修养。有修养的女人衣着时尚，妆容精致，神采飞扬，风姿绰约；有修养的女人平和内敛，从容娴

雅，不矫揉造作，不喜张扬。有修养的女人，会遵从自我意愿的正确选择，崇尚气质品位的自然流露。如果用一个水晶灯品牌来诠释纪梵希女人的修养，那么它一定是奥莱·尼思。它所散发出的优雅光芒，亦如纪梵希女人历经岁月沉淀出的迷人气质，如同施华洛世奇水晶一般魅力永恒，让那些浮华的昙花一现的灿烂显得如此苍白。纪梵希女人对水晶的迷恋，其实是一种钦羡。也许，纪梵希女人和水晶是最完美的组合，只有这样的搭配，才能绽放出更加炫目的光彩。

奥莱·尼思水晶灯的创意天马行空、想象力丰富，它的品牌文化像法国历史一样富有韵味，它的格调跟英国绅士一样高贵优雅，它的美丽像极了巴黎香榭丽舍大街上一双双迷倒众生的眼睛，其中流露的风雅让人心醉。

选择奥莱·尼思水晶灯，不仅是选择了浪漫，还选择了一种高雅的气质。奥莱·尼思水晶灯一直都是五星级酒店的首选。英国朗廷酒店、卡塔尔多哈的君悦酒店、阿联酋阿扎曼的凯宾斯基饭店、美国永利拉斯维加斯酒店、特立尼达希尔顿酒店……这些奢侈豪华的场合，都留下了奥莱·尼思水晶灯迷人惊艳的光芒，无一不流露溢于言表的优雅。

每一个纪梵希女人都想沐浴在奥莱·尼思水晶灯的光芒之下，这也许是她们喜欢奥莱·尼思水晶灯的另一个原因。从奥莱·尼思水晶灯崭露头角伊始，追求精益求精的品质便是它最大的卖点。在水晶灯大师的带领下，无数位水晶灯工匠有条不紊地设计、切割、打磨，他们制作的并不是水晶灯，而是可以传世的艺术。如今奥莱·尼思和那个远去年代的传奇故事仍在施放着强大的魅惑之光，吸引着每一位精英人士。奥莱·尼思的作品从不墨守成规，而是永远充满了生命力与美感，每时每刻都在以不断变化的姿态出现于世人面前，让纪梵希女人神魂颠倒。

纪梵希之格调

4G 精神　纪梵希的 4G 标志分别代表古典（Genteel）、优雅（Grace）、愉悦（Gaiety）以及纪梵希本人（Givenchy），这是当初休伯特·德·纪梵希创立品牌时所制定的品牌精神。时至今日，虽历经不同的设计师，但纪梵希的 4G 精神却未曾变动过。

不变的风格　与迪奥多变的风格不同，纪梵希的风格是始终如一的。经典、高雅、时髦，这就是被称为法国时装界的绅士的纪梵希的风格所在。

绝对简洁　纪梵希用最简洁的方式最精确地表达了完美的含义。纪梵希的世界没有夸张的线条，叠杂的色彩，烦琐的累赘。纪梵希的优雅不是红酒的浓郁烂漫，也不是香槟的暧昧芬芳，而是泉水的明丽透彻。

对时装大师休伯特·德·纪梵希而言，1952 年 2 月 2 日是个重要的日子，因为他在这一天首度在巴黎推出了个人作品发表会。在这场以白色棉布为主，辅以典雅刺绣与华丽珠饰的时装展中，他的创意才华令在场人士惊艳不已，同时也奠定了纪梵希在时装界的尊崇形象，几十年来此品牌一直以优

雅的风格著称于世。

纪梵希品牌曾获金顶针奖、军团骑士荣誉、奥斯卡优雅大奖等奖项，凭借其独树一帜的优雅格调，在时尚界享有盛名。纪梵希先生所创造出的“赫本旋风”，以及他与奥黛丽·赫本的忠贞不渝的友情也成为流行史上的一则佳话。

1953 年，赫本开始主演她的第二部影片《龙凤配》，想请纪梵希先生为她设计戏服，但当时的纪梵希正处于秋冬季时装展的最后冲刺阶段，根本不可能专门为谁设计服装。于是赫本想出了一个折中的办法：从上一季的设计中挑选。纪梵希欣然同意。赫本选中的是一套深灰色的羊毛套裙，这是影片中女主角从巴黎学成归来后的第一次亮相，其脱胎换骨的造型不仅让片中的男主角神魂颠倒，也让观众大饱了眼福。赫本挑选的第二件衣服是一袭白色丝绸上绣黑花的无肩带晚装，当片中的女主角穿着它出现在男主角家盛大豪华的派对上，其美丽纯洁的气质在这款晚装的衬托下，显得愈发超凡脱俗，令所有在场的女人黯然失色，这款晚装也随之成为好莱坞历史上最重要的戏服之一。更让亿万影迷心醉神迷的，是这部电影中的第三件纪梵希作品：一件黑色鸡尾酒裙，肩带上饰有两只小蝴蝶，俏丽而经典。这条裙子随着赫本的身影一经出现，立刻成为女人们的新宠，以至于随后的几十年中不断地被复制和模仿。从顶级名牌到大众品牌，随处可见这一样式的翻版。

1961 年，当赫本穿着纪梵希先生为她设计的黑色裙装，戴着黑色的长手套和蒂芙尼项链，挽着高高的发髻，一手拿着咖啡杯，一手拿着羊角包，出现在电影《蒂芙尼的早餐》中，那款小黑裙立刻和赫本一道，成为电影史上不朽的丰碑。纪梵希在《下午之爱》、《千面丽人》、《巴黎热情似火》等影片中设计的戏服，均一次又一次地证明，时装只有和明星联姻，才能最大限度地彰显出它的大众意义。纪梵希和赫本的合作取得了巨大的成功，在此后长达数十年的友谊中，

这对时装天才和超级明星的梦幻组合，一直是时尚界津津乐道的话题。

不过，纪梵希先生并不是那种善于制造新闻的人，不仅如此，他还效仿他的精神偶像巴伦夏加，拒绝记者采访自己的时装发布会。其结果可想而知，媒体开始了对他的联手封杀。但是，当纪梵希先生推出新作品时，记者们无论如何也不能在舆论上拿他怎么样了，因为他的作品太优秀了。1995年，纪梵希先生在他的最后一个时装展后宣告退休。对此，法国20世纪最顶尖的设计大师之一伊夫·圣洛朗在写给纪梵希的信里这样说道："我理解你离开时装界的决定，但我仍然为你的离开难过不已。因为在这个和我们的生活方式和思维方式相去甚远的、变幻莫测的时代，你是时装的最后一个灯塔。"

纪梵希先生在那些世界顶级女富豪、社交名媛为他举行的告别宴会上，透露了自己成功的秘诀："我热爱时装，我喜欢和这些女士合作，她们都是我的朋友。现在，许多设计师连为顾客量体试衣都省略了。高级定制时装的设计师，是应该到场为顾客量体试衣、并给予顾客建议的。如果你给予顾客你的才华和高品质的服务，她们会非常忠实于你。为什么45年来，我一直拥有皮特里家族、惠特尼家族、梅隆家族和贝斯家族的女士们作为顾客？因为，当她们来定制衣服的时候，我总是在场。我的精力不用在为取悦传媒而制造新闻上。"

虽然，美丽的奥黛丽·赫本已经辞世，一代大师纪梵希先生也已经退出了时尚界的舞台，但纪梵希那代表着古典、优雅、愉悦以及纪梵希本人的4G标志却仍然活跃在时尚界的顶级盛宴中。时至今日，纪梵希品牌在英国设计师麦克·奎恩的领导下，依旧执著于其优雅品质，纪梵希的神话仍在继续。

angel ou demon
GIVENCHY

万宝龙女人
Montblanc & Women

万宝龙睿智天成，磨砺着永恒的智慧光芒，是人类书写历史中最具影响力的杰作。

万宝龙女人是迷人的知性女人，她心性如花，雅俗共赏；品性如木，兼修内外。她感性却不张狂，典雅却不孤傲，沉静却不失风趣。

内敛却又光彩四射的个性让她们成为“万人迷”。

钢笔是男人品位的徽章，有时候，钢笔对男人的象征意义远大于实用价值。女人没有西装的上衣口袋“展示”钢笔，女人的钢笔通常安安静静地躺在手提袋中，所以，如果一个女人拥有钢笔，这支钢笔绝对是用来书写的，而不是用来作秀的。

如果翻看100个女人的手提包，你会发现，其中90个手提包中装有至少一样化妆品，有50个手提包中装有笔记本，有40 个手提包中装有原子笔或水性笔，只有1个手提包里装有钢笔，甚至连1个也没有。在这个时代，用钢笔的女人尤为珍贵和稀少。

佩戴万宝龙珠宝的女人有很多，用万宝龙钢笔的女人不多，她们多是知性女人，也只有知性女人，才会对最好的书写工具满怀渴望。

万宝龙女人谈不上饱读诗书，但书一定是她们最好的伙伴、精神的食粮。读书使人明智，所以万宝龙女人的悟性、明理性、综合性都揉捏得恰到好处，她会冷静地审视自己走过的路，在一次次的蝶变中挣扎着破茧而出，在一次次的磨砺中成熟起来，并积淀着经验。“水因怀珠而媚，山因蕴玉而辉”。万宝龙女人因涵养而美。红颜终将随着岁月而流逝，涵养则能使女人骄傲一生。涵养源于一个女人的阅历，也源于良好的品德修为，拥有良好的文化素养的万宝龙女人，更

易于感知生命的无常。

万宝龙女人的形象是具体而明确的，不像蓝山女人那样飘渺，不像迪奥女人那样多变。如果你对万宝龙女人的形象缺乏概念，看看梅赫丽班就知道了。阿塞拜疆现任总统伊利哈姆·阿利耶夫的夫人梅赫丽班被认为是世界上最著名的知性女人。梅赫丽班在阿塞拜疆可谓家喻户晓，这不仅仅因为她“第一夫人”的特殊身份和被称为“阿塞拜疆第一美女”的迷人美貌，还因为她身上的知性美。梅赫丽班出生于巴库的一个书香门第，父亲是著名的院士和物理学家，母亲是语言学博士。梅赫丽班不但能说一口流利的俄语、英语、土耳其语和阿拉伯语，还开设了自己的网站。从小就对文学和音乐抱有浓厚兴趣的梅赫丽班十分注重对阿塞拜疆民间文学和民族音乐的保护和发扬，并因此被联合国教科文组织任命为“亲善大使”。

许多阿塞拜疆百姓都为梅赫丽班自豪，称她为“世界上最美丽的第一夫人”。她每次出现在公众面前总是衣着光鲜、风度迷人，以至于有西方媒体称“从外表上看，梅赫丽班更像一个电影明星而非总统夫人”。2005年，梅赫丽班当选为议员。其实，梅赫丽班参选并不高调，她没有自己的竞选总部，也没有推出竞选纲领，就连宣传海报也是在选举前一周才开始张贴的。不过，这并不影响选民对她的支持。选民们亲手为她制作了海报，早早地贴到选区的每一个角落。更富戏剧性的是，由于梅赫丽班的呼声实在太高，原本打算与她竞争的十名候选人中，竟然有四人弃选转而支持她。

像梅赫丽班一样，万宝龙女人的美是低调的，是建立在文化修养之上的。她们的美来自于人生经历，经历多了，故事也有了，这便是财富。有了财富，她们的心便少了许多茫然和焦躁，无意中流露出一种岁月历练后的美丽与智慧。女人似水，年轻靓丽的女孩，好比山涧里欢快奔流的小溪，活力四射；而那些人到中年的知性女人婉约有致、内涵丰富，仿若宽阔平稳的江河。

万宝龙女人就像一块开琢的璞玉，经过时光的细细打磨，越发显得晶莹，圆熟。万宝龙女人又像是静静绽放的花朵，永远散发着淡淡幽香。无论是阡陌寻常的野菊，还是良苑华贵的牡丹，都一样以脉脉的余香，以百变不摧的知性，展示着自我，塑造着完美，美丽而充实地花开花谢，尽显美妙风光。

喜欢万宝龙的女人们

J.K.罗琳用钢笔操控哈利·波特的魔法。1994年，罗琳和第一任丈夫离了婚，独自带着年幼的女儿在爱丁堡市一幢狭窄的平房中生活。当时罗琳处于失业状态中，她的失业救济金刚刚能够支付房租。走投无路的罗琳正是在那幢狭窄的平房中写出了她的第一本《哈里·波特》。到了冬季，由于小屋中没有暖气，罗琳便推着婴儿车跑到附近一家咖啡馆边取暖边写作，手头拮据的她只能点一杯咖啡。由于生活穷困潦倒，罗琳陷入了极度的沮丧之中，心情抑郁的她一度考虑自杀。

不过幸好她放弃了这个念头，因为她的写作很快得到了回报。童话一出版便备受瞩目，好评如潮，获得了英国国家图书奖，儿童小说奖和斯马蒂图书金奖章奖。罗琳成为人类历史上第一位靠写作成功的亿万富豪。

J.K.罗琳

金钱、荣誉永远与名声结伴而行。现在罗琳再也不是那个泡在咖啡馆里孤注一掷的单身母亲了。她现在是英国最富有的女人，她的财富甚至超过了英国女王，并整整超过10亿美元。她现在在肯辛顿和佩思郡都拥有别墅，向各类慈善基金会捐款已超过数千万。她虽然声称“向往平凡的生活”，却毫不压制四处游历的冲动。过去几年间，她游历过厄瓜多尔的加拉帕哥斯群岛，为此花费了1.5万英镑；她还去了毛里求斯，在当地消费了1.4万英镑；在舌塞尔群岛，她入住超豪华酒店，一周的房费就高达6000英镑……最近，她迷上了纽约，参与慈善兼带散心。一家人暂居的汉普顿社区，这是百万富翁们在东海岸的聚集区。她租借的别墅紧靠海滩，有7个卧室，租金7.6万英镑／周。这些开销她当然负担得起。事实上，她的资产多得“很难具体估清”。有人算过，大约每过3天，就有100万英镑流入她的账号，除了版税，还有难以计

■ 芭芭拉·沃尔特斯

数的广告收入。如今，出席重要场合，J.K.罗琳身穿高级定制礼服，脚穿周杰仰或普拉达的高跟鞋，提迪奥的新款手袋，她再也不是那个蜷在咖啡馆里窘迫写作的单身母亲了。

“美国电视新闻第一夫人”芭芭拉·沃尔特斯是传媒界的一个传奇。在过去的25年中，她采访过从尼克松开始的每一位总统和第一夫人、无数的明星和各种处于新闻中心的人物。鉴于她在新闻专访里的骄人战绩，她被媒体誉为“美国电视新闻第一夫人”。2000年，69岁的芭芭拉·沃尔特斯仍被美国ABC公司以年薪1200万美元聘为新闻主播，是美国历史上身价最高的主播。

童年时，芭芭拉的父亲曾是夜总会的老板，她家一度过着奢侈的生活，有自己的社交圈，孩子们上昂贵的私人学校，住着豪华的顶层公寓。父亲破产后，芭芭拉开始依靠自己的力量生活。成名后，人们评价芭芭拉：“像她这样的成功女人不可能家庭与事业兼顾。”这话果然一语中的，她从来没有做过家务，没有粉刷过院栅栏，在乡村俱乐部一无所长，不会打网球，不会打高尔夫。她的女儿说：“我妈妈不会开车。我妈妈做肉面包是糊的，她除了看电视什么也不会。”她的第三任丈夫、好莱坞富翁阿德尔森曾希望她辞职回家，在加州的阔太太群中过着舒舒服服的日子，但她不同意。她离不开她的事业，依靠她自己，她可以认识每一个想认识的人，去任何想去的地方，拥有想要的社交生活。

在巴黎的莎士比亚书店流浪 万宝龙女人爱巴黎，不仅因为罗浮宫、埃菲尔铁塔，更因为莎士比亚书店。也许，万宝龙女人最浪漫的梦想，就是有一天，仅仅带着几百欧元到巴黎去，就像当年的海明威一样，在莎士比亚书店流浪。

从巴黎圣母院往左跨过一座铁桥，便是塞纳河的左岸了。过桥后沿河堤往左拐，就在与巴黎圣母院隔河相对的位置有一家书店，黄招牌，绿橱窗，这就是享誉世界的莎士比亚书店。

2004年，一部美国电影《爱在日落巴黎时》一开场的镜头就是这家莎士比亚书店。影片从两位阔别九年的男女主角在此重逢开始，他们的话题也围绕着书店展开，剧中男主角是一位美国作家，女主角则是巴黎人。演绎这样的场景，自然没有比莎士比亚书店更适合的英文书店了。

接着 2005 年又有一本书《时间在此变得温柔——逗留巴黎莎士比亚书店》在美国出版，之后又在英国出版，书名则改为《书、法国面包、臭虫》。作者杰瑞米·莫瑟曾任加拿大渥太华一个报社的记者，主跑社会新闻，总是报道凶杀案之类的事件。有一次因为在文中泄露了一个线民的名字，以为自己会被对方追杀，而仓皇逃到巴黎。莫瑟在盘缠用尽、一筹莫展之际，意外发现了河左岸免费提供睡床的莎士比亚书店，于是在 2000 年初兴奋地搬了进去。

莎士比亚书店有太多太多的传奇故事。其中最为人们称道的是，1922 年当其他出版商都避之不及的时候，书店主人西尔维亚横插一脚，毅然为乔伊斯出版了《尤利西斯》。虽然首印 1000 册数量不大，但此书被美英两个英语国家打上了“有伤风化”的标签，不便公开征订和宣传。好在西尔维亚在文人圈中有些号召力，100 册精装本在书稿杀青前就确定了买主，还收回了大部分预订款。这些预订者包括叶芝、庞德、纪德、海明威、普鲁斯特等人。在之后的若干年里，乔伊斯一直把莎士比亚书店当成自己的家，每天傍晚都会来书店找西尔维亚聊天，或者借钱。而更多的时候，他是来取邮件。因为他给别人写信时，信封上的回复地址便是书店的地址。

海明威 1921 年到巴黎后，曾经是这里的常客。他在回忆录《流动的盛宴》里，他对这段时光无限留恋。海明威那时很贫穷，西尔维亚帮他找便宜的公寓，介绍先期到达巴黎并在文化圈有一定影响的斯坦因和庞德与他认识。海明威当时没钱买书，西尔维亚就不要求他先交保金，登个记就可以拿走书。在之后的日子里，海明威时常在完成写作的下午，来到书店，或借几本自己心仪的书，或与西尔维亚聊天。书店的二楼有一张行军床，他只要愿意，可以躺在店里看他想看的书。这样的温暖伴随海明威度过了在巴黎最初的艰难时期。1944 年，海明威参加了解

巴黎莎士比亚书店

放巴黎的战役。他开着坦克来到因被纳粹占领而被迫关闭的莎士比亚书店,“解放”了西尔维亚。在他功成名就、获得诺贝尔奖后曾形容:“没有人对我有像她(西尔维亚)那么好过。”

这家位于巴黎文化中心的书店，所经营的是清一色的英文书籍，从楼上楼下洋洋数万册书中居然找不到一本法文书籍。西尔维亚在1919年创办这家书店时，将店名定为“莎士比亚及同伴”，目标顾客群定为英美学人；而经营模式有点像文学沙龙，顾客可以买书、借书、交换旧书，并定期举办书友聚会，推介文学新人。

“莎士比亚及同伴”书店热情为英美文学青年服务的美名在旅居巴黎的美国人和英国人中间广泛流传，吸引了越来越多的文学精英，他们中有格特鲁德·斯坦因、菲茨杰拉德、享利·米勒、埃兹拉·庞德、福克纳、格什温等一大批后来成为20世纪世界文坛的明星人物。

二战时，巴黎被德军占领。一位爱好文学的纳粹军官慕名找到书店，要买乔伊斯的《尤利西斯》，西尔维亚断然拒绝将书卖给侵略者。54岁的西尔维亚因触怒纳粹军官而过了半年的牢狱生活，身心受到了很大的打击，出狱后，便失去了继续经营书店的热情，书店就这样停业了。1951年，一个叫乔治·惠特曼的美国人在距原“莎士比亚及同伴”书店不远的地方盘下一个店面，仿照原书店的模式开了一家叫米斯塔尔的书店。该书店只卖美国作家的书籍，这一目标定位，使得他的书店在上世纪50年代成了“垮掉的一代”作家在巴黎的据点，就像当年的西尔维亚的书店一样。

后来，西尔维亚将停业十多年的“莎士比亚及同伴”书店的店名使用权无偿赠予惠特曼，并将很多珍贵的书籍和原稿赠予新书店。从此，乔治·惠特曼便成了“莎士比亚及同伴”书店的合法继承人。1964年，莎士比亚诞辰400周年时，惠特曼又将“莎士比亚及同伴”书店改名为“莎士比亚”书店。这便是我们今天所看到的已成为风景名胜的书店。

为生活做减法，留下最珍贵的东西给自己，去除繁冗的选择和不必要的堆积。把心中之物倒空，心怀若谷地接纳新事物——这才是将快乐和奢华连接起来的态度。

莎士比亚书店不太起眼，要不是门头上刻着莎士比亚的头像，初来这里的人很难相信这就是驰名世界的书店。书店门面不大，大门两边是敞开式书架，陈列的都是旧书旧刊。书架上的书密密地挤在一起，看不出一点缝隙。书店有两层，一架古旧的板式楼梯通向二楼。楼上更狭小，四周也是挤满了书的书架，没有书架的地方挂着一些作家的照片和手迹。他们中包括海明威、乔伊斯、庞德、斯坦因、菲茨杰拉德等大名鼎鼎的人物，他们都是与此书店有渊缘的作家。楼梯口对应的另一面，有一侧门通向一间稍大的房间，中间的简易沙发围着一个小茶几，环墙摆着长凳，一些人就整日坐在那里看书。这里既是店老板的接待室，也是文人聚会的地方。

巴黎，塞纳河、老书店、文学沙龙、文艺青年，这样的氛围也许是万宝龙女人从少女时期就开始向往的。到莎士比亚书店流浪意味着在店里寄宿——书架之间都藏着小床，寄宿的条件是每天要在店里工作两小时，并要每天读一本书，随便什么书都可以，

但一定要一天读完。老乔治自己依旧每天读一本书，要是发觉某本书写得很糟糕，他就会因浪费了时间而大发脾气。人们可以随时在莎士比亚书店里破口大骂，这是书店的一个精神。很多在巴黎流浪的青年会在这里待上两周或者两个月，店里人太多的时候他们就睡在外面的长椅上。在这里投过宿、搭过伙的足有上千人。成为这千分之一，将是万宝龙女人一生最珍贵的记忆。

每周一的晚上，书店都会为已经有作品出版的作家免费举办读书会。那些仍在期盼成功的作家——被老乔治称为“年轻的希望”——则可以在这里交流写作体会。许多读者都不是作家，但几乎没有作家不是这里的读者。莎士比亚书店给予人们最大的礼物在于，让作家和读者一样生生不息。作家不应该变成二流明星，读者也不应该简单地被称为消费者。就像西尔维亚所说的：“我们不仅以卖书为生。书是我们的生活。”书，是万宝龙女人的生活。也许，在莎士比亚书店里，万宝龙女人会灵感突至，从读者变成作家，用万宝龙笔写出一部部流芳千古的佳作也说不定。

一个人品味咖啡　万宝龙女人爱茶，也爱咖啡。人们常说：茶宜独品，咖啡宜众。其实，对于那些热爱思索的女人来说，咖啡也是宜独品的。茶韵是流动的，有如临山面水的清澈，宜于静思。而浓郁的咖啡，却宛若一幅鲜艳油画，可以将遥远年代里的美丽，凝固成永恒的画面，因此适合回忆——属于女人的回忆。不管是苦味浓重的苏门答腊曼特宁咖啡，还是有水果味道的肯尼亚咖啡，都能带给人美妙的味觉体验。借着咖啡的芳香，记忆中曾经随风飘散的一些片段，一个回眸，或是一段细语，一片温存，一丝诱惑，在香气缥缈的遐思中被重新拾掇起来。汲取着咖啡的温暖，忧怨的情绪被释放，紧张的心情松弛下来，油然而生的是热情洋溢的生命激情。

适合一个人品味咖啡的咖啡馆不能太喧闹，也不能太现代，最好是古老的、有故事的咖啡馆。一边品咖啡，一边猜度那些古老的故事。良辰美景依旧，然而物是人非。这样的咖啡馆很容易

■ 希腊咖啡馆

让人变成此时此刻的哲人。

也许万宝龙女人应该到罗马的希腊咖啡馆独自坐一坐。希腊咖啡馆是全世界最古老的咖啡馆之一，一份1760年的文件中记载着这间咖啡馆的主人是一位名为尼古拉·德拉·玛达雷纳的希腊人。这是咖啡馆名称的来源。数百年来，希腊咖啡馆里聚集过无数来自世界各地的名人，走廊两旁还挂着200多幅画作以及手稿。安徒生带着温情与感伤，在这里写下了《人鱼公主》。造访希腊咖啡馆的客人中文艺界人士算是最多的，作家、画家、音乐家等如过江之鲫，如德国的歌德、法国的斯丹达尔、意大利的邓南遮、俄国的果戈理、英国的拜伦、美国的马克·吐温、丹麦的安徒生、波兰的密兹凯维奇等等。这些人在此讨论文学艺术或密谋革命，落魄一点的则寻求出头的机会。希腊咖啡馆可以说是当时欧陆最引人注目的咖啡馆之一。

德国诗人莫利兹为了泡希腊咖啡馆，干脆住在隔壁旅馆。他在书里记述：“这里的陌生人完全被一股强烈的社交氛围所笼罩，所有人都被一种社交欲望绑缚在一起。他们试图利用在这里停留的每分每秒，让自己变得更加完美，提高自己的艺术才能与造诣……”

在19世纪，这里是德国文学艺术的精神城堡，那时欧洲流传着一句话：假若一个德国人去了罗马而没去希腊咖啡馆看黎明的曙光，那他必须再活一次。那今天呢，希腊咖啡馆能带给万宝龙女人什么？答案只有去过才知道。

用爵士乐点缀夜晚　在月明星稀的夜晚，柔和的灯光洒满房间，耳边环绕着爵士乐，香熏炉向外散发着淡雅的薰衣草的香味。万宝龙女人穿着柔软的睡衣，手执红酒杯，陷在舒服的沙发里，享受美好的孤独。爵士乐是感性的，它能把人灌醉，又让人苏醒。爵士乐必须是真正一丝不苟地用心谱成的，而后才能由演奏者把它激活。爵士乐的旋律自由而活跃，节奏富于变化——有时松弛懒散，有时焦虑放浪，有时撩人魂魄……它让万宝龙女人沉湎怀旧，也激发了她们对未来的幻想或憧憬。

万宝龙之格调

最优品质　万宝龙从设计、选材到工艺，每一个过程都精益求精，即便是小小的18K金笔尖，也要经过25道工序，其中绝大部分工序需要经验丰富的工匠手工完成，包括为笔尖雕刻精致高雅的花纹。

神秘配方　万宝龙笔杆采用的高级树脂来自一种全世界仅有的配方。正是凭着这种神秘的配方，万宝龙的笔杆历经世代依然能够保持莹润的光泽。

完美笔嘴　每一支万宝龙笔嘴都经由大师之手一一测试。在万宝龙笔嘴检测室内，没有一丝声音。没有机器轰鸣，没有喧哗扰攘，没有窃窃耳语，只有笔尖游走于纸面所奏响的流利旋律。即使是最富有经验的检测师，也需要绝对的静默，以倾听完美笔嘴所发出的天籁之音。训练有素的双耳，敏感的指尖，细细地听取与感受最微小的瑕疵。

1906 年诞生的万宝龙作为奢侈品牌，恐怕无人不知，它已经成为了豪华墨水笔的代名词。万宝龙创始人之一的阿尔弗雷德·奈赫米亚斯临终前曾留下了自己的忠告：“绝对不要贩卖廉价的钢笔，一定要坚持高贵的品质。”或许万宝龙是最好的墨水笔，但它天生就不是为写字而生。

万宝龙总裁诺伯特·柏拉特曾经自豪地说：“我们的品牌起源于书写工具，很多成功人士用它来签订合同或协议，在政治上它写下了战争与和平，在商界它可以决定一个公司的命运。”万宝龙拥有一些品牌望尘莫及的用户——皇室贵族及有时代影响力的人群：伊丽莎白女王、肯尼迪总统、罗马教皇、美国建筑大师莫特·扬等等。古巴领导人卡斯特罗只用万宝龙签文件。1984 年，邓小平与英国首相撒切尔夫人在《中英联合声明》签约所用的那支钢笔也是万宝龙。海明威创作的源泉都汩汩流自万宝龙笔尖，雨果写《悲惨世界》时用的是万宝龙笔，日本明仁天皇、西班牙国王卡罗斯一世和巨星史泰龙都手握万宝龙钢笔。

绝大多数顶级奢侈品牌是在为流行时尚创造风景，它们起源于时尚潮流。万宝龙是完全不同的，它起源于教育和文化，是文化的一部分。万宝龙在销售产品，铸建品牌的同时，始终是文化艺术的积极推广者。在1909年，万宝龙以“红与黑”为设计的主题生产了第一批笔，因为当时《红与黑》正在法国乃至整个欧洲流行。1987年，万宝龙决定深入发掘这一优势，从文学出发，推广各项国际性文化活动。从1992年起，万宝龙每年推出一款极品墨水笔，以纪念历史上的文学与艺术巨匠，同时限量发行4810套。产品推出后，公司销毁设计与生产用的全部套具，使每一款都成为绝品，增加收藏价值。

万宝龙笔头上的六角白星，恰恰是欧洲最高的山峰勃朗峰俯瞰的形状，而每支笔尖上的“4810”字样，正是勃朗峰的高度。万宝龙无论从设计、选材到工艺，每个过程都精益求精，更使得万宝龙笔如勃朗峰般坚实而又高贵。

1924年，万宝龙刚刚走出第一次世界大战的阴影，就决计不再从美国进口金笔尖。为此，公司首先向全国征集各种设计，优选后由万宝龙的制笔大师加以改进，然后用欧洲传统工艺，全部用手工雕琢。笔尖配以名贵的铱金属，极其坚韧耐用，书写非常流畅。每支笔的生产历经200多道工序，其中小小的笔尖也需要20余道工序，其中绝大部分工序需要经验丰富的工匠手工进行。在打磨笔尖的过程中，制笔师用耳朵来判断笔尖是否磨好；打磨完成，再亲手去试，这个过程完全凭着制笔师几十年来积累的纯熟感觉进行，是任何机器都无法胜任的。

万宝龙的收藏哲学源远流长，父亲把笔留给儿子，儿子再留给孙子，世代相传。《吉尼斯世界纪录》认可的世界上最昂贵的笔就出自万宝龙家族。但万宝龙认为自己的笔不是“昂贵”，是“高价”，因为昂贵的东西是不切实际的，高价则是物有所值。

捷豹女人
Jaguar & Women

捷豹是性能优异、质量上乘、精致典雅、传统凝练的代名词，是展现英国气质的最佳机械。

捷豹女人是传统女性，她安静而有力量，沉默却有内容，温柔却心意坚定，展现着一种隽永的风姿。

尊重传统是她们的共同宣言。

风情万种的女人喜欢意大利车，浓情蜜意的女人偏爱日本车，成熟独立的女人适合法国车，德国车是稳重谨慎的女人的最佳选择，偏爱英国车的则是那些传统的女人。在汽车发明后的一百多年里，英国车一直被认为是汽车工艺的极致代表以及品位、价值、豪华、典雅这几个词语在汽车上最完美的体现。

捷豹是绅士淑女们的最爱，它是如此高贵、优雅、雍容。优雅的捷豹吸引着传统女性的目光，在她们心里，法拉利的激情和速度、奔驰的权威性、宝马的时尚前卫都不及捷豹的优雅和传统重要。捷豹至今秉承着传统的造车艺术，经验丰富的工匠以手工进行装配，绝大部分的工匠都有超过20年以上的丰富经验，造车技术代代相传，工艺千锤百炼，品质完美无瑕，处处流露出英国传统造车艺术的精髓。

捷豹女人个性上十分宽宏大量，极具包容性，眼光也看得十分远，不会因为一些小事而耿耿于怀。她懂得适时作出让步，甚至牺牲自己成就他人也甘之如饴。她们贤淑可靠，思想趋于传统，不过她们的内心也有坚强的一面，强而有力的性格经常透过母性精神展露出来，所以捷豹女人是那种临危不乱，在困苦和多变的环境中反而能更勇敢坚定的人。这样的女性，把家庭当做事业来经营，把家人当成世界上最重要的人。她们喜欢和谐的生活，没有野心勃勃的自我要求和

对外的企图心。她们很容易受外界的气氛感染，心思敏锐，也能关注他人的需要。

有的女人在事业上野心勃勃，希望与男性社会一争高下，捷豹女人不是这样。她们不喜欢成为众人的焦点，家庭是她们最在意的舞台，她们喜欢协助家人成就其事。她们善于洞察别人的优点和才华，协助他们发展事业。她们不是欠缺自信，而是知道自己擅长哪一方面，她们不在乎成就、目标、金钱等东西，关注的是与家人的关系。美国前第一夫人南希·里根就是这样的女人。作为妻子，南希会为里根打造一个温馨的家，哪怕是只住三天的酒店房间，她也会弄得充满柔情蜜意；相信占星的南希会为丈夫算出“黄道吉日”，然后为丈夫默默地祈祷；喜爱瓷器的南希会在圣诞树上挂上祝福吉祥的写有里根名字的瓷制小天使；在里根做肠道手术时，她顶住压力，周旋于官员之间，协助里根进行管理；作为母亲，她为了防止女儿受当时青年文化的不良影响而将她送到市郊一所偏僻学校，更将儿子送到纪律极为严格的学校就读。

和世界上其他元首夫人相比，南希对政治并不热衷，她对政治的关注完全是因为她要支持她的丈夫。南希曾经写道："我的人生目标就是拥有一次成功而幸福的婚姻。"在嫁给里根之后，南希将所有的爱都毫无保留地倾注到里根身上。南希在提到丈夫时曾深情地说："认识我丈夫之后，我的生活才真正开始。"如今尽管南希已经80多岁，但还是有不少政坛要人的夫人来向她讨教"为妇之道"。著名影星施瓦辛格刚刚当选为加州州长时，其夫人就曾经为如何扮演"加州第一夫人"的角色而苦恼不已，她想到的第一个求助人就是南希·里根。南希在很多美国人心目中就是第一夫人的典范，她不是站在权力之巅的女人，而是成就权力的女人。

除了细心、无微不至地照顾家人外，捷豹女人连家人的朋友也会照顾周到，也会不惜改变自己，融入对方的生活，学习对方喜欢的东西，建立共同兴趣。捷豹女人会为自己身处重要位置而自豪："他们没我不行。"并对自己能满足他人的需要而感到骄傲："我不需要任何人，但是他们都需要我。"

和捷豹女人相处时，要时刻提醒她，她在你心中的重要性，在行动和语言上表达你对她的爱，对她要浪漫一点——一个充满诚意的礼物，一个温暖的拥抱是对她表示感谢的最好方式。

喜欢捷豹的女人们

有"小提琴女神"之称的德国小提琴演奏家安妮·索菲·穆特是捷豹 S-TYPE 的拥趸，穆特给捷豹的评语为"经典奢华而又不失时尚的气质"。穆特在 13 岁被卡拉扬称为"自梅纽因以来最伟大的音乐天才"，她两次获得格莱美奖，被称为当今世界最有优势、最有影响力、最具说服力的小提琴演奏家。

舞台之外，穆特的生活也同样丰富多彩。在少女时期，她就酷爱各类运动，现在，她经常驾驶着自己心爱的跑车在高速公路上飞驰，她认为从中可以体味到一种速度和力度的释放。她还喜欢烹饪，对美味的意大利风味食品赞不绝口。但在大饱口福的同时，她也像每一位女性一样注重自己的身材，通过游泳和练习瑜珈来保持自己的体形，使自己始终能

■ 安妮·索菲·穆特

丹麦王妃玛丽·唐纳森与丹麦王储弗雷德里克

在公众面前展现出迷人魅力，特别是她习惯身穿无肩带的晚礼服演奏，更凸现了她优雅的风采。虽是一位古典音乐演奏家，但平时她却喜欢听爵士音乐和流行音乐，从路易斯·阿姆斯特朗到埃尔顿·约翰，都是她家音箱中的“常客”。

如果你仅以照片和演奏会获得的印象而评断安妮·索菲·穆特是一个羞涩寡言的人，那你就大错特错了，她犀利的言辞常让媒体印象深刻：“为什么总要向媒体喋喋不休呢？如果不是有了值得说的音乐事件，我宁可闭嘴”；“我的身体里有一台‘法拉利发动机’，如果我把它开动起来，我就希望持续地集中精力，随后我就可以有一段比较长的休息时间。”也许这些言论听起来并不那么优雅，但这就是安妮·索菲·穆特，一个看似隐形却会随时重磅出击的音乐滚石。

女人必须时刻学习，让内心丰盈，让生活从容优雅，让心中永远有爱、有希望、有智慧，自然每天都美丽如初。

作为美人鱼的故乡，丹麦的童话故事总是令人赞叹。庄严的教堂，圣洁的婚纱，红色的婚毯，灰姑娘，王子，这一切都本应是童话故事的情节，但在 2004 年 5 月 14 日这一天却真实地展现在了丹麦人民眼前。玛丽·唐纳森，这个幸运的澳洲女子无须穿上水晶鞋，便深深地抓住了丹麦腓烈特王子的心。故事的开头普通得几乎不能再普通，在澳大利亚繁华的悉尼市区的一家小酒吧里，王子和灰姑娘邂逅了，并一见钟情。然而故事的结尾却多少有些出人意料，在丹麦壮丽的圣母大教堂里，玛丽·唐纳森这个平凡的女孩成为了万众瞩目的王妃。她是丹麦历史上第二个嫁入王室的平民女子，第一个则是香港女子文雅丽。丹麦王室向来低调，丹麦王宫没有森严的警卫，没有高高的宫墙，更没有金碧辉煌的宫殿，甚至连一个封闭的院落都没有。四座风格简单朴素的老式建筑围绕在一个八角形的小广场四周，两条街道在此相交，形成一个十字路口，而那四座建筑整齐地分布在四个街角。如果没有人提醒，你一定不会知道这里就是皇宫。然而，在举行这场盛大的婚礼时，丹麦王室花费了 3660 万美元。从此，玛丽·唐纳森告别了平民生活，过上了连她自己也难以想象的奢华生活。这对热衷时尚的夫妇仅在私人消费这一项就高达每年 93.3 万美元，其中在衣服、鞋子和家具等项目上平均每天要花 2500 美元。玛丽的通讯费用也大得惊人，一年就达 3.1 万美元。此外，喜欢社交的他们在各种社交场合的开支超过了 21.2 万美元。一位评论家说：“只要玛丽一掏出信用卡，那张小卡片马上就开始放光。”尽管也有人批评她生活奢侈，但玛丽王妃的民众支持率一直居高不下，这或许是得益于她时尚的形象，也或许是因为民众普遍欣赏她不请保姆、独立抚养儿子的决定。

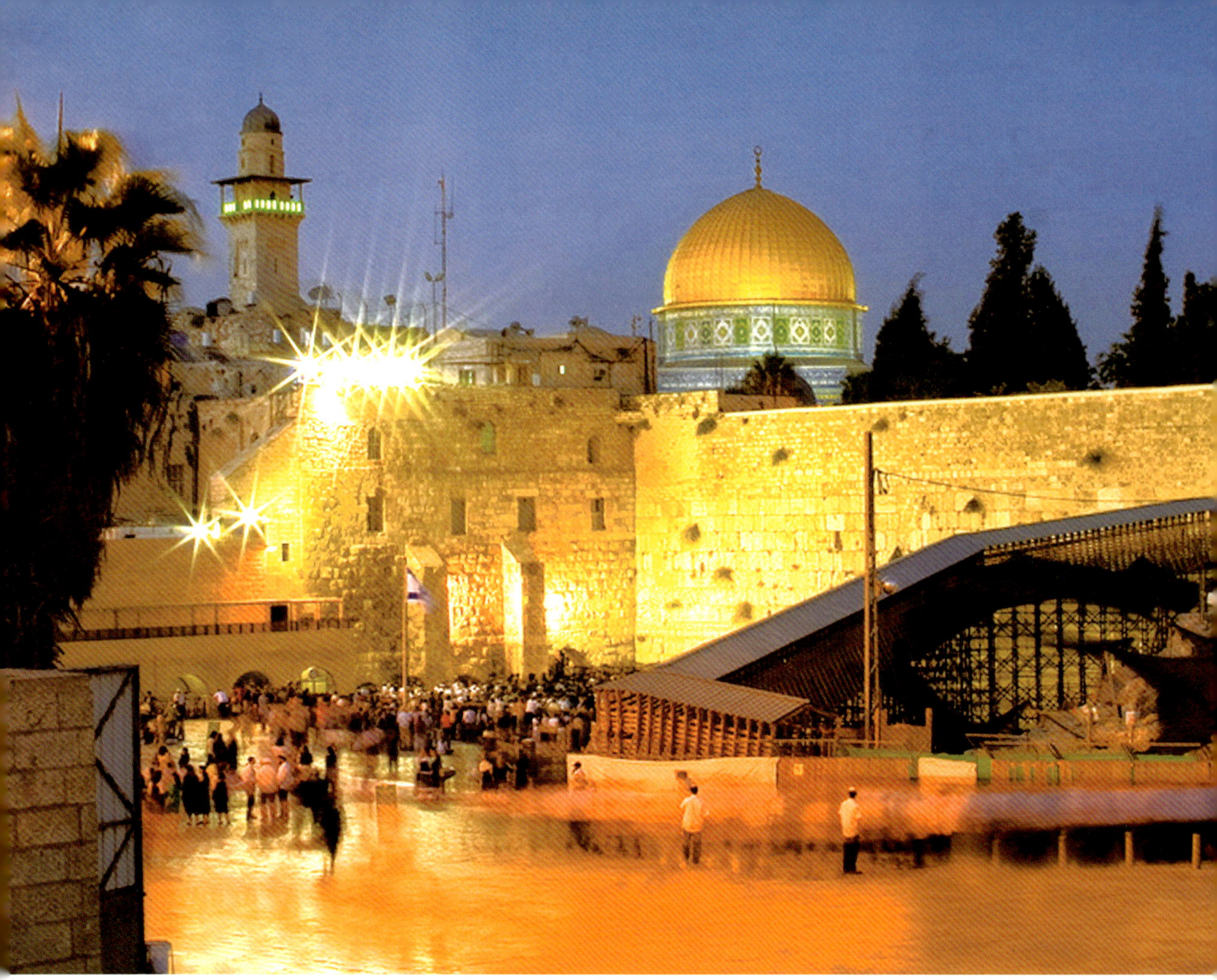

到耶路撒冷给上帝传张小纸条 捷豹女人是相信传说的，她们会很轻易地被美丽的故事打动。捷豹女人是虔诚的，她们相信神并热衷于祈祷。捷豹女人是善良的，她们愿意为世界上所有的苦难祈福。也许对于她们来说，到以色列耶路撒冷的哭墙边给上帝传张小纸条——这个别人眼中的“游戏”，在她们看来是一件非常神圣的事情。她们会把心愿真诚地写在纸条上，并相信传说中说的：上帝一定会看到它们。

耶路撒冷是以色列自 1950 年以来的首都，城市有新旧城之分。从文明和历史角度来看，新城属于现代的以色列，而旧城则是宗教的以色列。耶路撒冷最能让人体会到那种历史沧桑迎面扑来的感觉，这里的建筑有几百年的历史，人们穿着毫无时代气息的衣服，这一切使人怀疑时间是否在此驻足不动了。

传说耶路撒冷旧城中最神秘的地方莫过于 3000 多年以

■ 耶路撒冷哭墙

前，由所罗门建造供奉“十诫”法柜的圣殿，圣殿曾先后被巴比伦和罗马人摧毁，现在唯一仅存的只有外墙残垣。长久以来，流放至世界各地的犹太人都会回到这面象征着犹太信仰和苦难的墙前低声祈祷，为缅怀昔日民族光荣和历史沧桑而悲恸，久而久之这面墙便被称做“哭墙”。不知从何时开始，信徒们形成了一个习俗，把给上帝的祈祷词写在纸条上，揉成一团，塞进哭墙的墙缝里。逐渐的，从世界各地来的旅游者也入乡随俗，不管信不信教，都会凑个热闹，给上帝写个纸条。美国前第一夫人劳拉·布什访问以色列时也未能免俗。据说一个人不管在世界上哪个角落，只要寄出一封“上帝收”的信，这封信十有八九会被送到耶路撒冷，因为耶路撒冷是“圣城”，是离上帝最近的地方。每年，耶路撒冷邮局都会收到两三千封寄给上帝的信件，这些信大多被塞到了哭墙中。现在，只要是人手够得着的墙缝，大都塞满了各种各样的小纸条。

哭墙南侧沿石阶而上便是圣殿山。给捷豹女人的建议是，给上帝传完小纸条，一定要到圣殿山看一看。这里被称为“耶路撒冷最疼的地方”。圣殿山被犹太人奉为圣地是因为传说犹太先祖亚伯拉罕在此领受上帝旨意、祭献儿子；他的孙子雅各布在此和天使摔跤，并被赐名“以色列”。圣殿山如今坐落的是清真寺院，在伊斯兰世界里是仅次于麦加和麦地那的第三大圣地，阿克萨清真寺与岩石圆顶清真寺被高高的围墙圈在一处宽敞的院落里。闻名世界的岩石圆顶清真寺总是频频被摄入投向耶路撒冷的镜头中，因为它雄伟而炫目的金顶无论清晨还是黄昏，都会在蓝天下产生一种让人无法抗拒的美感。它的大圆顶高 54 米，直径 24 米，1994 年由约旦国王侯赛因出资 650 万美元为这个圆顶覆盖上了 24 公斤纯金箔，使它彻底名扬天下。

犹太圣经《塔木德》说：上帝给了世界十分美，九分在耶路撒冷。但也有后人说：上帝给了世界十分愁，九分在耶路撒冷。也许正因为集美太多，耶路撒冷，特别是圣殿山才成为纷争不断的场所。但是无论如何，这个“世界上最美也最疼”的地方，都值得一去，在这里给上帝写封信，为家人的幸福而祈祷。

用科勒营造梦幻卫浴体验 在捷豹女人的世界里，家是任何豪华的酒店都无法企及的舒适之所，家是情感的归宿，家是唯一令她在他乡思念的地方，是幸福和宁静的绿洲。浴室不仅是家中一个美丽的角落，也是一个可以放松心情的地方。始建于 1873 年的美国卫浴品牌科勒无疑是捷豹女人的首选。在全球，科勒以独特的设计色彩和线条久负盛名，产品以其巧夺天工的设计展现出独特的魅力，成为全球卫浴经典品牌。在美国威斯康星州的总部，全美最著名的 20 多个设计师在这里从艺术、时尚、色彩的世界汲取灵感，以感性的色彩和线条，创造出令人惊叹的科勒经典卫浴产品。

用 MOOLLONA 灯饰将家装饰成一个温暖的城堡 捷豹女人是装饰家庭的好手，她们知道世界上最漂亮的壁纸、最舒服的床、最环保的餐具以及最好的浴缸。她们翻看各种家居品牌的目录，来寻找自己中意的产品，这种在别人看来琐碎无趣的事，对她们来说却是乐事一桩，因为她们要把家装饰成一个温暖的城堡。

世界上最好的家居产品来自意大利。意大利是一个让人动容的名字，任何一个崇尚奢侈生活的人都无法对这个名字无动于衷。Italy——当这个美妙的音节从舌尖滑出，仿佛空气中都飘散着艺术的味道。如果说法兰西是浪漫的代名词，纽约是时尚的诠释者，那么意大利毫无疑问是艺术之都、设计之都。从罗马的古迹，到佛罗伦萨的雕刻；从威尼斯水城的贡多拉，到米兰的时装；从西西里的民俗风情，到科摩湖的醉人美景……意大利的一切都让人目眩神迷，上帝如此偏

爱这个国度，不仅赋予它悠久的历史、古老的文明，还将世界上最“考究”的人置于此，这些人将“设计”一词演绎至极致——从一把勺子，再到整座城市，都经过严谨设计。

说起意大利，不能不提及顶级灯饰品牌 MOOLLONA。来自“玻璃世界”慕拉诺的 MOOLLONA，仿若一个从仙境中缓缓走来的仙子，将醉人的光芒和迷人的华彩带入凡尘。MOOLLONA 用清灵的灯光描绘着天堂的样子，它所营造的世界是那么宁静、那么高远，置身其中，人们的世俗之气一下子烟消云散，顿感轻松、欢愉。

诞生地慕拉诺赋予了 MOOLLONA 高贵的意大利血统。慕拉诺是水城威尼斯附近一个充满了传奇色彩的小岛，虽然这个小岛在面积上毫不起眼，各种传说、神话中也没有它的芳名，但是，水晶灯和玻璃灯为这个名不见经传的小岛带来了无上荣耀，并为它披上了水晶般迷彩的华裳。慕拉诺拥有傲人的七百多年的水晶、玻璃艺术传统。这里不仅是欧洲水晶灯和玻璃灯的发源地，而且从13世纪后期开始，开创了欧洲历史上第一个延续三百年左右的水晶玻璃艺术黄金时期。在这个令当时上流社会为之风靡瞩目的黄金时期，意大利政府为了确保他们独有的水晶玻璃配方和传统工艺不外泄到其他国家去，于是把所有的工匠全部集中到与世隔绝的慕拉诺海岛上。时至今日，意大利最美丽的水晶灯和玻璃灯，依然只能在这个小岛上寻找到。

1872年，MOOLLONA灯饰品牌诞生了，唯美的造型、清灵的意蕴、无可挑剔的工艺使之迅速成为欧洲灯饰界的顶级品牌。137年来，MOOLLONA手工玻璃灯及水晶灯一直是欧洲皇室和贵族争相抢购的珍品，挪威国王哈肯七世、西班牙国王阿方索十三世、捷克总统托马斯·加里格·马萨里克、波斯国王等名人都以拥有它为荣，MOOLLONA灯饰因此被誉为“贵族灯中的极品”。经过一个多世纪的发展，MOOLLONA灯饰不但没有一般老品牌的陈旧感，反而因为吸收了各种时尚文化而更具时代感。MOOLLONA将悠久的历史和前卫的时尚融于一身，将古典巴洛克风格、洛可可风格的繁复美学和现代简约美学相结合，创造了独一无二的顶级水晶灯文化，是全世界家居领域的翘楚，是所有生活鉴赏家的渴求之物。MOOLLONA灯饰就像一个艺术和思想的符号，出现在任何空间，都会闪耀智慧的光芒。

捷豹之格调

将运动和豪华相结合 捷豹一直以来都是以运动型轿车而闻名，早在20世纪60年代，它就提出“运动房车”和“运动豪华房车”的概念，并且拥有了自己的运动房车品牌，如今捷豹重新夺回了自己的领地，成为以运动豪华轿车著称的生产商。

含蓄内敛的贵族之车 一辆车可以折射出一个国家的风格和文化，和德国的两大豪华车品牌奔驰、宝马相比，捷豹宛如典雅的工艺品，是不能用漂亮、时尚这样的词汇来评价的，它给人的是含蓄内敛而又高傲的绅士印象，享有“贵族之车”的美誉。

完美的售后服务体系 捷豹拥有最先进的理念、技术、产品以及高标准售后服务体系，它在豪华车中率先承诺“三年或十万公里”的免费保修，并推出了全年365天、每天24小时的紧急道路救援服务，完美诠释了捷豹一贯坚持的对用户的至尊关爱。

捷豹汽车的创始人威廉·里昂斯爵士曾经说：“汽车是我们所能制造出的最具生命力的机器。”捷豹汽车始终坚持的核心是展现汽车与生俱来的优雅本质。

1927年后，捷豹公司推出了一款迷你型轿车。里昂斯是一个精明的广告宣传专家，他在1931年发布的“等一等！SS来了”的广告，撩拨着驾车者的心，也激荡了整个汽车界。不管是这个广告，还是SS本身，都是新颖、独特的上乘之作！1932年，“捷豹”的名字随着一款完全独自设计制造的全新轿车SS Jaguar的面世而首次出现。

每个女人，都期望一生中至少拥有一件真正的奢侈品。无论是一件华服，还是一辆跑车，让女人动容的不是其高昂的价格，而是隐藏在其中的微妙细节，是不计成本的时间与经历，以及娓娓道来的穿越时空的关爱。

威廉·里昂斯爵士在年轻时经常参加汽车竞赛，因此捷豹的体内自然蕴藏着天生的战斗血统，而它的名字更是象征了地表上最迅猛的动物，所以追求速度是捷豹的天性。从1933年捷豹第一次参加国际性的赛车活动起，捷豹便开始了它辉煌赛史的序章。凭借着优异的性能，在70年的赛车史中，捷豹七次在勒芒国际汽车耐力赛中夺冠，两次在世界运动汽车锦标赛中获胜，并在蒙特卡罗和其他无数赛事中力拔头筹。赛场上的胜利使捷豹在跑车界极负盛名，更成为英国跑车的代名词。里昂斯因在汽车领域作出的贡献而被册封为爵士。里昂斯爵士将捷豹和英国汽车公司合并，意气风发的捷豹还兼并了多家汽车公司，成为了那个时代汽车制造业的霸主。在整个60年代，捷豹走在了世界车坛的最前沿。

“买日本车，买的是工具；选择德国车，选的是机器；而拥有英国车，拥有的是艺术”，这句话从一个侧面反映出英国汽车品牌以一种超物质的精神存在于机械中。然而在这个最

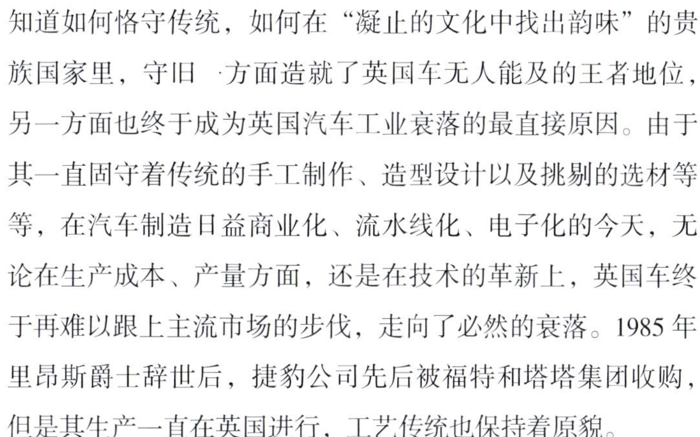

知道如何恪守传统，如何在“凝止的文化中找出韵味”的贵族国家里，守旧一方面造就了英国车无人能及的王者地位，另一方面也终于成为英国汽车工业衰落的最直接原因。由于其一直固守着传统的手工制作、造型设计以及挑剔的选材等等，在汽车制造日益商业化、流水线化、电子化的今天，无论在生产成本、产量方面，还是在技术的革新上，英国车终于再难以跟上主流市场的步伐，走向了必然的衰落。1985 年里昂斯爵士辞世后，捷豹公司先后被福特和塔塔集团收购，但是其生产一直在英国进行，工艺传统也保持着原貌。

翻开捷豹的车主名单，你一定会惊得目瞪口呆，在名单上，长长的一串都是政要和明星，包括英国皇室、英国首相、迷人的玛丽莲·梦露、个性生活偶像拉尔夫·劳伦、政界名人卡尔·罗夫……对于捷豹而言，它没有劳斯莱斯的华丽，没有宾利的洒脱，没有凯迪拉克的霸气，却依然让人在内心深处产生一种难以言喻的自豪与骄傲，这就是捷豹的魅力——隐藏的力量，是不容忽视的。

娇兰女人
Guerlain & Women

娇兰以香味为语言、为姿态、为武器，无声地诉说着过往，表达着心愿，创造着辉煌。

娇兰女人是个性女人，她至情至性，特立独行，是世界上最耐人寻味的风景。

她们的名言是："成为你自己。"

时光追溯至1828年，从娇兰的创始人皮埃尔·娇兰开设第一间香水专营店起，娇兰即专注于创制不同种类的独特香水及香精，以配合不同人士的性格特质。由于概念崭新，随即倾倒万千女性而闻名于世。"香水世家"娇兰最独特的地方莫过于它的高级定制服务。位于巴黎香榭丽舍大道68号的娇兰总部，犹如一座香水博物馆，呈现着旗下全系列的香水，其中不乏针对高端VIP的顶级定制香型。在娇兰，调香犹如一次心灵旅程，是一种全新的贴近生命的方式，诠释着人世间所有的意味——味香、感觉、品位和想象。世界上最美妙的香水，是只属于自己的香水，只有那些拥有过娇兰定制香水的女人，才能被称为真正的娇兰女人。

香气与女人之间一直存有亲密而微妙的关系，香是女人的魅力，是女人的情怀，也是女人的智慧。聪明的女人会选择一种最能表达其个性特征的香水，来展现其独特的个性魅力。中世纪的欧洲，英国女王伊丽莎白在年过半百的时候，还凭借由迷迭香配制的香水获得了年轻英俊的匈牙利国王的爱，香水的神奇魅力令人惊叹。

西班牙香水大师萨瓦雷斯曾说："没有个性的香水，肯定会随着时间的流逝而消亡。"而娇兰恰恰是有个性的香水。娇兰女人也是追求独特个性的女人。有的女人即使与人相处多时，也很难给别人留下什么印象，相隔多年，人们再想起

L'INSTANT
DE
GUERLAIN

她时，甚至连容貌也忘记了。而娇兰女人则是那种让人印象深刻的女人，她们的行为举止、音容笑貌令人难以忘怀。出现这种现象的原因就是人与人之间个性的差异。娇兰女人那鲜明的、独特的个性容易给人以深刻的印象。

娇兰女人骄傲地说："大自然塑造了我，然后把模子打碎了。"娇兰女人是真实勇敢的女人，是不甘寂寞又享受寂寞的女人，是自拔于固有秩序展现自我的女人。天涯漂泊的流浪艺术家、自立自主无性别意识独立于社会的知识女性、倔犟地坚持自己风格的女人都算是个性女人。她们追求独特，但并不盲目，她们有其与众不同的自律性本质。她们执著于用自由构解生命，不喜欢把自己放在框子里。

娇兰女人的共性就是没有共性，她就是她，没有复制品。就像凯瑟琳·赫本，颧骨高凸，下巴突出，是她长相上的"个性"；反叛、坚忍，脾气急躁，厌恶抛头露面，是她性格上的"个性"；穿着松松垮垮，不施粉黛，不修边幅，举止傲慢，不注意公众形象，是她行为上的"个性"；超越经济、名誉与地位，甘以情人身份与有妇之夫屈赛"超常规"地相守 26 年，是她感情上的"个性"。强烈的"个性"把她一步步地提升到不可逾越的高位——12 次入围奥斯卡奖，4 次折桂，辉煌纪录至今无人能破。凯瑟琳·赫本是璀璨群星中最有个性、最有成就的一颗：她谈吐不凡，在某些方面过着男性一样的生活；她我行我素，她是第一个在银幕下把男装穿上身的好莱坞女性，也是第一个穿长裤出席奥斯卡颁奖典礼的影后；她倔强激进，锋芒毕露，常为不平之事振臂高呼，成为公众的旗帜……

正因为个性女人品位独具，所以她们不能忍受自己和别人拥有一样的气味，所以她们热爱娇兰，她们需要的不是温吞水式毫无激情的香水，而是更渴望用那种充斥着霸道和个性的味道牢牢锁住他人的目光。这就是娇兰女人，至情至性，特立独行，她们是这个世界上最耐人寻味的风景。

女人志
LUXURY WOMEN

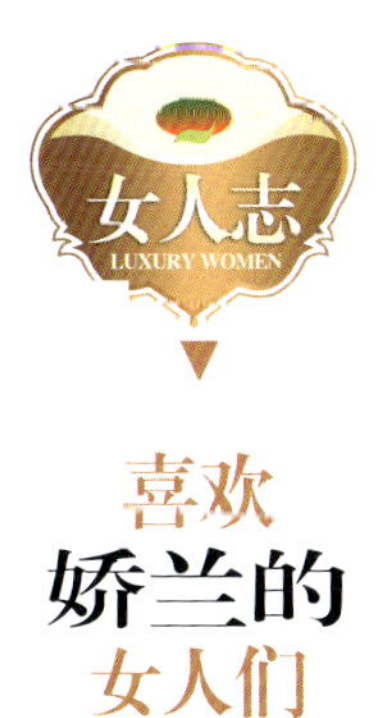

喜欢
娇兰的
女人们

英国维多利亚女王是娇兰香水顾客名单上最显赫的名字。极少有登上帝位的女人，能像维多利亚一样，如此出色地完成了女王的职责，同时又拥有作为平凡女人的幸福。维多利亚女王拥有令人羡慕的爱情，家庭生活十分美满。维多利亚女王尤为喜好收藏珠宝，1838 年女王登基时，皇室备好 2500 颗钻石供她使用。20 年后，当维多利亚女王把东方古国印度变为大英帝国殖民地时，她觊觎很久的那颗被誉为世界上最古老钻石的“光明之山”也顺理成章地归属于她。虽然已经拥有无数稀有的世间珍宝，但维多利亚女王却坦言她最心爱的还是丈夫赠与她的那枚巨大的蓝宝石胸针，这枚胸针是女王的结婚礼物，女王一直佩带着这枚胸针，感觉就像爱人始终陪伴在身边一般。

■ 维多利亚女王及家人

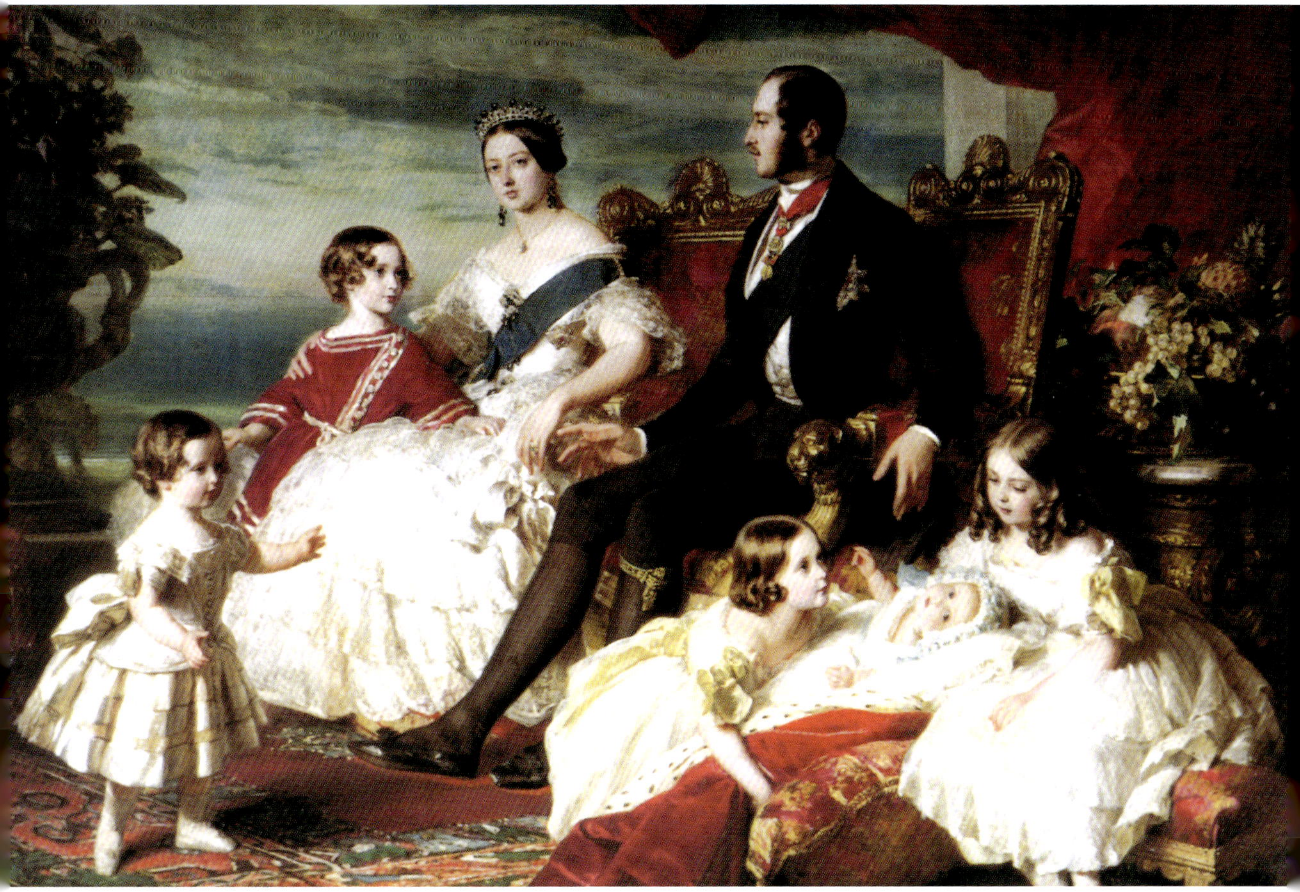

茜茜公主

茜茜公主在世时，尤为喜爱娇兰的定制香水。一部《茜茜公主》让人们知道了这位美丽的皇后。历史上真实的茜茜公主并非完全像影片中表现的那样，她的命运是多舛的。婚后的茜茜公主住进了奥地利的美泉宫。它因其规模宏大的宫殿、花木似锦的花园而闻名。宫殿有多达1441个房间，其富丽堂皇的内部装饰令人眼花缭乱、叹为观止。美泉宫成了哈布斯堡王朝荣辱史的见证人。

茜茜公主的丈夫弗兰茨·约瑟夫皇帝是一个不折不扣的工作狂，他每天5点开始工作，早饭和午饭都是工作餐，一直到86岁去世。这样一个人虽然一直爱着妻子，在两人分居的时候信件不断，但是他身上的羁绊却永远满足不了渴望绝对自由的茜茜公主。茜茜公主每日的生活并不精彩，保持身材是她生活的主要内容，身高1.73米、体重48公斤的她腰围只有50厘米，为了不让自己变胖，她一般每天以水果为主食，另外再喝一碗热汤。

人的一生有时似乎是在雾中行走，远远望去，只是白茫茫一片，辨不清方向。可是，当你鼓起勇气，放下忧惧和怀疑，一步步向前走的时候，你会发现，每走一步之后，你都能把下一步看得更清楚一点。所以，往前走，别总是站在远处观望，你就能找到前进的方向。

身为奥地利皇后，茜茜与那些维也纳贵族不一样，她发自内心地热爱匈牙利，她欣赏那里的音乐、马匹、骑士，欣赏布达佩斯的巴洛克式建筑以及那里的色彩和节奏……茜茜后来和匈牙利的安德拉希伯爵陷入一场精神恋爱，两人都是马术高手，因此茜茜后来在格德勒的城堡庄园中居住的时间远多于在维也纳的时间。出于对匈牙利的热爱，茜茜促使弗兰茨·约瑟夫皇帝同意匈牙利自治。在独生子自杀后，茜茜心灰意冷，带着几个随从周游列国，足迹遍及亚洲及非洲大陆。1898年，她在日内瓦被一名无政府主义者杀害。尽管如此，这位皇后仍然以其美貌、魅力和浪漫的忧郁气质而受到臣民的爱戴。真正的茜茜公主堪称传奇人物，但她的一生绝不是一部童话。

探寻各地的美食餐厅 娇兰女人对食物是非常挑剔的，她们不喜欢那些千篇一律的五星级大酒店的餐厅，而喜欢非常有特点的私人餐厅。也许这种餐厅的规模不大，有的甚至是家庭经营的，但是他们做出的美食绝对不含糊。尤为奢侈的是，这种餐厅不会开连锁店，娇兰女人只有飞越千山万水才能一饱口福。英国权威餐饮杂志《餐馆》曾专门为像娇兰女人这样挑嘴的食客评选出了世界最佳 50 家餐厅。其中法国有 12 家、美国有 8 家，西班牙和意大利各有 6 家。位列前十名的最佳餐馆是：

西班牙牛头犬餐厅——餐厅坐落于西班牙布拉瓦海岸罗萨斯壮丽的海边，在巴塞罗那以北 160 公里。餐厅开业时间从 4 月到 9 月，剩余时间厨师要用来琢磨新菜品，而主厨费朗·亚德里亚先生可谓当今世界上最出名的厨师之一。想要来这家餐厅吃饭，娇兰女人至少要在一年前预订座位，如果足够幸运，她还有机会品尝 25 道美味佳肴组成的晚宴，包括鳕鱼末、土豆丸子等等。牛头犬餐厅各个菜品全部独具匠心，一举超越了“招牌菜”的限制。美食家评论说：“光顾牛头犬餐厅需要我们暂时忘掉现实烦恼，在这里，吃才是生活的基本要素。亚德里亚并不欣赏舒适就餐的概念，他的至理名言是体验味蕾跳跃至指尖的欲望。”

英国肥鸭餐厅——作为全世界最好的餐厅之一，英国肥鸭餐厅在各种评选中多次位列榜首。餐厅位于伦敦西部伯克郡的一个村庄内，主人名叫赫斯顿·布鲁门索，于 1995 年开业。布鲁门索先生原本是位销售员，一次到法国度假，偶然之间发现了美食中所隐藏的激情，于是改行研究起食品，并自学成才，终于有了今天的成就。他还是英国“分子烹饪法”的先驱。所谓分子烹饪法就是根据不同菜品间存在的分子联系进行烹饪。餐厅的招牌菜是蜗牛粥。美食家评论说：“不枉此行，以风卷残云之势品尝美食。”

法国皮耶·加尼叶餐厅——谁会为了追随一个厨师而飞

越千山万水呢？娇兰女人会！她们喜欢皮耶·加尼叶餐厅也许只是因为这家餐厅由世界上最具独创性和艺术性的厨师主刀，做出的美味佳肴可想而知。“皮耶·加尼叶餐厅位于法国巴黎，以其经营者名字命名，其艺术特质主要体现在菜单之上，如加入柠檬杏仁酥的“香妃鸡”，洋葱橘子果酱，西红柿冰糕加黑鲈。娇兰女人不可错过的餐厅招牌菜是干贝绿苹果汤。

美国的法国洗衣店餐厅——该餐厅位于加州纳巴山谷的扬特威尔，餐厅所在位置以前是个酒馆。餐厅主人兼主厨托马斯·凯勒是个自学成才的厨师，没有上过厨艺学校，在 20 岁之前也没有做过菜，仅从母亲那儿偷师学艺，却成为了全美最著名的厨师之一。1994 年凯勒的餐厅开始营业，在他的带领下，法国洗衣店餐厅不断发展壮大，成为独具特色的餐厅。该餐厅的食品大多符合当代美国人的口味，同时也夹杂着法国菜的特色。给娇兰女人的提醒是：餐厅的招牌菜是牡蛎和木薯奶油鱼子酱。

■ 摩纳哥路易十五餐厅

摩纳哥路易十五餐厅——掌握摩纳哥经济命脉的亿万富翁同巴黎厨师阿伦·杜卡斯携手，在蒙特卡罗的巴黎大酒店开设了路易十五餐厅，世界各地美食家纷纷慕名前往。如果说餐饮界是个美食帝国，那么路易十五餐厅便是这个美食帝国当之无愧的君王，只要是营业时间，路易十五餐厅在任何时候都满座，虽然那里最多只接待50人同时就餐，但定位人数多到要排上半年方能轮到。就连见多识广的美食家们，来到这家餐厅时，也馋得直流口水。

澳大利亚哲也餐厅——1982年，久田哲也只带着一只皮箱，漂洋过海来到澳大利亚美丽的港口城市悉尼，最初只是充当厨房下手，但随着他的不懈努力，如今终于可以利用自然天成的季节性口味以及法国菜无法言传的特色，创造出众多令人垂涎欲滴的菜品。餐厅招牌菜是油焖鲑鱼和鲑鱼卵。

澳大利亚布拉斯餐厅——美食家团队在光顾这家餐厅

时，给出了一个很特别的评论：“给人灵感，激动人心。”布拉斯餐厅位于澳大利亚南部奥弗涅地区，主厨迈克尔·布拉斯对菜品施加的所有影响都来自传统，符合当地人口味。给娇兰女人的提醒是：餐厅招牌菜是黑火山巧克力蛋糕。

西班牙穆加瑞兹餐厅——这家餐厅的主人安东尼·刘易斯·安杜利兹非常有名气，在西班牙第二代名厨里，他被一致认可为最出众的一位，被称为“西班牙烹饪的未来”。安东尼继承了前辈们对厨艺勇于探索的精神并创造了很多动人的菜式。位于圣塞瓦斯蒂安郊外的穆加瑞兹餐厅，除了拥有一片种植了过百种香草蔬菜的菜园外，最为人津津乐道的就是把单纯的料理升华到一个精神层面的思考，而正是这种对料理本质的探寻精神，让西班牙在世界美食界的地位远超其他把料理停留在物质层面上的国家。安东尼曾花费两年时间来研究肥肝的做法，所以这道菜非常值得品尝。给娇兰女人的提醒是：到穆加瑞兹餐厅一定不能错过的另一个招牌菜是填鸡蜜乳荷包蛋。

美国PER SE餐厅——这家餐厅被称为“时代华纳中心王冠上的宝石”。其主厨是美国最顶尖的厨师托马斯·凯勒，托马斯是唯一一名拥有两家上榜餐厅的主厨。PER SE餐厅于2004年开设，位于纽约中央公园附近，刚一开业便顾客盈门。食客们对它的评价是“令人难忘、无与伦比的美食享受”，这家餐厅的平均消费为303美元，广受好评的菜品是牡蛎珍珠。

西班牙阿萨克餐厅——阿萨克餐厅位于西班牙比斯克的沿海小镇圣塞瓦斯蒂安，它的外表非常普通，常常被人忽略。不过，对于这家著名的现代西班牙餐厅来说，那不过是一种巧妙的掩饰而已。30年来，餐厅的主人朱安·马里·阿萨克和他的黑发女儿埃莉娜带领着餐厅的整个团队获得了许多荣誉，不断给全球的饕餮之士带来惊喜。餐厅位于一座19世纪90年代的乡村建筑内，内敛低调的欧洲装饰风格彰显

传统的优雅气质，不过，阿萨克为顾客提供的则是最现代的美食。翻开阿萨克的菜单，一定会让娇兰女人惊喜不已。鲜嫩的羊排上盖着金色的咖啡沫，宛如裹着一层薄纱，并以爽口的酱汁相配。而巴斯克特产的凤尾鱼就像大颗的银色泪滴，外面包裹着透明的神秘“外衣”，口感独特。阿萨克餐厅的甜品也常常出人意料：索马里特产的坚果压榨而成的冰冻汁，配上冰镇的乳类饮品，是夏季最受欢迎的甜品。而乡村奶酪冰激淋或者巧克力汉堡也绝对不会让娇兰女人失望。

真正的美食是有灵魂的，承载着厨艺大师的思想，好比灌注了艺术家思想的艺术品。

在夏威夷举办水下婚礼 娇兰女人的婚礼当然不能落入俗套，如果你看到她们穿着婚纱登上热气球，你千万不要太惊讶，她们甚至会为自己举办一个水下婚礼。威基基海滩是夏威夷最负盛名的海滩，一年四季都阳光明媚、椰影婆娑，很多名人都选择在这里举办婚礼。娇兰女人换下时髦衣着，穿上夏威夷人的草裙，戴上花环，在庄重的酋长面前与新郎携手立下一生一世的誓言。四弦琴响起，新婚夫妇在大家的簇拥下带头跳起了草裙舞，篝火闪动、音乐激荡。仪式结束后，新人沿着鲜花铺就的沙滩登上亚特兰蒂斯潜水艇，在太平洋海面 300 米以下交换戒指。仿佛已经远离了真实的时空，置身蓝色水世界之中，周围的美丽让人感觉这简直像一场梦，不过这个美丽的梦境将会成为娇兰女人一生中最珍贵的回忆。

杜嘉班纳服装 娇兰女人会穿什么礼服出席晚宴？当然是杜嘉班纳！世界上还有比杜嘉班纳更具个性的服装么？流行教母麦当娜在 20 世纪 90 年代那身内衣外穿、胸罩搭配黑色西装外套所引起的时代骚动、维多利亚·贝克汉姆标志性的超短紧身抹胸连衣裙，都是出自杜嘉班纳之手。杜嘉班纳经常匪夷所思地将古典与现代生动地糅合在一起，给人强烈的视觉冲击，满足了娇兰女人的个性需求。

杜嘉班纳的作风非常独特，创业之初步不但婉拒交付大成衣工厂代工生产，坚持自己制版、裁缝、打样和装饰所有服装，还只任用非职业模特儿走秀，对于当时讲究排场的时装界，是相当独树一帜的。展示会中经常播放的古典音乐、化妆、地中海发型及具有一头黑发和南方女子身材的模特儿所营造出的南意大利西西里岛风情，几乎以成为杜嘉班纳独特的标志风格。意大利女性穿着讲究饰品，使得杜嘉班纳的配件显得相当华丽，从皮草制的复古提包，到绣满图案的及膝袜，都极具杜嘉班纳设计风格。

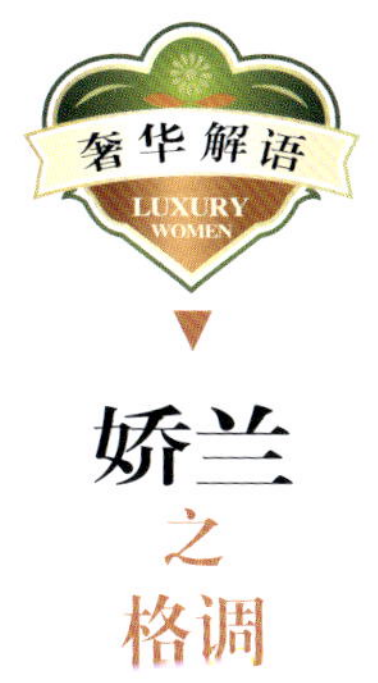

娇兰之格调

香水世家 作为一个颇具盛名的国际品牌，娇兰香水自创立 170 多年以来，已经经历了五代的传承，推出的香水品种超过 300 种，是香水王国中最明艳的骄子，它以特有的贵族气质和优雅浪漫的品质保障，奠定了其在世界香水界举足轻重的地位，是举世公认的“香水世家”。

定制香氛 当皮埃尔·娇兰在巴黎瑞弗里大道 42 号开设第一间香水专门店起，娇兰即专注于创制不同种类的独特香水及香精，以配合不同人士的性格特质，如今，娇兰的高级定制业务更是成为品牌最有力的武器。

传统与创新 没有传统，就没有过去的历史；没有创新，就无法引导时尚的潮流。娇兰把握了传统资源与创新精神这两者之间的平衡，成就了香水史上的奇迹，从中也可窥见娇兰的光辉成就。

“光辉实属短暂，只有美誉才是永恒。”娇兰香水创始人皮埃尔·娇兰如是说。1828 年，身为医生和药剂师的法国青年皮埃尔·娇兰在巴黎开设了他的第一家店。早在鲜有人懂得开拓香水市场并把它列为可发展的工业时，娇兰已全情投入了这个市场。“制造优良产品，不遗余力地改良品质。

余下的，便是审慎地分析及应用简单的意念。”这段格言成为了娇兰品牌的金科玉律且沿用至今。

娇兰尝试把香水产品个人化，为某个特定的人或场合而制造。娇兰的事业随着巴黎的转变而兴盛，很快便拥有独当一面的成就，其店铺逐渐成为优雅高贵时尚的集中地。现在仍在销售的“帝王之水”在19世纪曾轰动一时，欧也妮皇后对这种香水更是爱不释手，后来还特聘了皮埃尔·娇兰为王室人员的香水专家。这个御衔使娇兰先生声名大噪，更有力地推动了品牌日后的发展。

身为国际香水业的拓荒者，皮埃尔·娇兰当时在整个欧洲的地位实属无二。使用他旗下香水的名人也是数不胜数——其中包括法国欧也妮皇后、英国维多利亚女王、西班牙伊莎贝拉女王和无法使人忘记的奥地利茜茜公主。娇兰先生后来成为了所有欧洲宫廷特别聘请的香水家。

对富有阶层来说，二战之前的日子每天都像是庆典，而娇兰公司也适时推出了一系列香水，如带有日本风格的“东瀛之花”，东方风情的“莎乐美”，还有以歌剧《图兰朵》中的一个角色命名的“柳儿”香水，接着是向电影界献礼的“长夜飞逝”。娇兰的事业始终在拓展，并在其他国家开设了许多分店。

在娇兰诸多香水中，“一千零一夜”是有名的代表作，也是历史上第一款东方香型的香水。它的本名是SHALIMAR，SHALIMAR是梵文，意思是“爱之居所”。它的诞生蕴藏着一个古老的印度爱情传说。300多年前，印度王子沙杰罕继承了父亲的王位，成为印度的第三个国王。他一生一世只爱他的妻子玛哈尔一个女人。玛哈尔是一位穆斯林波斯公主，拥有倾城倾国的美貌，沙杰罕对她一见钟情。结婚后，沙杰罕王曾为她修建了一系列花园，并在花园里种植世界各地香气馥郁的花朵。百花、喷泉、明灯还有各种被吸引来此的飞禽表现了沙杰罕王对妻子的爱意，这些花园被称为

女人本身就是香甜的，因为这是上帝对她们的照顾。可是雅典娜女神仍然觉得女人还不够香甜，就使出魔法把奥林匹斯山的圣水变成了一款香水，洒向人间大地。这样，世界就成为女人拥有香水的乐园。

"SHALIMAR"。玛哈尔在随夫征战、生育他们第14个孩子的时候难产而去世。她的去世给沙杰罕王以沉痛的打击，短短几个月里，他就已是满头白发。为了纪念妻子，他按照妻子的遗愿为她在印度北部城市阿格拉修建了泰姬陵。

20世纪20年代，雅克·娇兰由这个故事得到启发，调制了"一千零一夜"香水。这款香水在制造过程中曾经被命名为"泰姬陵"，但最终还是命名为"SHALIMAR"，以纪念永恒而伟大的爱情。由于它的香味鲜活，令人迷醉，因此成为情人间最好的礼物。同时，这款香水至今仍是娇兰最具代表性而且销售量最佳的香水之一。

今天，娇兰创制经典香水的传统艺术仍由娇兰家族的后人贯彻延续着。在品质的保证下，娇兰开创并引领着未来潮流，所以，瓶盖开启时，让·保罗·娇兰说："但愿醉死于香水。"随着时光流转而历久弥新的专有技术造就了辉煌的娇兰王国，也使得娇兰香水散发出永恒的魅力。娇兰，不仅代表瞬间的辉煌，更象征着永恒的美誉，它的光辉成就，早已超越时空。

范思哲女人
Versace & Women

范思哲的美如此蛊惑人心，有致命的吸引力。它不仅仅是一个奢侈品牌，更成为一种极度的渴望和迷恋。

每一个范思哲女人都有一个欲飞的灵魂，看似娇柔，骨子里却充满骄傲，这种反差产生了让人难以忘却的美。

她们不是笼中的金丝雀，她们注定要飞翔。

美杜莎，希腊传说中她有着致命诱惑的眼神，任何看到她眼睛的人都会变成石头。美杜莎和海神波塞冬幽会，为了逃避海神之后安菲特里忒的嫉妒，而躲在阿西娜的神殿中交合。阿西娜盛怒之下将她变成蛇发魔女。她的头发变成了无数条毒蛇，但仍然难掩她的美丽，只要有人看过她的眼睛，都会被她的美丽和魔力吸引，失去灵魂，变成一尊石像。从此，美杜莎一词代表着有致命吸引力的女子，也代表着致命的诱惑。范思哲，一个以美杜莎为标识的品牌，矢志不渝地追求这种美的震慑力。范思哲女人，具有嫉妒诱惑力的女人，无论是艳丽性感，还是典雅端庄，她们身上总是蕴藏着极度的完美，充满了火山爆发般强烈的张力。

谁是范思哲女人？当然是那些个性张扬、洒脱的女人们！她们把自己打扮成自己喜欢的样子，不为取悦别人，只为展现自我；她们活得快乐，活得真实，说自己想说的话，做自己想做的事，对问题有独到的见解；她们是独立的、自主的。从简·芳达、凯特·摩丝、纳奥米·坎贝尔、麦当娜，到戴安娜、珍妮弗·罗佩兹以及妮可·基德曼……这些范思哲女人或野性明艳，或高贵性感——霓裳着身，骨子里的张扬和大胆以外在美的形式得以释放。范思哲女人是那种让人又爱又恨的女人。喜欢她们的人认为她们直爽、坦诚、毫不掩饰自己的情绪和好恶；不喜欢她们的人觉得她们自我、夸

简·芳达

张、过分标注个性化符号。

简·芳达是范思哲女人的偶像，她一生中曾扮演过不同的角色，她是全球女权运动的象征、健美皇后、知名演员、反战斗士、性感小猫以及尽职尽责的媒体巨头泰德·特纳的妻子。从某种意义上说，简·芳达的个性和经历比任何人都更能折射出20世纪后半期美国所经历的曲折历史以及种种社会变革。她创造出了20世纪复杂、有争议的形象。在20多岁时，她是性的象征；在30多岁时，她是积极的革命者；在40多岁时，她成为健美大师和不同凡响的企业家；在50多岁时，她是自己健美中心的总裁。如今她是活跃在全球为女性争取权利的社会活动家。简·芳达以不可比拟的典型创业者的风格，不屈从于行家的意见，听从自己的心声去追逐梦想。她从不怕与众不同，这种革新精神使她独树一帜并在很多领域都获得了成功。无论结局如何，她的勇气以及张扬的个性已经使她成为20世纪最受关注的女性之一。

华丽、张扬是范思哲的特点。天桥上，橱窗中，银幕里，范思哲的高级成衣无不极尽张扬奢华之能事：珠光吊带，精致蕾丝，让女人绚丽骄傲得如同孔雀；黑色绸缎长礼服，安娜·卡列尼娜的简洁含蓄中有别样的成熟妩媚；花纹百褶裙配上背心，俏皮可爱，洛丽塔般的甜蜜充满纯真的性感。身着范思哲的女人们，她们看起来沉静，骨子里其实有着不羁的骄傲，她们的生活片段有如纪录片里闪回的镜头，充满舞动和变化。在她们看来，自己什么都能做，且自信能做得不错。她们善于掌握有节奏的生活，这个节奏符合现代社会的动感。她们懂得用变化和快速行动来把生活过得多姿多彩。她们知道人生苦短，拥有现在就是拥有未来，知道行动有时候比思考来得更有力度，也更容易让自己的美梦成真。所以，范思哲女人通常会用明确和磊落的态度来对待自己的目标和期待，当然也包括爱情。范思哲女人聪颖大度，懂得放弃，在这种时候，因为自信，因为勇敢，范思哲女人身上散发出一种诗意的光彩。

在范思哲的客户中，前苏丹王妃穆娜·阿尤布算得上是一个超级买家，自打17岁时穿上了生命中的第一件高级礼服起，她对高级时装的迷恋便一发不可收拾。多年来，她那像阿里巴巴藏宝洞般的衣柜里，已经拥有上千件总价值超过十亿欧元的高级时装，囊括了几乎所有顶级品牌。为了展示那些只穿过一次的闪闪发光的服装，她甚至于1999年在马赛举办过私人收藏礼服的展览会。最有趣的是，她曾经生活在一个女人终年遮面的国度，正如她本人所说的："这些锦衣华服，就像男人的名贵跑车一样，纯粹是我的兴趣收藏。我会继续支持高级时装——这个时装界的巅峰事业。"现在，每逢巴黎和米兰时装周，她还会像一位专业时尚人士一样，参加大大小小的展示会，一边欣赏名家大师的手笔，一边发掘时尚新星。

多纳泰拉·范思哲是詹尼·范思哲的小妹妹，她一直与母亲和她崇拜的两个哥哥生活在一起，他们对她宠爱有加，尤其是长她十岁的詹尼，她从小就是个被惯坏了的小公主。1978年詹尼创建了以家族姓氏命名的时装品牌，两个同胞兄妹一起加盟，圣·范思哲掌管公司财务，而多纳泰拉在公司里没有明确职责。时装圈子里的人大多想当然地认为，她在公司里几乎什么也不做，只不过参与并扮演詹尼"灵感女神"的角色。其实多纳泰拉对詹尼的设计常起到推波助澜的作用，"高、短、紧"是她推崇的时装设计理念。她是公司的无价之宝，常常穿着范思哲的服装出席时尚派对，很快，她周围的人便纷纷效仿。

多纳泰拉·范思哲

1997年10月，兄长遇刺身亡后仅三个月，多纳泰拉不仅推出了自己的“纬尚时”系列品牌，还举办了范思哲春夏时装展示会。1997年以来，她重新调整自己的生活，成功地扮演着不同的社会角色：立场明确的设计师，前模特保尔·贝克的贤妻，以及两个孩子的良母。多纳泰拉别无选择，唯有继续保持范思哲品牌——这个融时装、化妆品和香氛为一体的家族企业，将与詹尼患难与共20多年的事业发扬光大。

好女人的性格犹如铜钱——外圆内方，在柔情似水的外表下，跳动着一颗坚强的心。她们懂得，想要拥有幸福，首先应该发展自我，当自己变强大了，其他的就都好说了。

24岁的安娜·阿尼西莫娃称得上是新生代范思哲女人的代表。安娜的父亲瓦西里·阿尼西莫夫是俄罗斯冶金业大亨，早在2000年时，瓦西里的资产就已超过18亿美元。瓦西里将安娜送到美国，为的是让她摆脱俄罗斯国内冷酷的自然环境和社会环境。

在纽约生活的安娜·阿尼西莫娃被称为“俄罗斯的帕里斯·希尔顿”，安娜与帕里斯的生活乐趣可谓如出一辙，比如，她曾一掷50万美元只为租一处居所度假，虽然这处位于汉普顿的房产确实不错。然后她又在迈阿密买下一个250万英镑的公寓，新学年她还将入住父亲在曼哈顿时代华纳中心为她新购置的近400平方米、价值1500万美元的豪宅。尽管安娜现在还只是纽约大学的学生，但却频繁出现于纽约上流社会的社交场合，并显示出超越年龄的成熟。

事实上，安娜早在13岁时就是俄罗斯新一代贵族子女的楷模，她前卫又开放，出手也非常阔绰，但在崇尚绅士与淑女风范的老一辈眼中，她是一个富豪圈中不折不扣的“刺儿头”。对此，安娜颇不以为然，随着年龄的增长，她开始逐渐脱离长辈的束缚：20岁出头的安娜竟然玩起了房地产游戏，除去在美国各地又购进四处住所外，安娜还斥资2300万美元买下一处工作室，并将它改造成分户出售的公寓大厦。现在她计划迁往洛杉矶，并准备开发系列香水，俨然有成为女继承人之势。

在酒吧里寻找激情 车水马龙的都市里，繁复的生活销蚀了人们的锐气，范思哲女人需要一个诱发她们激情的频道。于是，酒吧不仅成了她们倾诉情感的最佳场所，而且也成了她们萌动激情、找回自我的先锋区域。世界各地的酒吧中正上演着一幕幕与激情相关的故事，一杯酒、一个音符、一缕轻烟、一段回忆，都有可能在瞬间成为范思哲女人的独家“激情秀”。

维也纳的酒馆是听音乐的好地方。维也纳，这个美妙的名字，总让人联想起华尔兹舞曲的浪漫与茜茜公主的美丽。奥地利最古老的Griechenbesidi酒馆就坐落在维也纳的一条古巷上。当年，流浪汉奥古斯丁使得小酒馆名扬奥地利，引得贝多芬、舒伯特、歌德、“铁血宰相”俾斯麦等人都慕名而来，并在酒馆墙上留下他们的签名。如今，几百年过去了，贝多芬、舒伯特等人早已归西，但他们留下的音乐却一代一代流传下来。黄昏时分在Griechenbesidi，倾听着酒馆中飘荡的《英雄交响曲》，范思哲女人心中埋藏已久的激情不禁怦然而出。

奇特的酒吧同样能引起范思哲女人的兴趣，瑞典北部省拉普兰有一个冰雪酒吧，它最奇特之处在于整个建筑以及里面的酒吧台、酒吧椅甚至酒杯都是用冰做的。晶莹剔透的冰酒杯，配上色彩缤纷的鸡尾酒，让人在不知不觉间饮尽杯中酒。在冰与影的映照下，冰酒杯中的鸡尾酒宛如一朵绽放的火花，一点一点诱发着人体内的激情，即使零下几十度的超低温也不能阻挡激情的蔓延。每年天气转暖后，冰建筑就会融化回归河流，因此冰雪酒吧每年冬天都会重新建造，你永远也猜不到它下一次的造型或者布局会是什么样子。所以，这个酒吧每年都会给人惊喜。也许，冬天未到，世界各地的范思哲女人就开始憧憬冰雪酒吧的“激情之旅”了。

卡萨布兰卡是范思哲女人找寻恋爱激情的好地方，这个城市因其同名电影闻名于世，同时也因这部电影而成为一个

有故事的地方。每年都有很多期待独特爱情的女人到这里寻找电影中的里克酒吧和那个钢琴师。虽然与电影有关的人士大多已作古，但那个钢琴师“山姆”却依然存在于卡萨布兰卡。在君悦酒店大堂旁的酒吧里，每晚 7 时至 11 时，在男主角鲍嘉的巨幅照片下，“山姆”都会自弹自唱，与那些来自世界各地的《卡萨布兰卡》的影迷们一起重温着里克和伊尔莎之间的凄美的爱情故事。每当那首风靡全世界的《时光流逝》响起，总会勾起人们对美好往事的追忆，激情被诱发，也许下一刻属于范思哲女人的不朽爱情就会降临。

酒吧也是有性格的，蓝山女人青睐有文艺气质的酒吧，酩悦女人迷恋浪漫的酒吧，范思哲女人喜欢张扬的酒吧，伦敦有家名为“情人”的酒吧正合范思哲女人的心意。几年之前情人酒吧所在的地方还是残破陈旧、治安不佳的老旧社区，如今却重生为伦敦新兴的 SOHO 文艺区。而情人酒吧也

泰国莲花大酒店的空中酒吧

以不规范的自由，成了伦敦创意人最爱去的地方。情人酒吧的装饰抛弃了一切的规范，从外面看起来它更像是一个光怪陆离的万花筒，有闪闪发亮的水晶灯、巴洛克式的镜子以及带有明显东方风味的大红灯笼。荒废森林、奢华巴洛克、私密性感等不同风格的混合构成了情人酒吧的特色，这同时也诱发了伦敦时尚设计师、艺术家们的创作激情，也许一杯鸡尾酒过后，今年冬天的流行趋势就改变了。

曼谷的原意是“天使之城”，天使之城中那座金顶白墙的摩天大楼便是著名的泰国莲花大酒店。这家酒店拥有全世界唯一一个空中酒吧，它被修建在65层楼高的莲花大酒店的天台。在此品尝美酒，不但可以把泰国的美景一览无余，而且空气清新，丝毫没有封闭空间里的怪异气味。在露天的半空中享受烛光晚餐，也是让范思哲女人神往的经历。

佩戴布契拉提金饰 珠宝也是有性格的，这正是不同的品牌拥有不同顾客群的原因。纯美的女人喜欢施华洛世奇水晶，崇尚古典美的女人喜欢宝格丽，富有的女企业家热爱宝诗龙，女艺术家崇尚梵克雅宝，而卡地亚则是每一个上流社会的女人的必备品。个性张扬的范思哲女人佩戴的珠宝要足够抢眼、足够华美，她们不是那种用低调的白钻显示优雅气质的女人，她们对饰品的要求和对服装的要求一样——充满致命的吸引力、强大的震慑力，以及强烈的张力。布契拉提金饰就是这种珠宝，它有种慑人的气势，它绝对抢眼、绝对完美、绝对权威，在珠宝界没有任何一个品牌能像布契拉提那样，将雕金艺术发挥至出神入化的境界。它是古老金艺与传统珠宝工艺的“拯救者”，是让人望尘莫及的珠宝“艺术家族”。一项“奢侈品价值指数”调查的结果显示，布契拉提在宝诗龙、宝格丽、戴比尔斯、伯爵、蒂芙尼与梵克雅宝等珠宝品牌的光芒中胜出，与海瑞温斯顿和卡地亚分别占据珠宝界前三名的位置。

在金艺与珠宝创作领域，布契拉提充当着“拯救者”的角色，将文艺复兴时期的工艺传统发挥至最高最美的境界。挑战一个又一个技术上的极限，似乎成了布契拉提设计师们最大的乐趣。让布契拉提称霸金艺界的是其独有的雕金工艺。16世纪，蕾丝开始在意大利和比利时流行，这种优美淡雅而又不乏性感的服装面料启发了马里奥·布契拉提。如何用柔软的黄金打造出这种细腻的纹理？能不能将蕾丝的技巧应用到首饰制作中来？在这种近乎疯狂的想法下，布契拉提独门的雕金技巧——织纹雕金诞生了。马里奥将织纹雕金工艺演变出多种不同的织纹来，使珠宝作品看起来格外高雅华丽，就像给宝石加了一层黄金蕾丝。布契拉提家族的织纹雕金在整个珠宝界引起了轰动。黄金蕾丝加上层叠的稀世宝石，一起构成了布契拉提诱人的神秘光芒，也造就了布契拉提家族高雅、独特、富有创造力的品牌文化。

布契拉提的顾客中不乏显赫的皇族，罗马教皇皮乌斯十一世与十二世就都非常青睐布契拉提珠宝与金银器，而意大利作曲家威尔第、歌剧《蝴蝶夫人》与《图兰朵》的作者普契尼，以及被称为“古典乐坛的传奇人物”、曾担任纽约大都会歌剧院指挥的意大利裔指挥家托斯卡尼尼等杰出的艺术家也是布契拉提珠宝店的常客。布契拉提“有求必应”的定制原则称得上一个骄人的特色，一位富有的墨西哥女子曾经要求布契拉提为其量身定做一张纯银的床；还有一次，美国一个痴迷埃及文明的人请布契拉提在他为自己造的墓穴中设计银制灯盏，要与法老安息地的灯盏一模一样。布契拉提成功地满足了这两个顾客的要求，尽管从某种程度上说，它们不属于布契拉提所擅长的“艺术”。

收藏莲花跑车 范思哲女人穿着最具吸引力的衣服，佩戴最夺目的珠宝，去风格鲜明的餐厅和酒吧，做想做的事，说真实的话，她们认为含蓄就是做作，谦虚就是虚假，她仿

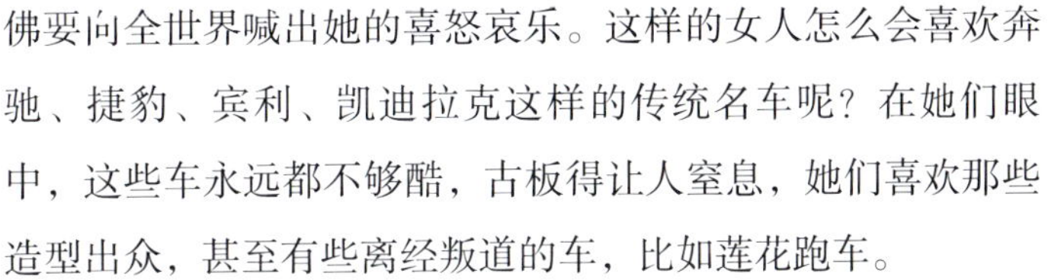

佛要向全世界喊出她的喜怒哀乐。这样的女人怎么会喜欢奔驰、捷豹、宾利、凯迪拉克这样的传统名车呢？在她们眼中，这些车永远都不够酷，古板得让人窒息，她们喜欢那些造型出众，甚至有些离经叛道的车，比如莲花跑车。

莲花跑车和范思哲女人的共同点是：绝对让人过目不忘。莲花跑车的外形时尚、锐利，深得范思哲女人的喜爱。要问范思哲女人最喜欢哪一款莲花，答案当然是那辆白色的莲花 Esprit。在英国著名间谍题材系列电影《007》中，一辆白色的莲花 Esprit 跑车开启了人们对于跑车外形的华美想象。在一项英国互联网的投票选举中，这辆莲花还被评为“最受喜爱的银幕交通工具”。这辆 Esprit 在电影中被赋予了神通广大的形象，它不仅装备了威力强大的导弹，甚至可以变成潜水艇。在 30 多年前，水陆两栖跑车绝对是个工业奇迹，它这样的本领，达到了“007”跑车的一个巅峰，至少当时没有哪辆“007”跑车能像莲花一样，水陆两用。

这款莲花跑车之所以让范思哲女人念念不忘，其实不是因为各种先进的“007”功能，只有男人们才会幻想在自己的座驾上安装稀奇古怪的工具，女人们更关注车的外形，范思哲女人更是如此。自从莲花在 1972 年的都灵车展展出其跑车系列以后，就被世人封为“最前卫的超级跑车”。绚烂的色彩、前卫的设计、夸张的外形——莲花跑车像一个“天外来客”，令范思哲女人心醉神迷。

范思哲之格调

品牌名模 詹尼·范思哲十分重视名模对品牌内涵的诠释作用。20 世纪 80 年代，他开始在模特界进行造星运动，纳奥米·坎贝尔、凯特·莫斯等 T 台红人正是其一手扶植的。巧用模特是范思哲时装艺术的一种创作手法。詹尼·范思哲把世界上那些个子最高、最为漂亮的女模特都搜罗到旗下，经过专门培训，让这些模特发挥出无穷潜力。模特在范思哲的时装走向世界方面发挥了极其重要的作用，同时她们也随着范思哲的时装走向了世界。

广告优势 在激烈的市场中，广告的作用决不可低估，詹尼·范思哲在广告事业中费尽了心思。首先是与广告业的人士交朋友，尤其是那些摄影师，他们经常是詹尼·范思哲的座上宾。他通过这些人了解服装业的动态和趋势。其次就是开展宣传活动，精美的产品介绍手册是范思哲强有力的工具，这些手册印制精美，把现代卡通片、美术创作、古典文化和漂亮的模特结合在一起，赢得了顾客。

兄妹联军 意大利是一个以家族为基础组成的国家，至今还保留着企业家族化的传统。家族企业有优点也有缺点，如果家族企业内部发生争执和动乱，甚至互相残杀的话，企业就难以为继。古驰帝国就曾因为家族之间的矛盾使企业难以为继。相反，如果家族帝国和睦相处的话，它的优点就相当多了。范思哲的成功很大程度上依赖于家族的团结。

在时尚界，意大利的范思哲无疑是一面散发着奢华艳光的鲜亮旗帜，它代表着服装的先锋文化，用强烈的美感诠释着来自意大利南部的浓郁人文风情。范思哲的设计风格非常鲜明，是美感极强的艺术先锋，强调快乐与性感，领口常开到腰部以下，设计师撷取了古典贵族风格的豪华、奢丽，又能充分考虑穿着的舒适性及恰当地显示体形。缔造这一品牌的设计师詹尼·范思哲终其一生对时尚之美孜孜不倦，被誉为世界上最伟大的时装设计师之一。

詹尼·范思哲是一个从小裁缝成长起来的服装设计大师。九岁时，在母亲的帮助下，他设计了有生以来第一套礼服，一种用丝绒做的单肩礼服。1972年，米兰的一家服装制造商看中了詹尼·范思哲的作品，并希望他能到米兰发展，詹尼·范思哲毫不犹豫地登上了开往米兰的列车。待到条件成熟，詹尼·范思哲便把全家接到米兰，以传统的家族联合方式创立了范思哲品牌。

戴安娜王妃

跨越性别的隔阂，詹尼·范思哲对女性身体的理解胜过女性自己。他像一个出色的雕塑家一样，把女人的玲珑曲线勾画得淋漓尽致，充满无尽的诱惑。刺绣、蕾丝、绸缎、雪纺、皮草——昂贵的面料，精致的不对称斜裁，将女人的美丽装点得如同春风里的鲜花。

詹尼·范思哲是戴安娜王妃所青睐的众多时装设计师中一个可称之为朋友的人。英国式的服装设计过于保守和严谨，虽然能很好地衬托出戴安娜的大家风范，但也不可避免地淡化了她的个性。詹尼·范思哲为戴安娜设计的晚装则不同，戴妃的活力和热情呼之欲出。詹尼·范思哲给戴安娜设计过一套蓝色单肩晚装，选用的是很娇艳的蓝色绸缎，身着此装的戴安娜像夏日阳光下流动的海水一般楚楚动人。

1997 年 7 月 15 日，在两声枪响后，代表当时前卫时装艺术的詹尼·范思哲倒在美国迈阿密的私宅门前。这一谋杀案让整个时尚界陷入巨大的悲痛中。詹尼·范思哲的去世使公司顿时陷入不稳定状态，几个月后，他的妹妹多纳泰拉成为范思哲首席设计师。有人说，多纳泰拉的时尚观念和设计不如哥哥那样充满激情。不过在她的主导下，范思哲品牌较詹尼·范思哲本人掌控时更具多变性，她认为："女性都有表达自我的愿望，不过现在她们对这类事考虑得更加精细了。她们不需要穿着正式的套装去上班，她们在公司里的地位日益强大，因此她们没有必要再伪装自己了。过去她们事事向男人看齐，现在她们完全可以放心地表现'十足女人味'，毕竟现在的世界已不单单是男人的世界了。"当 40 岁的多纳泰拉从那些难以取悦的人群中获得感人至深的喝彩时，没有人怀疑她已经成为时装世界中最重要的女人了。多纳泰拉完全地拥有了范思哲品牌所包含的名望和财富，但是如今，生平第一次，她发现不再有她的哥哥在身边，她必须坚强地独自前行。

酩悦女人

Moët & Chandon & Women

酩悦香槟是冒着气泡的快乐，它是无所不在的感性语言，它让女人变得如玫瑰般娇丽。

酩悦女人是情调女人。她的情调如钻石的光，令人目眩神迷；如咖啡的香，能蛊惑人心；如绕梁之音，让人充满遐想。

她们仿若是屈尊到地面的彩虹，美好得让人嫉妒。

香槟总是与女人联系在一起，或许是由于香槟的气质与女人极为相符，凡用来赞美女性的辞藻：高贵、浪漫、灵动、清新、性感、优雅、脱俗……用来形容香槟都极为贴切；又或许是由于女人和香槟之间有着太多的美丽故事。

风华绝代的女人将自己的美丽与香槟联系在一起。法王路易十五的情人蓬巴杜夫人一生钟爱香槟，她曾留下一句名言："香槟是让女人喝下去变得漂亮的唯一一种酒。"蓬巴杜夫人最爱酩悦香槟，她曾向皇室贵族大力推崇："法国酩悦香槟使每一位男士变得诙谐风趣，同时也使每一位女士变得美丽动人。"后世的平凡女子，在喝香槟的时候则总是带着对美貌、优雅、浪漫、爱情、快乐的向往。如果说葡萄酒为人类的欢乐而创造，那么香槟一定是为取悦女性而创造。

拿破仑说："没有一样东西比一杯香槟更能使人生变得如玫瑰般瑰丽。"而酩悦女人们更相信：没有任何一样东西比一杯香槟更能使女人妩媚多姿。品尝酩悦香槟是一种愉快的体验。杯中的香槟闪着迷人的光泽，一颗颗晶亮的气泡从杯底缓缓升起，源源不断，那袅娜的身姿，让人也随之灵动起来；深深嗅闻酒的香气，能感受到花香、果香、新鲜杏仁甚至烤面包的香气。丝丝凉爽和清新的香槟入口后，气泡在口中轻微跃动的感觉十分奇妙，闭上眼睛专心体验，便会和香槟的发明人多姆·贝里农修道士发出相同的感叹："我在

饮天上的星星!”

到底女人们对于香槟的迷恋，是源于它的诗意，还是源于畅饮时欢快的气氛，我们无从得知。然而可以肯定的是，爱香槟的女人是有情调的女人。据说19世纪的女演员科拉·皮瑞每天在铜制的浴缸里倒满香槟，沐浴在香槟的气泡里。务实的女人说她浪费，铁娘子们说她无聊，孤傲的女人说她做作，只有情调女人为她鼓掌欢呼——她在星河中沐浴!

蓬巴杜夫人是将酩悦香槟发扬光大的女人，这位伟大的女性用她的才华和智慧营造了整个法国的浪漫情调。蓬巴杜夫人在法王路易十五的宫中掌管艺术、建筑、园林、礼仪以及公关等方面的事物，是贵族妇女争相效仿的领潮人，她创造出洛可可风格的“蓬巴杜式”时装及发型，以法国式的轻快优雅、精美华丽风靡一时。

蓬巴杜夫人总有办法让自己变得不一样。她的情调不是一种姿态，而是一种情怀。情调是蓬巴杜夫人与生俱来的特质，是灵魂里最温柔的密语，是她通过自己的感官享受体验生活的特有方式。她钟爱新的建筑和装饰艺术，她所居住的小翠安农宫是法国最完美的建筑之一；为了取悦路易十五，她甚至成立了一个剧团，为国王进行了122场演出；她用洛可可风格装饰一切事物：宫殿建筑、园林山水、御用马车、服装、家具、摆设、胸花、瓷器、书籍装帧、画框、折扇，甚至是面包、菜肴……她营造了一种轻快柔美、装饰精致，强调漂亮而不是深度的装饰风格。她周围的一切都是美的，都是与众不同的。蓬巴杜夫人让人们对情调女人产生了美好的想象，这样的女人也的确令人向往。

卢梭说："女人最使我们留恋的，并不一定在于感官的享受，主要还在于生活在她们身边的某种情调。"酩悦女人的情调蕴涵着深层风韵，而不仅仅流露于表象和姿态。她们在都市流动的喧嚣中，悠然地提炼着宁静和灵动，气质和风度中自有一种超凡脱俗的干练，正如达·芬奇笔下的蒙娜丽莎，眉宇间天生蕴涵安详和典雅。

时尚可以追可以赶，可以用财富去"入流"；而情调却是模仿不来、着急不得的事。情调女人的生活永远不会乏味。你若问她们情调是什么，她们会笑而不答。情调的表述方式哪能言尽呢？情调可以是在一个早上，在温柔的晨光中慵懒地醒来，离开那散发着薰衣草香的暖暖床榻，亲手泡一杯咖啡，坐在摇椅上翻看老照片，享受一个悠闲的清晨；也可以是在寂静的夜里，打开音响，拿出晶莹的郁金香杯，为自己斟一杯冒着气泡的香槟，在窗边享受月光的轻抚；也可以是在一个下着毛毛雨的午后，假装忘了带伞，走出室内去感受温柔的触碰，然后深吸一口带有青草芬芳的空气，在天然的清香中闭目、沉醉。在冬天里，情调女人不会躲在温暖的空调房中，她们到日本赏樱花，或者去马尔代夫的小岛上欢享烛光晚餐……情调像蒙蒙的细雨，它滋养着酩悦女人的一生，使她们每一个日子都是那么丰盈而充满意蕴。

■ 蓬巴杜夫人

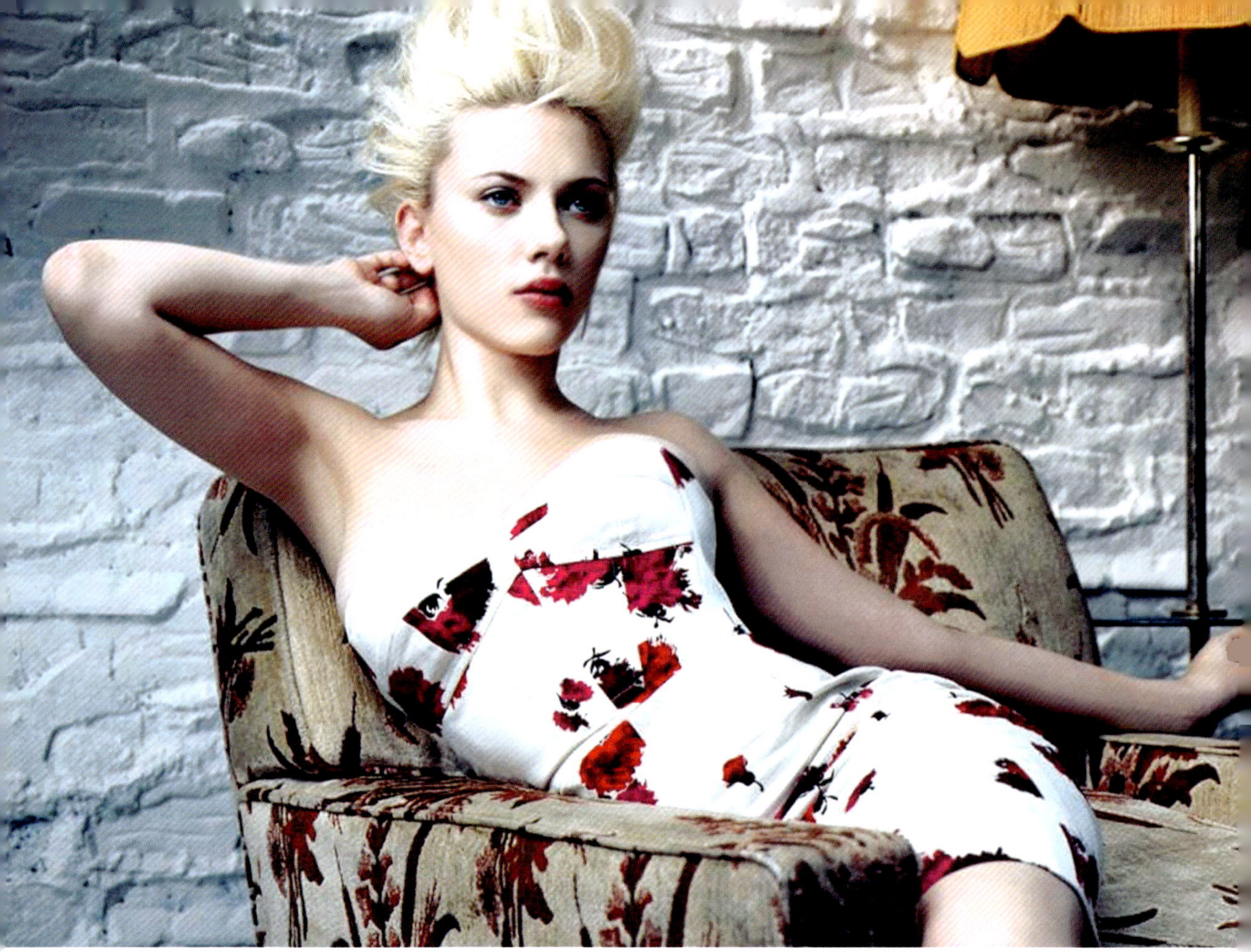

斯嘉丽·约翰逊

喜欢酩悦的女人们

2009年，法国酩悦香槟在英国伦敦揭幕了首位“缪斯女神”诞生——斯嘉丽·约翰逊，一位极具知名度和吸引力的全球形象代言人。酩悦选择斯嘉丽·约翰逊，是因为她就像酩悦品牌一样，具有迷人的气质。当然，上帝对斯嘉丽是偏心的，不仅赐予了她玛丽莲·梦露般的浅金色秀发和丰满身材，还让她比梦露更有头脑和心机；上帝不仅让她拥有莎朗·斯通的致命诱惑，还让她比斯通更加娇媚动人；她是好莱坞“性感女神”不断进化的产物，她的基因里有着清醒的野心，如藤蔓般卷藏在美丽的面容下。

尽管身处以瘦为美的的好莱坞，还曾被人讥讽“过于丰满”，但斯嘉丽却非常懂得自己身体的优势所在，她对自己的身材满意极了，这个性感“懒姑娘”自称：“我是个懒骨头，一天到晚都坐着，就着贝里尼鸡尾酒吃意大利熏香肠——这就是我的节食计划。”一天的工作结束后，斯嘉丽喜欢用烹饪来放松自己。她认为烹饪是一件很美好的日常家务，尤其是在一天的工作之后，它让她觉得她又恢复正常了，让她再次感受到温馨。

2007年，斯嘉丽花费了700万购置豪宅，这座位于洛杉矶"前哨庄园"地区的房产占地4000多平方米，这座具有西班牙风格的豪宅内设7间卧室。斯嘉丽的新邻居包括布拉德·皮特夫妇、莎朗·斯通、梅格·瑞恩和丹泽尔·华盛顿等。与此同时，身为牛津饥荒救济委员会大使的斯嘉丽对慈善事业抱有极大的热情。她提倡人们偶尔远离绚丽多姿的生活，"亲身感受一下社会底层的生活是件很不错的事。走在这样的地方，你最先想到的肯定不会是自己的虚荣心"。

香槟倒入水晶杯的瞬间就像是一位淑女在弹奏一支钢琴曲，丰富的气泡从杯底缓缓上升，伴随着香槟酒体特有的晶莹色泽，出演一场浪漫的故事。

19世纪初，酩悦香槟酒被介绍到了俄国女皇叶卡捷琳娜二世的宫中，女皇很快迷上了这种举世无双的佳酿。"假如我能够活到200岁，全欧洲都将匍匐在我的脚下！"叶卡捷琳娜二世的魄力同样也体现在当她面对世间的罕有珍宝之时，除了发自内心的热爱，她更加笃信那些绝世的珠宝可以见证她无所不在的皇权威望。

叶卡捷琳娜二世的梦想是用钻石装饰整个宫殿甚至自己身边的一切，她让工匠在《圣经》上镶嵌了3017颗钻石，《圣经》即刻光芒四射。1762年，叶卡捷琳娜二世为自己的加冕礼请来天才的宫廷珠宝匠制作皇冠，流光溢彩的大皇冠上总共镶嵌了2858克拉重的4836颗钻石，其中装饰冠顶的是堪称世界上最大的红色尖晶石，重约398.72克拉。深知女皇痴迷钻石，她的情人为了讨好她，就曾经费尽心机买到那颗被誉为世界第三大钻石的"奥尔洛夫钻"。它曾是古印度神庙中神像的眼睛，重约189.62克拉，欣喜若狂的女皇后来把它镶嵌在象征王权的权杖顶端，有着传奇经历的钻石使权杖的威严更加令人震慑。女皇认为那些绝世的珠宝不仅能宣扬她的威严，更可巩固她的皇权。

在布达佩斯的咖啡馆里欢度午后时光 在不同的地方品咖啡会体验到不同的风情。浪漫的女人偏爱巴黎咖啡馆的优雅氛围，古典女人喜欢伦敦咖啡馆的传统肃穆，而有情调的女人更适合在匈牙利首都布达佩斯的咖啡馆里欢度午后时光。布达佩斯咖啡馆的情调不是一蹴而就的，而是时光雕琢而成的。布达佩斯的咖啡馆有着悠久的历史，自奥匈帝国时期起，咖啡馆便是这座美丽城市最诱人的特色之一。19 世纪末期，布达佩斯就有“五百咖啡馆之城”的称号。咖啡馆也是匈牙利文人的聚集地，据说当时许多匈牙利作家每天都会来固定的咖啡馆，坐固定的座位，他们的许多作品都是在这里完成的。最有趣的是，那时候作家们名片上的地址都习惯不写自己的住处，而是写着自己钟爱的咖啡馆的名字，咖啡馆就好像是他们的第二个家，如果人们有事情找他们，来咖啡馆就可以了。布达佩斯能享受到比大多数欧洲城市更多的阳光，阳光明媚的下午，在每一个露天咖啡吧的遮阳伞下，坐着不同年龄、不同肤色，但却带着同样惬意表情的人。坐在咖啡馆里，点上一杯咖啡，或看书看报，或与朋友们聊天，或出神发呆——不知不觉就遁入了那个灿烂而遥远的旧梦里。

布达佩斯的咖啡馆数目太多，多到当地人都统计不清，而那些有历史、有故事的咖啡馆则无人不知，在布达佩斯的街头，你随便问一个当地人，他都能将布达佩斯有名的咖啡馆娓娓道来——

从 1887 年就开始营业的中央咖啡馆透着一股古香古色的气息。一百多年的历史是它值得骄傲的资本。从外面看，中央咖啡馆是一个典型的欧式建筑，看起来就像是一个高档酒店，路人可以从宽大的落地窗看到身着套裙、头戴宽边帽的优雅夫人品咖啡的情形，还有身穿暗色毛呢西服套装的老绅士翻看报纸的情形。酩悦女人也许不会适应这里的慢节奏，但这里绝对是一个体现老欧洲风情的地方。中央咖啡馆

中央咖啡馆

位于布达佩斯市中心的五区，这里也是匈牙利各式文化协会、报纸杂志编辑部以及印刷工作室聚集的一区，在当地居民眼中，这里是布达佩斯咖啡馆文化最兴盛的核心区。咖啡馆距离各大景点步行只有数分钟的距离，同时也供应各式传统的匈牙利佳肴，十分适合酩悦女人在参观市中心之余，在这里品一杯咖啡，顺便品尝匈牙利美食。在这里，能感受到咖啡香与鼻尖缠绵的温柔，笔尖与纸张摩擦的声音，思想与美食碰撞的火花……

布达佩斯的纽约咖啡馆有“全世界最美咖啡馆”之称，店里货真价实的老家具和五光十色的艺术品，让人仿佛一下子回到150年前的匈牙利，手工冲泡的咖啡和几十种制作精美的点心丝毫不比店里的装潢逊色，很多匈牙利上层人士都是这里的忠实顾客。早在第一次世界大战时，纽约咖啡馆就是布达佩斯的文化中心，当年欧洲许多杂志社、出版社都在咖啡馆所在的那栋大楼里设立办公室，当时最有影响力的杂志《西方》的编辑部就设在这里，因此许多著名的作家诗人都是纽约咖啡馆的常客。那时要是在巴黎寄明信片，地址写上“纽约”的话，信件准会寄到布达佩斯的纽约咖啡馆而不是美国的纽约市。

1894年就开张的纽约咖啡馆是一个华美得超过任何想象的咖啡宫殿。上百米的大厅，上下三层，处处金碧辉煌，大理石柱子雅致而气派、天花板好似金漆浮雕、彩绘壁画和水晶灯装饰随处可见，简直就像王宫御苑一般豪华。唯一与王宫不同的是，这里四周的墙上挂的不是国王肖像，而是当年十几位作家的肖像。

布达佩斯有很多老咖啡馆值得一去，尤其在城区中心向东北方向延伸的安德拉什大街，许多从19世纪遗留下来的咖啡馆依然在营业。与其说它们是咖啡馆，不如说它们是古迹。其实一个小小的咖啡馆就是布达佩斯的缩影，波光粼粼的多瑙河、叮当而过的老式有轨电车、年代久远的城堡和教

咖啡的香气，细带高跟鞋，午夜的歌者，抽象的毕加索画作，一本散发着香水味道的旧书，反射着灯光的长耳环……“情调”的种种意象，就好像是蛋糕上浇出来的奶油花朵，细腻甜蜜的滋味，自我化的吸吮和咂摸，一种和浪漫混合在一起的自由的境界，低调着、暧昧着，恍惚而至，如影随形。

堂……一切都在暗示这是一座适合怀旧和创造浪漫的城市。在这里，酩悦女人在挂着水晶吊灯的屋檐下，在浓浓的咖啡香里品味着老欧洲的历史与生活。

在马尔代夫享受烛光晚餐 也许马尔代夫原本是天堂上一块晶莹剔透的翡翠，跌落到人间碎裂成了千万块，散落在天鹅绒般的印度洋上，经年累月形成了1190个花环般的珊瑚岛，漂浮在光洁如玉的海面上。如果有一天海平面的不断升高让翡翠般的马尔代夫沉入海底，酩悦女人将失去一剂最猛烈的浪漫毒药。

马尔代夫的87个度假酒店各具情调：有的是物质奢华型酒店，除了海岛自然环境以外，这些酒店更加注重让游客在酒店设施方面得到物质上的享受；有的是情调奢华型酒店，尽管酒店的设施不是最顶级的，但是其绝美的意境是绝对无法复制的，这些酒店强调完全自然状态下的顶级舒适，含蓄而不张扬。

芙花芬岛是马尔代夫度假海岛中的王者至尊，它位于马尔代夫马列北环礁，从马列国际机场乘坐高速快艇30分钟即可到达。正如它的名字一样，芙花芬岛诠释了一种似幻似真的绝美意境——海岛周围是美丽的大礁湖和白色的沙滩，整个度假酒店被茂盛的绿色植被环抱，进入酒店内部时，人们往往会产生恍若隔世的错觉。芙花芬岛度假村在海底40米处拥有世界上第一个玻璃构成的水下房间，酩悦女人可以在这里欣赏各种色彩斑斓的海底生物；该度假村还拥有世界上第一家水下SPA，以及独一无二的水上瑜伽帐篷、海底酒吧、地下酒窖等，无处不透露着田园诗般的浪漫。

傍晚，酩悦女人与情人携手来至芙花芬岛的沙滩。周围静谧无声，精美的菜肴和餐桌上摇曳的烛光构成了最具情调的画面。精致的银器在烛光下闪闪发光，一席华丽又独特的烛光晚餐让人有说不出的满足和幸福感。倒满香槟，酩悦女人对着媚惑的印度洋举杯，期盼这一刻就是永恒。

酩悦之格调

皇室御饮　酩悦香槟拥有250多年的历史，曾因拿破仑的喜爱而赢得“皇室香槟”的美誉。两个多世纪以来，酩悦香槟一直是欧洲许多皇室的御用名酒，喜爱它的皇室成员有维多利亚女王、伊丽莎白二世女王、奥古斯汀·威廉公爵、剑桥公爵等。

盛大规模　酩悦是法国香槟区内最大的单一葡萄种植商，拥有800公顷的葡萄园，等于全香槟区1/4的面积。当地出产17种上等葡萄中的13种，这使酩悦酒厂得以从最多最好的收成中选取葡萄进行酿制。酩悦的酒厂规模也是当地最大的，其酒窖全长近30公里，名列全法国之最。

香槟至尊　酩悦旗下的“香槟王”堪称香槟中的至尊，是顶级香槟的代名词，皇室贵族们每逢重要的欢庆时刻总要开启香槟王。酩悦香槟年产量超过180万瓶，但精选香槟王的产量却从来不予公开。1961年，仅有12瓶香槟王出售，

MOËT
MOËT & CHANDO
ÉSERVE IMPÉRIAL

只有在类似查尔斯王子和戴安娜王妃的婚礼上，才可能出现其中的一瓶。一般的香槟存储 5 年便成熟了，过了 10 年就开始走下坡路。香槟王却要 10 年才能到达巅峰，再存放 10 年 20 年亦无妨，因此其身价极高。

在全世界，有大概 40 万平方公里的土地出产气泡酒，而只有在法国东北部香槟区那不足 300 平方公里的土地上出产的气泡酒，才有资格冠上那个高贵优雅的名字——香槟。而全世界每出售的四瓶香槟中，就有一瓶是酩悦香槟。

18 世纪初，贵族克洛德·莫埃开始在法国香槟区一个叫埃佩尔奈的小镇从事葡萄酒贸易。多姆·贝里农修士发明香槟酒之后，克洛德即着手试酿生产，并在 1743 年创办了自

己的酒厂，这个酒厂就是后来的酩悦酒厂。拿破仑爱喝香槟，他曾说："战胜时要喝它，战败时也要喝它！"他转战南北，总要路过莫埃家接受款待并采购香槟。在艾米尔·路德维希写的《拿破仑传》里有这样的情节：拿破仑在奥茨特里斯战役中打了胜仗后，他命令手下将橡木桶里的葡萄酒慰劳士兵，而得知一位叫热罗姆的将军是这次战役的首要功臣时，拿破仑拿出了他准备自己喝的酩悦香槟犒劳这位将军。1815年，拿破仑出征前没去莫埃家，也没带香槟，结果遭遇"滑铁卢"。

俄国人攻入法国后，将莫埃酒窖中的香槟用马车统统运走。不久，雨果接到一封写有"巴黎法兰西最伟大的诗人收"字样的信，他认为自己不够格，将信退回。邮局把它送给了诗人德拉·马丁，却再次被退回。邮递员只得拆开此信，发现信中只有一句话："向法兰西最伟大的诗人——制造香槟酒的莫埃先生致敬。"落款是莫斯科王宫。酩悦香槟的魅力由此大增，因为它征服了拿破仑都打不赢的对手，在法国人心目中成了胜利和成功的象征。

世界各地的名人更与酩悦香槟有着千丝万缕的联系，所有精彩的时刻，人们都开启酩悦香槟庆祝。不论银幕上还是银幕下，经典的电影场面或私人派对，总有酩悦香槟迷人的身影。从奥黛丽·赫本及贾利·古柏的《黄昏之恋》到安诺·爱美及刘易斯·特林提格南特的《男欢女爱》；从《风月俏佳人》中，朱莉娅·罗伯茨跟李察·基尔那经典的品饮香槟画面，到《十二罗汉》中乔治·克鲁尼、布拉德·皮特及凯瑟琳·泽塔·琼斯举杯庆祝的情景，酩悦香槟自1930年以来一直是电影中一个极具魅力的"重要的角色"。

260多年来，作为"每两秒钟就被开启一瓶"的顶级香槟，酩悦不断地为人们创造欢愉感受，展现奢华精彩，并凭借其独有的迷人光泽与非凡口感，在人们的记忆中留下了不容取代的美丽印记。

劳斯莱斯女人
Rolls-Royce & Women

劳斯莱斯的价值观是对财富和地位进行奖赏。它是汽车王国雍容高贵的唯一标志。

劳斯莱斯女人的性格可以用几个关键词概括：出类拔萃、有才华、女王般的风范、果断、更坚强、更直接、雄才伟略。

她们对美好事物的追求是无止境的，这也正是她们时常略显冷漠的根本原因。

拥有劳斯莱斯的女人大多数是具有很大的影响力的杰出人物，她们来自不同的国度，有着完全不一样的人生经历，有的在政界身居高位，有的是经济领域的领导者。但是，她们又有着重要的相似之处：都具有非凡的勇气，坚定的信心和不屈的精神。

劳斯莱斯是车坛中的贵族，四轮世界的皇者，它从诞生之日起就拥有高人一等的血统。劳斯莱斯成为英国王室专用车已有多年历史，爱德华八世、女王伊丽莎白二世、玛格丽特公主、肯特公爵等众多英王室成员的座驾都是劳斯莱斯。沙特国王、日本王子都对劳斯莱斯情有独钟。劳斯莱斯轿车之所以显示地位和身份的象征，是因为曾经有过这样的规定：只有贵族才能成为其车主。车身颜色也显示了主人的地位，比如黑色劳斯莱斯的拥有者为国王、女王、政府首脑、总理及内阁成员；银色劳斯莱斯的拥有者为政府部长级以上高官、全球知名企业家及社会知名人士；白色劳斯莱斯的车主为文艺界、科学技术界的知名人士和企业家；红色劳斯莱斯的拥有者为社会知名人士和资产5000万元以上的企业家。虽然这种颜色划分现在已经不复存在，但劳斯莱斯依然是的尊贵地位的象征。

劳斯莱斯女人与世界上大多数人不同，她们总是条理清晰，不会对任何问题模棱两可。她们喜欢做出决策，追求结

果，是天生的领导者。英国女王伊丽莎白二世、美国第一位黑人女国务卿赖斯、英国女航海家艾伦·麦克阿瑟、菲律宾前第一夫人伊梅尔达等等都属于这种女人。你常常会在《福布斯》杂志中看到她们的名字。一些政界女性因为身份原因通常乘坐国产车，而那些同样具有领袖气质的女性很多都是劳斯莱斯的拥有者。

我们可以从英国前首相撒切尔夫人身上看到一些劳斯莱斯女人的性格特征，虽然并不是每一个劳斯莱斯女人都像撒切尔夫人这般绝对、强硬，但是她展现了她们一些共同的心态和品格。撒切尔夫人的勃勃雄心在她念大学时便已显露，

她的睡眠从来不超过四五个小时。有些人为生活而工作，她是为工作而生活。当时，英国人根本不相信一个女人能登上政坛的最高峰。撒切尔夫人在国会和政府部门与男政客们针锋相对，毫无惧色。撒切尔夫人第一次引起全国注意是她决定取消学生免费牛奶之时。《伦敦太阳报》以“英国最不受欢迎的妇女”辱骂她，撒切尔夫人在广大市民心目中是个“冷血女人”。而这位坚定不移意志坚强的女士却辩称：“我不会被此击垮。”她顽固捍卫自己的决定，而置反面宣传于不顾，最终取得了胜利。

1979 年，英国已丧失实力，经济濒临瘫痪，没有人准备或愿意，也没有人能够成为这个混乱国家的领袖。撒切尔夫人站了出来，并连任三届英国首相，成为 20 世纪担任首相职位最长的人。在女人的心中，撒切尔夫人是 20 世纪最杰出的女性，她证明了女人不但可以做到男人能做的事，而且可以完成男人无法做到的事。英国曾经流传这样一个笑话：

一个女孩问男孩："你长大以后想做什么？"男孩说："当首相。"女孩很吃惊："男人也能当首相吗？"撒切尔夫人自己的看法是"如果你想让什么东西被说出来，去找个男人，如果你想让它实现，去找个女人。"她首先是位女首相，其次才是首相。她在首相的位子上，不得不强硬，她知道，要是干得不好的话，英国就将不可能再有另外一位女首相了。

喜欢劳斯莱斯的女人们

1952年，英国女王伊丽莎白二世登基，在无数大英帝国的子民面前，劳斯莱斯作为女王的专用车缓缓驶过，车上的女王徽章光辉夺目，从此劳斯莱斯成为英国王室御用专车。

伊丽莎白二世女王生活在华丽的白金汉宫里，王宫里有339名全职服务员、250个兼职或有荣誉地位的人为女王工作。女王的生活非常有规律，她每天的生活从喝茶开始，清晨7时30分，女王醒来，女仆端上茶盘。此时，女王床边的收音机响起BBC广播，她喜欢听BBC最有影响的"今日"节目。女王酷爱骑马，特别喜欢饲养纯种马。早餐时，她喜欢和丈夫菲利普亲王一起读《赛马邮报》。上午9时30分，女王开始工作。她偶尔也会请一些名人、艺术家或商业名人共进午餐。有时，其他王室成员也被请来共进午餐。下午2时30分，女王在王宫花园散步。在这个时间里，除了园丁，其他人都要离开花园。而且，除非女王先开口说话，其他人不能和她交谈，因为这是她思考的时间。女王下午大多从事社会公益活动。晚上，女王在住处玩填字游戏、看电视，晚上11时上床休息。女王喜欢阅读，知识渊博，有几位英国首相曾答不出女王提出的问题，还得女王告诉他们答案。

劳斯莱斯曾生产过一辆价值50万美元的配有装甲的轿车，这辆车被菲律宾前第一夫人伊梅尔达所收藏。伊梅尔达是一个传奇人物，早在成为总统夫人之前，伊梅尔达在菲律宾娱乐界就已经声名鹊起，依靠美丽的容貌、甜美的歌喉和出色的口才，伊梅尔达成为当时娱乐界的风云人物。嫁给马

玛格丽特公主

科斯之后，伊梅尔达利用自己在娱乐界和政界积累的人脉关系，积极为马科斯奔走造势。在伊梅尔达的协助下，马科斯由议员到议长，由议长到总统，一路顺遂。1965年马科斯终于登上菲律宾总统的宝座，伊梅尔达也如愿成为第一夫人。

伊梅尔达很懂得利用自己的优势，也善于把握局势。马科斯能够成功，伊梅尔达功不可没。正是由于伊梅尔达的美貌、势力和手腕，使得马科斯对她由爱生惧，马科斯深知自己的政治生涯中不能没有这位妻子的帮助，因此对她挥金如土的生活往往加以纵容。马科斯下台后，人们在伊梅尔达的家里发现，名贵的法国香水挤满了她的梳妆台，她洗脸用的面盆竟然是镀金的。更令人震惊的是，宏大宽阔的衣橱里，除了几百件欧洲名贵服装，光手套就有2000副，手提包1700多个，而短裤竟然有5000条。至于皮鞋，其名贵与数量更是让人瞠目，不仅数目达3000双之多，而且全是名贵品牌，至于其他如内衣、袜子之类更是难以尽计。“伊梅尔达之鞋”从此成为极尽奢华的象征。

劳斯莱斯女人欣赏世上最完美最名贵的事物，并因拥有它们而引以为傲。对她们而言，汽车当然只有劳斯莱斯，珠宝就只是卡地亚，香水只有香奈儿，香槟只有酩悦香槟王，红酒就只有拉菲堡，这些是用金钱所能换来的世界上最美好的东西。

作为英国皇室的御用专车，劳斯莱斯不仅是女王的座驾，同时也是诸多王子和公主的专用车，英国玛格丽特公主就经常乘坐劳斯莱斯出行。玛格丽特公主是英国女王伊丽莎白二世的胞妹，她是电影《罗马假日》中奥黛丽·赫本扮演的公主的原型，她以优雅的美貌、独行独断的个性和传奇的一生而闻名。

如果说，玛格丽特公主一生不自由的原因都起源于严肃的王室与一个自由灵魂的摩擦的话，公主自身却从未对王室有过任何抱怨之辞。相反，她以家族为荣。倘若有谁在公主面前称乔治六世为“你父亲”，而不是“国王陛下”，她会立刻拂袖而去。同样，如果有谁称伊丽莎白为“你姐姐”，她也会立即纠正说“你指的是女王陛下？”家族荣耀，这也许就是英国皇室带给玛格丽特公主的全部。

劳斯莱斯女人
奢华私享

到“天堂”享乐 权力和财富为劳斯莱斯女人赢得了一种特权——到天堂享乐。天堂在哪里？天堂是什么样子的？天堂有多美好？所有这些问题在一个地方都可以找到答案——迪拜的伯瓷酒店。阿联酋人擅长做梦，而且荷包里装满美元的他们总能把梦实现。迪拜的伯瓷酒店就是一个典型的例子。伯瓷酒店富丽堂皇，奢华至极，超出世界上现有酒店的星级水准，以至于评论家们都不知道该给它定为几星，外界干脆将其评为“七星级酒店”。

像其他中东城市一样，迪拜因石油而富庶。但对一个雄心勃勃想在新世纪大显身手的新兴城市来说，石油当然不是全部。它打开了大门，大力发展旅游业。由于拥有优美的环境以及丰富多彩的文化，到迪拜的旅游者以艺术家、商人、明星等高收入阶层居多。在迪拜王储的提议之下，知名企业家阿勒马克图姆投资兴建了美轮美奂的伯瓷酒店。

伯瓷酒店于 1994 年建成。酒店建在离岸 280 米的人工岛上，共有 56 层，321 米高，是全球最高的酒店，比法国埃菲尔铁塔还高上一截。伯瓷的建造工程花了五年的时间，两年半用于在阿拉伯海填出人造岛，两年半用于建筑本身。酒店动用了 40 个室内设计师，他们花了 10 个月画了超过 800 张设计图，共有 67 家家具公司、28 家灯光设计公司合作，才有今天的伯瓷酒店。酒店外观由英国设计师 W.S.阿特金斯设计，新月状的外廓展现着浓郁的伊斯兰风格，远望又像只鼓满了海风的帆船。

与外表一袭清雅的白色外衣不同，伯瓷的内部极尽奢华。走进大门，当偌大的“宫殿”呈现在眼前时，那种辉煌甚至会让人感到微微惶恐。在伯瓷，凡眼睛判断为金色的东西，定是黄金无疑。酒店在建造时耗费了26吨黄金。大到厅里的巨型柱子，小到门把手、水龙头、电话，甚至是一张便条纸都“爬”满黄金。虽然是镀金，但所有细节都要优雅不俗地以金装饰，则是对设计师的品位与功力的考验。

走进伯瓷犹如撞进了《天方夜谭》中的“阿拉丁洞穴”，潜藏心底的童话与梦想一下子被激活了。很多初次入住酒店的客人往往整夜都舍不得入睡。伯瓷豪华的佐证非笔墨可言喻，从带你走进海鲜餐厅的小型潜艇，到每个房间的17部电话，再到用作机场巴士的16辆劳斯莱斯都可见一斑。客人甚至可以要求直升机接送，在15分钟的航程里，首先从高空鸟瞰迪拜的市容，欣赏过壮丽的景观后，才徐徐降落在酒店28楼的直升机坪。

酒店拥有202套复式客房、200米高的可以俯瞰迪拜全城的餐厅以及世界上最高的中庭。最豪华的皇家套房典雅辉煌，顶级装修和搜罗自世界各地的摆设使房间如同皇宫一样气派。家具是镀金的，金沙发、金壁炉、金浴盆……电梯是专用的，从地下车库直达25层的皇家套房，如果客人穿着睡衣，无须更换服装就能坐进劳斯莱斯或者直升飞机里。套房内设两组大卧室、两间大客厅、一个独立的餐厅、一个高清晰的数码电影院，甚至衣帽间的面积都比一般酒店的房间大。已故的范思哲大师对皇家套房赞不绝口，不惜每天为那张奢华的卧榻支付1.8万美元。

伯瓷酒店以世界上最顶级的服务著称。客人进入酒店后，在办理入住时，会有服务人员送来甜点和饮料。曾有一队客人因为人数较多，办理入住需要等待20分钟，服务人员马上过来道歉，并且请他们上二楼享用了一顿价值100美元的下午茶。入住后，每个房间都有一个管家跟随客人身

■ 伯瓷酒店皇家套房

后，为客人解释房内各项高科技设施如何使用。每层楼都有专属服务柜台，房客的任何问题都可以在这里解决，比如订机票、预约 SPA、换钞等。一般五星级酒店是五个员工服务一个房间，伯瓷酒店是八名员工服务一间。无论何时，房客只要一打开门，就有人在门口提供各种服务。

酒店的餐厅更是让人觉得不可思议：酒店内的海鲜餐厅仿佛建在海底世界里一样，在这里用餐要动用潜水艇接送。海里有餐厅，空中也有餐厅，客人只需乘快速电梯，33 秒内便可直达屹立于阿拉伯海湾上 200 米高空的空中餐厅。该餐厅可容纳 140 名顾客，晚餐之际，夜空璀璨，环观迪拜的天空和海湾，享受地中海风味的高级厨艺，让人感觉仿佛进入天堂。为了做出纯正的世界各地的佳肴，满足不同口味的客人的需要，伯瓷酒店从各国招来了近300名手艺精湛的厨师。酒店为了让客人满意，有时候甚至不惜一切代价。2004年5月，英国查尔斯王储入住伯瓷酒店。查尔斯王储喜欢喝纯正的爱尔兰鲜奶，酒店每天就从爱尔兰空运鲜奶过来。

无数人把入住伯瓷酒店当成梦想，但并不是每个人都像劳斯莱斯女人一样幸运。这里房价不菲，在普通套房住一天需要1000美元，而皇家套房更是从最初的1.8万美元上涨到2.8万美元。更多的人只能来伯瓷参观一下，但是请注意，就连进入这家酒店也要付75美元的参观费。

私人定制高贵——超一流品质的奥莱·尼思 对于劳斯莱斯女人来说，喜欢劳斯莱斯并不仅仅为了显示身份与地位，她们欣赏的是劳斯莱斯的精工打造的技艺。在某种意义上讲，它昭示着一种精致生活的达成与高贵品质生活的实现。实际上，劳斯莱斯女人喜欢精工打造的一切超一流精品，因为这些作品中蕴藏着工匠们的热情与专注，这是任何由机械制作的量产产品所不能替代的。作为领袖级水晶灯品牌，奥莱·尼思所有的水晶灯最大的优势就是——超一流品质。其具有的高水准水晶灯制作工艺，以贵气脱俗、非凡的时尚感、多样而艺术的风格深受劳斯莱斯女人的好评，奥莱·尼思水晶灯也被誉为水晶灯界的“劳斯莱斯”。

带着迫不及待的心情，挣脱疲累的生活，去那遥远的奢华国度，让阳光这位玩转色彩的魔法师，告诉心灵如何乐享人生的秘密。总之，在这奢华如梦幻的短暂时光中，在这美若天堂的酒店中，好好宠爱自己吧！

奥莱·尼思曾是水晶灯王国中一个奢华高贵的代名词，其精工制造的奢侈精确到每一个零部件。曾经叱咤风云的它是多少欧洲权贵、富商不惜重金选购的奢侈之物。19世纪左右，能制作水晶灯的人寥寥无几，因此极受欧洲各皇室的重视，奥莱便是其中的一位。由他制作的水晶灯既有古罗马的壮丽和纯朴，又具有法国贵族特有的大气和高雅，然而不久，法国宫廷开始追求一种繁复奢靡的风格，这令奥莱感到失望，随着法国大革命的爆发，奥莱来到英国，他在这里不久便结识了尼思公爵，这位温文尔雅的公爵很快便成了他的

赞助人。奥莱为尼思公爵制作了一系列华丽无比的水晶灯。他摒弃了繁缛的设计，不再一味地追求奢华，而是用理智的智慧对待自己的创作，其作品呈现出严肃、深刻和庄重的艺术风格，极具英伦特色。由于奥莱制作的水晶灯散发着既庄重又奢华的艺术气息，在很大程度上迎合了英国贵族的品位，从而引起了英国皇室及贵族阶层的极大关注。为此，尼思公爵赏赐奥莱大量的财富，并赐其尼思的姓氏，就这样奥莱·尼思成为尼思家族的一员。奥莱凭借对欧洲古典艺术的某些优点与宫廷艺术的理解，完美地将法国皇室艺术与英国宫廷风格结合起来，他的水晶灯也被人们称为“奥莱·尼思”，一直流传至今。

奥莱·尼思标志是以英国“嘉德勋章”为创意原点，将骄傲的雄狮镶嵌勋章中心，一边是世界上历史最悠久、荣誉制度等级最高的勋章，一边是王者象征，巧妙地体现了荣耀与领袖的结合。它彰显了奥莱·尼思的领袖气质，宛若一顶皇冠，为人们的荣耀加冕。此外，奥莱·尼思水晶灯还极具艺术感，借助雕、镂、嵌、描等制作工艺，呈现出自然、优雅之美，与英国人独特的庄重、大气、雍容的气质完美融合在一起。

在工艺化浪潮席卷下，随处可见批量生产的商品。然而，奥莱·尼思在今天仍保留着极致的定制服务，顾客不仅可以参与到整座水晶灯的设计当中，而且每一个零部件都会按照客户的最后愿望由手工完成。事实上，真正意义上的“精工制造”在量产的水晶灯中并不多见，奥莱·尼思就是其中之一。和劳斯莱斯一样，奥莱·尼思也是一个精致工艺和完美品质的合作的结果，更准确地说，是理念和信仰的产物，这也许就是奥莱·尼思和劳斯莱斯一样受人喜爱的原因。

今天，奥莱·尼思水晶灯的外形仍然体现着庄重、大气的传统气质，与此同时，其更将传统手工艺提升到了新的境界。高贵的金属灯架和晶莹剔透的水晶象征着主人的高贵身

份，平滑柔和的漆面也绝非一般水晶灯能比，从水晶灯比例中更彰显出非凡的王者气度。

劳斯莱斯女人钟情于品质卓绝的奥莱·尼思水晶灯，作为超一流精品的拥趸，她们愿意与更多的人分享自己对于奥莱·尼思水晶灯的钟爱。在她们看来，奥莱·尼思精心制作的水晶灯可遇不可求，卓越品质所蕴含的文化价值是无价的，它所承载的不仅是历史，还有对水晶灯工匠们精湛的手工技艺的尊敬。

劳斯莱斯之格调

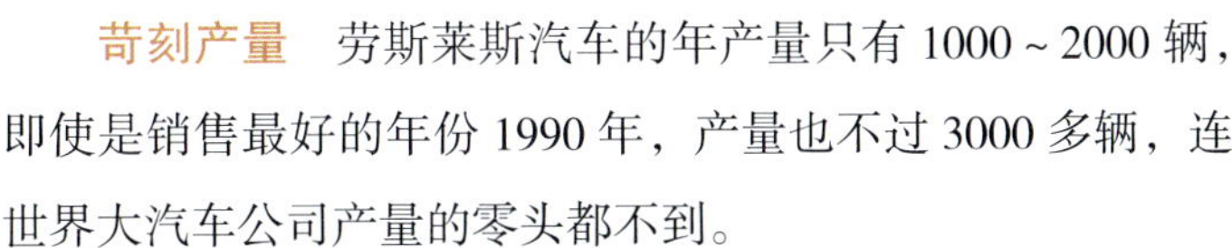

苛刻产量　劳斯莱斯汽车的年产量只有 1000 ~ 2000 辆，即使是销售最好的年份 1990 年，产量也不过 3000 多辆，连世界大汽车公司产量的零头都不到。

个性定制　劳斯莱斯可以在最大范围内满足客户的个性化需求。顾客可以根据自己的喜好挑选车身颜色、质地、层板和配备，就连一些阿拉伯国家王室提出的所有金属件必须用黄金打造这样的要求，也得到了满足。所以除了特别委托，劳斯莱斯几乎没有生产两辆一模一样轿车的可能。

精良做工　劳斯莱斯最大的特点在于它大量使用了手工劳动。其工厂车间的生产线每分钟只移动 15 厘米，每辆车需要 16 到 20 个星期才能完成。直至今日，劳斯莱斯的发动机还完全采用手工制造，高昂的人工费用也是劳斯莱斯价格惊人的原因之一。

1548 年，就有占卜家预言了劳斯莱斯的诞生——“在不列颠的大地上将会出现一种非凡的交通工具——带有胜利女神标记的车辆。”1904 年，磨坊主的儿子亨利·莱斯遇到了贵族出身的查理·劳斯，双方议定制造一种新的汽车，名为劳斯莱斯，神话由此缔造，直至百年后的今天。

举世公认，劳斯莱斯不只是一辆汽车，而是一种具有

AUTO
PANEL
MANSORY

“英国风韵”的艺术品。它高贵的品质来自于高超的质量，劳斯莱斯所有售出的车当中，60%以上仍在正常使用。“制造世界上最好的汽车”一向被劳斯莱斯奉为座右铭：如果存在最好的，设法使它更好；如果不存在，就设法将它创造出来。劳斯莱斯的创始人之一亨利·莱斯就曾说过：“车的价格会被人忘记，而车的质量却长久存在。”莱斯对任何事都精益求精，他常说：“小事产生完美，但完美却绝非小事。”劳斯莱斯的创新也体现出这种从小处着手的无微不至：为让乘者以最优雅的姿势下车，“银色魔鬼”将车门改为向后打开，这种设计理念与当时其他品牌截然不同。

从1911年起就镶嵌在劳斯莱斯车头的“飞翔女神”是世界上最著名的车标之一。最初，车主们在车前镶上自己的吉祥物，从怪人、警察到各种动物无所不有。劳斯莱斯总经理约翰逊请《汽车画册》的主要绘画人赛克斯为劳斯莱斯汽车设计一个车标。当时埃莉诺·索恩顿小姐经常为赛克斯当模特，因而成为“飞翔女神”的原型。赛克斯称他的作品为“速度之魂”，它代表“静谧中的速度、无震颤和强劲动力”。约翰逊总经理将她描绘成“雅致的小女神”，她是“欣狂之魂，她将公路旅行作为至高享受，她降落在劳斯莱斯的车头，整个世界都沉浸在清新的空气和羽翼振动的美妙音乐旋律之中。”实际上，每个女神像都是不一样的，这符合约翰逊的想法，他要求每个女神像都成为具有个性的艺术品。

劳斯莱斯作为财富、成功和艺术的“专属者”，百年来，已经跨越单纯的汽车概念，成为一种奢侈品的代名词。无论你承认与否，劳斯莱斯终究是身份与地位的象征。

雅诗兰黛女人

Estée Lauder & Women

雅诗兰黛的名字是太过精致的奢侈；它的名声在美容界呼风唤雨；它的产品被女人们奉为经典。

雅诗兰黛女人是富有感染力和个人魅力的领导者，是自信乐观的梦想家，是伟大帝国的创建人。

她们是人格偶像。

价值连城的珠宝、动辄百万的高级定制成衣、浓郁神秘的香水构成了只属于女人的秘密。然而在这些喧嚣的“附属品”背后，聪明的女人更愿意为自己的容颜一掷千金。常美不老一直是女人追求的最高境界，当首饰盒子里的珍珠宝石变成抗击时光的胶囊，似乎女人又朝不老的神话靠近了一步。雅诗兰黛是奢侈护肤品的鼻祖，1958 年，在那个最昂贵的护肤品价格也仅为 10 美元的年代，雅诗兰黛推出了价格高达 115 美元的面霜，轰动了整个世界。雅诗兰黛被认为是极致生活的象征，被世界各地的女人奉为最值得拥有的化妆品。雅诗兰黛的名字已经超越了其产品，成为能带给女性自信和勇气的精神力量。

雅诗兰黛女人是充满自信的女人，她们的才能尤其表现在事业方面。雅诗兰黛女人虽然主张女人要有自己的事业，但她绝对不是激进的女权主义者。她看不惯女权主义者的许多做法，比如她们穿着低跟鞋，剪着男人般的短发，从来不屑于化妆，胸罩也弃之不用……雅诗兰黛女人认为上帝要让女人充满女人味，作为女人必须保持这种本色。有的女性宣称：“别把我看做‘女企业家’，单纯地称我为‘企业家’吧。”有的女性抗议：“为什么让女人承担照顾家庭的责任？”雅诗兰黛女人不是这样，她们热爱并享受着“作为一个女人”这件事。

ESTĒE LAUDER

雅诗兰黛女人有强烈的直觉，使她总能发现生活中的机会，她是一个乐观主义者，总能找到做事的理由，而不是何以不能，她沉迷于可能性。她们拥有强大的自信，这种自信几乎可以克服任何潜在困难。雅诗兰黛女人是那些需要从危机走向成功，从逆境通往顺境的人的最好榜样，她对悲观失望有一种免疫力，这帮助她们获得权力和独立。

在雅诗·兰黛夫人创业之前，她曾经看到一位夫人衣装雅致，她称赞她衣服漂亮，并询问衣服购自何处。不料这位夫人竟然冷冷地说："告诉你又有何用？难道你穿得起这样的衣服吗？"雅诗·兰黛满脸通红，默默地走开了。正是这位夫人，改变了雅诗·兰黛的一生。在此之前，雅诗·兰黛本来就厌恶自己的犹太移民身份，厌倦了贫民区的生活，她拼命想成为百分之百的美国人。化学家叔叔的到来给了她机遇——叔叔带来的神奇的护肤膏使雅诗·兰黛把唯一的希望寄于此——"我的未来从此写在一罐护肤膏上。"在别人看来，这个美梦简直就是痴心妄想，但是雅诗·兰黛的生命却因为这个梦想而变得生机勃勃。她开始在家里做护肤霜，然后到处兜售。她那时只有一个办公地点，并且各部电话机都由一个人负责，那就是雅诗·兰黛本人。她一会儿声音低沉，一会儿声音高亢，以便让电话那头的人以为这家公司还小有规模……雅诗兰黛女人是大胆的梦想家，一旦她们心中有了一个梦想，她们便要想方设法将之实现。也许此时别人认为她在做白日梦，但是她知道自己要做什么，她不会让任何外在影响动摇自己的梦想，此时的雅诗兰黛女人是执著的。

雅诗兰黛女人是非常有魄力的女人，她们不愿意做男人背后的女人，同时也反对性别歧视，她们认为没有什么事是男人能做而女人不能做的。但是她们并不敌视男人，像其他女人一样，她们渴望爱情和幸福的婚姻生活，她们总是努力在事业和家庭之间找到平衡点。雅诗·兰黛夫人第一次婚姻因为她太专注于事业而出现了裂痕，最终导致了离婚。直到四年后，她和前夫重新走到了一起，并且达成了默契，共同开创化妆品事业。她负责化妆品的制造和销售，丈夫负责管理。从此，再没有什么事能让雅诗·兰黛失望了，一个拥有了事业、财富、名誉和爱情的女人，还能再向上帝索求些什么呢？

雅诗兰黛女人呈现出一种精妙的竞争姿态，同时她们也是富有感染力的领袖。她们是热情洋溢、充满激情的演讲者，她们有办法使得自己的观念像磁铁般吸引着听众。她们具有外向型性格，她们认为“个人的感知”远比“非个性的思维”来得重要。雅诗兰黛女人将高能量、领袖魅力与自信相结合，这些品格使她成为伟大的创造者，成为富有魅力的人格偶像。

喜欢 雅诗兰黛的 女人们

雅诗·兰黛夫人的孙女艾琳·兰黛最好地继承了雅诗·兰黛夫人的性格特质。雅诗·兰黛夫人让自己从一个贫民窟女孩变成了一位被载入史册的纽约名流。幸运的艾琳则出生在上流社会，拥有天使般脸孔、魔鬼般身材的她曾被《纽约》杂志评选为纽约市最美丽的50位女性之一；2005年的热门书籍《穿普拉达的女魔头》提到了她；《时尚》杂志也对她进行过专访。

艾琳·兰黛不是公主，但她过着比公主还幸福的生活，她和帅气的银行投资家丈夫如童话一般结婚生子，他们现在定居在公园大道的豪宅里，房子里有彼得麦式风格的图书馆和世界上最著名的设计师打造的家具，周末一家人则偏爱去美国富豪们的天堂棕榈滩度假。

艾琳·兰黛是为家族作出最多贡献的第三代传人，2004年她出任了雅诗兰黛全球创意高级副总裁，还被推举进入董事会。当她走在街头或是在精品店修指甲时，总会有陌生人上前向她咨询化妆的问题。

在纽约，艾琳·兰黛还是社交名媛的代名词，早在1999年，她就成为大都会博物馆时装学院庆典（又被称为时尚界奥斯卡）最年轻的主席，当时她不过29岁。2008年她

■ 艾琳·兰黛

一共参加了208场派对，但你却不会在闲话八卦专栏里看到她的名字，这要感谢她的严谨和自制。

对于自己广受赞扬的中产阶级着装风格，艾琳·兰黛的解释则是，“我的着衣之道和我的生活方式一样很简单，不过就是‘经典’二字。有些人热衷于在尼泊尔流浪，而我喜欢的则是在棕榈滩和长岛度假，也许很多人觉得这很乏味，但我觉得这就是最经典的生活。”

美国前国务卿康多莉扎·赖斯对雅诗兰黛情有独钟。虽然有人戏称赖斯是“穿着裙子的男人”，但是实际情况并不是这样，赖斯非常具有女性的娇柔之美。她喜欢穿阿玛尼和奥斯卡·德拉·朗达牌子的名贵服装，喜欢涂伊夫·圣罗兰的口红，她还喜欢收集鞋子，尤其是细高跟鞋。赖斯在生活中保持着平衡，“我不是一个工作狂，我也有休闲时光。”赖斯的休闲生活很丰富，比如网球、花样滑冰、足球、曲棍球、篮球、相扑、摔跤、高尔夫球、橄榄球。赖斯还弹得一手好钢琴，现在她每周都要抽出时间弹三次钢琴。

智利总统米歇尔·巴切莱特也喜欢用雅诗兰黛的保养品。“我会在乎你”，2006年，带着这句真诚的话，带着她的金发红装，时年55岁的单身母亲巴切莱特成为智利第一位民选女总统。身为总统，巴切莱特反复强调“自己和其他智利妇女一样工作，关心家庭，每天都送女儿上学，去超市买东西”。每个周末，她都会抽出一天与孩子们共处，每周她都会有几天与孩子们一起吃饭。

智利人对巴切莱特在公共讲话和私人生活方式方面所表现出来的直爽风格赞赏有加。倘若她请了几天假只为在家多陪陪孩子，民众也不会对此大惊小怪。巴切莱特在保持自身体重方面颇为费心，尽管这项任务异常艰巨，因为巴切莱特也是位美食家，品尝各色美食是她最喜欢的消遣方式之一，

不断地磨炼自己，变美丽而不是变老，拥有这样的理念，便能时刻散发出令人快乐的气息。

她尤其偏爱豆类食品和海鲜。

在巴切莱特参选总统之前，随着她的人气飙升，一些参议员邀她参加会议，想试探她代表社会党参选总统的意愿和可能性。一位参议员问她："你生命中的最大愿望是什么？""你们真的想知道吗？"巴切莱特平静地反问道，"那就是与爱人手牵着手，沿着海滩漫步。"议员们面面相觑，目瞪口呆。他们珍视的权贵地位，在这个女人心中却比不上简单平常的幸福。"虽然我现在单身，但也希望有一天会遇见我的爱人。"

这一直都是巴切莱特对待感情的率真态度。这让欧美媒体对她极有好感，称她"女孩"。在他们看来，没结婚的女性都是"女孩"，总统也不例外。

享受运通"百夫长卡"带来的尊荣服务　1999年，美国运通公司发行了一种顶级信用卡——百夫长卡，俗称运通黑卡。这张小黑卡重量不到1盎司，但足以帮助持卡人买下任何东西，百夫长卡是雅诗兰黛女人要拥有的东西之一，它仿佛是童话里仙女的魔法棒，将雅诗兰黛女人那些不切实际的浪漫愿望化为现实。

拥有了这张黑色小卡片，雅诗兰黛女人相当于拥有了一个私人助理，除了预订酒店、升级客舱，它甚至可以帮助她购买到已经卖完的音乐会门票。旅行时，这张小卡片还可以为她提供24小时的个人旅行顾问服务，在旅行中不但可以享受头等舱的豪华服务，同行的伙伴也享有同样待遇，而且旅伴的机票还是免费的。此外，持卡人还会不时获得一些重量级演出的入场券。百夫长卡消费没有信用额度限制，如果雅诗兰黛女人心血来潮，她可以用它买下一辆保时捷或者一艘游艇。

百夫长卡还能满足一些特别的要求：一位百夫长卡持有人为他五岁大的儿子定制了一辆跟他自己的宾利匹配的小型宾利车；曾有香港卡主在意大利一个偏僻的村落举行婚礼，他希望在婚礼上看到中国传统的舞狮表演，但表演者不能全

是华人。当时正值8月，很多意大利人都在休假，银行顾问寻遍意大利，终于找到两个学习中国功夫的意大利人，让卡主一偿心愿。

这张仿佛有魔力的小卡片可不是那么容易得到的，即便是在美国运通的英文主页上你也找不到百夫长卡的踪迹，百夫长卡的定位是精英中的精英，不接受客户申请，也不对外宣传，只能由运通公司在自己的白金用户中邀请，且只有白金卡持卡人中1%的顶级客户才能获邀发卡。如果要拥有这张小黑卡片，雅诗兰黛女人首先要成为运通公司的信用卡会员，并且每年刷卡消费15万美元，同时，她至少要有500万美元的净资产，每年还要向运通公司支付高达1000～2500美元的年费，才能获得百夫长卡的邀请机会。百夫长卡目前只在美国、英国和中国香港发行，尽管年费昂贵，它仍然成为众多名人追捧的对象。

“出门时千万不要忘了带它”。百夫长卡的这句口号是广告史上最令人难忘的广告语之一，这也是雅诗兰黛女人最喜欢的一句广告语。

定制一块伯爵表　在雅诗兰黛女人看来，从伯爵表上看时间是一种享受，因为这仿佛是在欣赏一件至尊之宝。如果说伯爵表是世界上最华丽的表，一点也不为过。伯爵是历史上第一个以珠宝表为主打产品的制表商，有着“珠宝计时器”的美誉，甚至被誉为“世界八大奇观之一”。由于对机芯、对装饰宝石的要求极高，如果要定制一块独一无二的伯爵表，起价至少 400 万人民币，但雅诗兰黛女人仍然不会因此望而却步，因为时尚首先必须是高品质的。追求品质上的完美使得每一块伯爵表都成为结合了智力、美学、耐力和技术的艺术品，成为钟表史上的一个神话。

收藏宝诗龙珠宝　无论雅诗兰黛女人在与男性的竞争中取得了多么伟大的胜利，她们都无心留恋男性世界，越野车、刀具、雪茄不是她们的话题，她们时刻享受着女人的乐趣，她们和普通女人一样热爱漂亮衣服、华丽的珠宝。而且，她们比普通女人更有能力满足自己对奢侈品的热情。

宝诗龙，也许世界上爱它的女人和恨它的女人一样多，因为它是如此美好，又是那么昂贵。雅诗兰黛女人无法不爱宝诗龙，这个享誉 150 年的法国顶级珠宝品牌是身份与地位的象征。宝诗龙特有的尊贵与奢华，注定它永远不属于中产阶级。

很多雅诗兰黛女人到巴黎游玩，首选的去处都是有“时尚圣地”之称的凡登广场，而凡登广场 26 号的宝诗龙总店，更是她们一定要光顾的地方。除了美轮美奂的珠宝，一定要来宝诗龙总店的理由还有一个——这里是名噪一时的卡斯第里欧尼伯爵夫人的宅邸。与卡斯第里欧尼伯爵夫人的美貌、气质、个性相比，令她更有名的是她在 19 岁时成为拿破仑三世的情人。但这段恋情只维持了三年。帝国时代土崩瓦解后，个性张扬的伯爵夫人于 1878 年住进凡登广场 26 号，过起了与世隔绝的生活。15 年后，也就是宝诗龙在凡登广场 26 号一楼开张营业的时候，伯爵夫人的脾气已经变得非常古怪。到了夜晚，日间足不出户的她才会坐上马车，从挂帘后向外张望。宝诗龙和伯爵夫人的关系一直不太融洽，当宝诗龙经营者打算在楼上设置一个办公室的时候，这种关系就变得更加紧张。这种紧张的关系没有维持太久，第二年，伯爵夫人终于搬出了凡登广场 26 号。

雅诗兰黛女人也许会感慨：卡斯第里欧尼伯爵夫人的生命由万人惊羡的绚烂开始，历经失落、无奈、凄凉，终究归于平淡。现在只能在已经发黄的照片上，欣赏她那曾令一国之君迷恋不已的倾国之色。伯爵夫人在生前大概没有想到，令她反感的宝诗龙会成为享誉世界的知名珠宝品牌，而她的名字被很多后人熟知，也是因为她曾与宝诗龙一起生活在著名的凡登广场 26 号的渊源。雅诗兰黛女人当然明白，寄托在别人身上的幸福始终是飘渺的，想要拥有幸福，就应该发展自己，当自身变得强大了，别的就都好说了。

雅诗兰黛之格调

美之精髓　雅诗兰黛品牌传承了雅诗·兰黛夫人早期确立的独特风格，其品牌理念蕴涵着八种美之精髓：传统、品质、创新、时尚、多样性、智慧、宽容、责任。

任人唯贤　雅诗兰黛需要有足够的管理能人和创意高手来运作这盘家族生意。雅诗兰黛保持着开放的任人唯贤思维，前任CEO连翰墨并非家族成员，但这位1975年加盟的老将仍被雅诗兰黛家族委以掌门重任。虽在2004年CEO一职由雅诗·兰黛夫人的孙子威廉继任，这并不能否定雅诗兰黛家族在任人唯贤与举贤不避亲之间，所作出的极好平衡。

技术创新　雅诗兰黛公司不断扩充自己的产品线，1964年推出男用香水和美容护肤产品，1968年建立实验室研制生产经过抗敏试验、不含香精的美容护肤产品。1990年，为了适应全球环保潮流，雅诗兰黛成立了奥瑞吉（Origin）有限公司，该公司研制的产品强调纯天然植物配方，不经动物实验，所有包装都可以回收利用。

雅诗·兰黛1907年出生在纽约皇后区一个匈牙利犹太移民家庭，父亲经营五金店，她是家里的第九个孩子。雅诗·兰黛的叔叔是一位化学家，平日喜欢在实验室里调制各种化学制剂。上世纪30年代，雅诗·兰黛从叔叔那里获得了一种润肤霜配方，她按配方制作出产品，然后卖给纽约曼哈顿美容沙龙里的女顾客。

1946年，雅诗·兰黛和丈夫在纽约用5万美元创办了雅诗兰黛公司。这家公司最初只卖四种产品：清洁油、面霜、润肤液和全效润肤精华。在开始的两年时间里，生意做得并不大。雅诗·兰黛既没有资金打广告，产品也没有打入大型商场。但她有一个女人的直觉：在适当的时候，把试制的化妆品样品作为礼物送人，其推销效果会更好。当她得知纽约最豪华的第五大道萨克斯百货公司的助理采购员姆斯小姐由于汽车事故而使脸上留下难看的疤痕时，雅诗·兰黛主动把自己生产的护肤霜给她送去。几个星期后，这位小姐脸上的疤基本消失了。没几天，萨克斯公司的化妆品采购员主动找上门来，向雅诗·兰黛订购了一批货。

在一次舞会上，雅诗·兰黛认识了当时纽约美容业的名人海达娜·鲁宾斯坦夫人。在仔细端详了这位夫人之后，雅诗·兰黛很有礼貌但也很直率地对她说："很荣幸能认识你。你长得很漂亮，也很可爱，但是如果你的脖子上再擦上一点雅诗兰黛粉饼，那就更美了！"说完，雅诗·兰黛随即赠送了一盒雅诗兰黛化妆品给海达娜·鲁宾斯坦夫人。就这样，或赠送，或邮寄，或在慈善活动时免费派发，雅诗兰黛因此赢得了成千上万的顾客。

雅诗·兰黛与世界上许多名流都是亲密的朋友。她曾送了几瓶世家珍藏的香水给她的老朋友——摩纳哥的格雷丝王妃作为礼物。她一直都是那样美丽动人，并对雅诗·兰黛夫人很友好。不久之后，雅诗·兰黛夫人在欧洲出席了一个化装舞会，当时她穿了一套伊雷内·加利特津设计的礼服，还戴了一副遮住眼睛的面具。突然，人群中有一位穿着华丽的女士缓缓向她走来，用温柔优雅的声音说道："我知道是你，雅诗·兰黛！因为我看到了你可爱的微笑！"雅诗·兰黛夫人微笑地回答道："我也知道是你，格蕾丝！我认出了你美丽的眼睛！"

从一个贫民区的女孩成为曼哈顿府邸、棕榈海滩别墅、伦敦寓所等世界各地很多套豪宅的主人，与温莎公爵夫妇、美国前总统里根的夫人南希私交甚密，雅诗·兰黛夫人的一生堪称传奇。她在 1985 年的自传中为自己作了总结："经商是纯粹的戏剧——只有结果才证明一切。"雅诗·兰黛被美国《时代》周刊评选为"20 世纪 100 位最重要的风云人物"之一，她以及她开创的化妆品品牌从此名满天下。

蓝山女人
Blue Mountain Coffee & Women

蓝山咖啡代表了一种浪漫的情怀，一种迷离的感觉，一种脱离大众、高高在上的品位。

蓝山女人是有文艺气质的女人，拥有非凡的才华，亦有非凡的情感世界，她是一道迷离而清新的风景线。

她们代表着一种精神追求。

某些东西对于一些人来说是点缀品：得之，庆幸；失之，无谓。而这些东西对于另一些人来说，则是必需品，或者是梦想，是标签，是情结。蓝山咖啡就是这样一种东西。“蓝山”这个名字是一些女人的“心病”，她们梦想着在洋溢着忧郁和浪漫气息的巴黎左岸的咖啡馆里饮一杯蓝山，或悠闲，或忧伤地度过一个黄昏。即使去不了左岸，蓝山也是必须的。

我们可以将蓝山女人归为有文艺气质的女人。你会在一些时尚小派对、某次话剧演出或一个安静又令人浮想联翩的小书店里遇见她们。她们爱蓝山，不是因为它的味道，而是因为蓝山咖啡的“附加文化”。当蓝山咖啡的名字一次又一次地出现在她们热爱的小说中、电影中、歌曲中，当这个名字一次又一次地从她们喜爱的艺术家、作家、音乐家口中说出时，她们的蓝山情结也一层层加深。

咖啡的魅力很大程度上作用于人的情感需求，它们通过独有的氛围、香气或味道唤起人们某种精神活动，如美好的梦幻、深奥的思想、独特的领悟、难忘的回忆……蓝山咖啡能带给人们一种感觉，而“感觉”是蓝山女人的本质属性，是她们文艺腔的来源，是她们追求在大众看来标新立异的生活方式的本因。

蓝山女人首先是知识女性，她们有着较好的知识积累，

她们靠头脑赚钱，这决定了她们的思考性。她们决不是懈于思考的女人，但是，她们的思考方式和大众有着本质区别。她们花大把大把的时间来听音乐、看电影、读书，沉醉其中且乐此不疲。而这些音乐、电影、书籍，也几乎不是在大众间广泛流行的那一类，多数是只有一小部分人关注的文艺色彩浓重的作品。她们有颗细腻敏感的心，她们从文艺作品中得到得太多、感悟得太多、冥想得太多，所以一般在生活中碰到问题的时候，她们也会想得多、想得深，放任自己的情绪，遇到解不开的结的时候就容易深陷其中。

蓝山女人确实有其自身的独特魅力，她们的精神世界丰富而广阔。她们大多行事低调，追求一种“低处生活”的自由状态。很多人有着天马行空的思想和过人的才华，适合一些需要想象力的职业。她们的灵感源源不断，因为她们对世界上一些虚无缥缈的事物有浓厚的兴趣。这种捉摸不定的思维使她们拥有一轮神秘的光晕，吸引着许许多多的人。

蓝山女人是善良的，喜欢精神世界的追求，物质或金钱对她们的吸引力不大，她们甚至对其缺乏必要的概念。她们都是可爱的，哪怕有些做作也值得原谅。而且她们不会以为自己是文艺创作者而装模作样，而是把文艺当成自己的乐子、自己的生活。她们是爱情动物，对于爱情追求往往是纯粹的，柏拉图式的，没有任何附加条件的。虽然高尚，但是她们对于爱情的好感主要来源于自己的想象，而非异性本身。她们是幻想动物，在人生旅途中，她们有时会因为追求浪漫、自由放任和快乐主义思想而无所适从，也会因为自己的缄默和缺乏奔放的热情而悲观失望。

她们的偶像是那些知名的文艺女青年：小野洋子、法国女小说家乔治·桑、杜拉斯，英国女画家多拉·卡琳顿、英国女作家弗吉尼亚·伍尔芙……二十几岁时，她们是城市中最狂热的派对动物，各种聚会活动的高手，当众讲演人越多就越兴奋，迷恋人群，也被人群所迷恋。她们喜欢扮酷，喜欢

漂亮衣服、名贵香水、小众音乐和淡淡的香烟。年纪稍长之后，她们的生活逐渐归于平和，但仍然注重感觉。下雨天的书房里，一书一茶相伴；推不掉的派对上，突然一个人走到阳台上，或者躲进洗手间，闭眼，深呼吸几下；黄昏的树阴下，独自静静地走一段，偶尔会看那树叶衬着天空多彩的一角，听几声啁啁鸟叫……文艺腔是蓝山女人的人生阶段，而非整个人生状态，所以，她们人生的下一个阶段是怎样的，是一个充满想象力的话题，也许，她们变得好看而不过分美丽，有主见但不激进，爱过并最终得到幸福。

喜欢蓝山的女人们

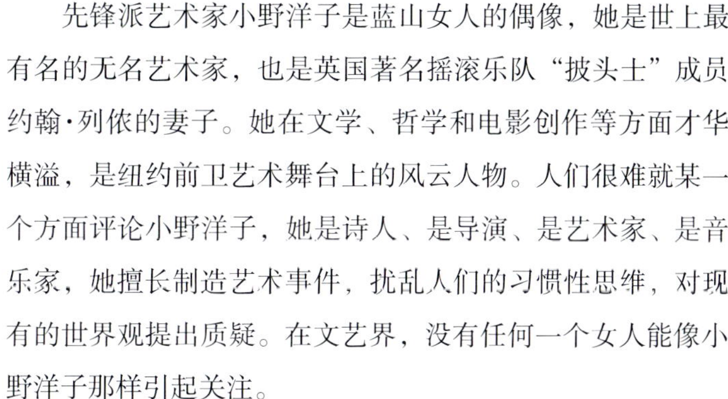

先锋派艺术家小野洋子是蓝山女人的偶像，她是世上最有名的无名艺术家，也是英国著名摇滚乐队“披头士”成员约翰·列侬的妻子。她在文学、哲学和电影创作等方面才华横溢，是纽约前卫艺术舞台上的风云人物。人们很难就某一个方面评论小野洋子，她是诗人、是导演、是艺术家、是音乐家，她擅长制造艺术事件，扰乱人们的习惯性思维，对现有的世界观提出质疑。在文艺界，没有任何一个女人能像小野洋子那样引起关注。

1969年，小野洋子和约翰·列侬结为夫妻。“床上和平运动”是他们脑中迸发的第一道闪光，两人在阿姆斯特丹希尔顿酒店的床上待了七天七夜，房间里贴满反战标语，大门敞开，欢迎一拨拨记者参观采访。小野洋子说：“度私人的蜜月，不如来场个人的战争，对抗世上的暴力，我们情愿待在床上，而不是拿枪作战。让头发为和平生长，直至世界和平为止。”在此之前，他们还在伦敦阿尔伯特音乐厅把自己套在口袋里约见媒体……公众开始用“女巫”来称呼小野洋子，人们认为，小野洋子使得温柔平和的列侬着了魔，判若两人。最终辉煌一时的“披头士”乐队解散了，小野洋子知道全世界为这件事而恨她，但她说：“爱与恨一样，都是很大的震动，我会把恨转化成爱，我感谢恨也感谢爱。”

乔治·桑的居所

如果说蓝山女人对小野洋子的崇拜更倾向于她的才气，那么她们对法国女小说家乔治·桑的倾慕则更倾向于她的特立独行。1831 年，在“离婚”还没出现在社会生活字典中时，乔治·桑做出了那个时代惊世骇俗的举动：坚决与丈夫分居，并弃家出走，带着儿女到巴黎开辟新的生活。她很快就成为巴黎文化界的红人，身边经常围绕着许多追随者，她开始了蔑视传统、崇尚自由的新生活。抽雪茄、饮烈酒、骑骏马、穿长裤，一身男性打扮的她终日周旋于众多的追随者之间。

在离巴黎数百公里远的诺安镇庄园中，这个文采出众、多才多艺的浪漫主义作家接待了一大批文学艺术史上名留青史的人物：诗人缪塞、作曲家兼钢琴家肖邦和李斯特、文学家福楼拜、梅里美、屠格涅夫、小仲马和巴尔扎克、画家德拉克洛瓦等，甚至包括拿破仑的弟弟热罗姆·波拿巴亲王。

乔治·桑追求生活舒适，她在家中安装了可以24小时供应热水的装置；为了能让仆人迅速到达她所在的房间，她在仆人工作的厨房安上了五个分别代表不同位置的铃铛；她甚至还有一个私人剧场、一个装有150多块带滑槽的布景的豪华舞台。

乔治·桑，这个生活优越、追求享乐、感情丰富的美丽女人，没能在婚姻中得到爱情、温柔和满足，却用多角的、激情的爱，张扬了自己的生命，并为后人留下了华美的文字。同时，她也用自己的笔和行动深深地介入了当时的政治，积极参与社会问题的解决。当然，这更是同时代的许多男性文化名人都没能做到的。

杜拉斯这个名字和蓝山咖啡一样，都是蓝山女人割舍不断的情结。玛格丽特·杜拉斯的一生就是她不停创作的一部小说。这个故事充满着酷热、暴风雨、酒精和烦躁不安、对话和失语、闪电般的爱情等等。杜拉斯是孤独的，在巴黎近郊，杜拉斯买了一座古堡。她的情人给她种了满院子的玫瑰，干枯的玫瑰她不允许扔掉，放在一只广口大花坛里。杜拉斯在这个房子里孤独地生活了十年，完成了她最美的“沉沦三部曲”。她说：“我现在才明白在房子里待上十年，独自一人，是什么滋味。那是为了写书，我明白了在写作时我是一个远离一切的孤独之人。”

在左岸咖啡馆里沉思　蓝山女人的梦、情怀和期待，总是在左岸流连的。左岸是这样一个地方，它被情调围绕着，说不尽的故事和情怀在这里缱绻不散。左岸的咖啡馆有一种无法复制的忧郁和浪漫。这些忧郁和浪漫幻化成一种叫做“情调”的东西，从那些潮湿阴暗或温暖暧昧的窗口飘溢而出，弥漫在塞纳河的左岸。坐在左岸咖啡馆中，一边品饮香浓的咖啡，一边回味文化界名人的故事，这种感觉是在世界任何地方也复制不来的。

“左岸”指的是巴黎塞纳河左岸圣日耳曼大街、蒙巴纳斯大街和圣米歇尔大街构成的一个集中了咖啡馆、美术馆、博物馆等场所的文化圣地。左岸咖啡馆是左岸知识文化名人的重要聚会场所。从紧靠塞纳河左岸的圣米歇尔大街开始，文化名人和先贤们光顾和聚会过的咖啡馆遍布各个街区。“双偶”咖啡馆和“圆顶”咖啡馆是左岸众多咖啡馆中最负盛名的，它们分别位于圣·日耳曼德派广场和蒙巴纳斯大街。

门前有着醒目的绿色帷幔的是双偶咖啡馆，“双偶”指的是雕刻在墙上的两个穿着清朝服装的华人雕像。这里最早并不是咖啡馆，而是经营中国丝绸的一家丝绸店，在20世纪初才改建为咖啡馆。由于是中国人把丝绸带到了巴黎，因此中国偶人就成了这座建筑永恒的象征和标志。至今咖啡馆的内装修还一直保持着当年的样子。双偶咖啡馆最先是作家哈瑞·飞利浦发起的一个文学聚会的场所，后来就成为法国文学艺术家们一个重要的聚集地。萨特和他的女友西蒙娜经常光顾这里，毕加索在此与多拉·琦尔小姐一见钟情，莎士比亚书店的女老板西尔维亚在这里认识了乔伊斯，并经她的竭力推荐，《尤利西斯》才得以面世。王尔德、恩斯特、毕加索、萨特、圣·埃絮佩里、海明威、安贝托·艾可等当年的风流人物都曾是这里的常客，他们既被双偶咖啡馆吸引，也为它名扬四海增添了一段佳话。

双偶咖啡馆是巴黎最古老的咖啡馆之一，里面的环境装饰是传统咖啡馆的样式，服务也保持了原来的模式。服务员穿黑白色制服，在上饮料时将瓶子拿给客人看，巧克力按照老式的方法，把成板的巧克力融化进牛奶里，咖啡也是一样，将冒着热气的罐子端上桌。

带着猫一般的散漫气息，能够为一杯咖啡、一本书、一部电影，消磨一个温暖的下午，是一件多么美妙的事。

圆顶咖啡馆是左岸乃至巴黎全城最大的一家咖啡馆。列宁、海明威、乔哀思、沙特、爱因斯坦等名人也都曾经流连于此。它不只是咖啡馆，也可以因需要隔屏改成酒馆、舞厅。圆顶咖啡馆的装潢清丽高雅，甚至于有人将它误认为是一个画廊，而不是餐馆。它四壁挂满了巨大的油画，这些画是经常更换的，包括夏卡尔及布朗库西的作品。咖啡馆的天花板、壁板、桌椅都是用柠檬木精制而成的，淡黄优雅。围绕四周的镜子，制造错觉的空间，引发人的联想。店中有24

圆顶咖啡馆

根墙柱，被漆成浅浅的蓝色，上端绘着图画，诉说着巴黎20世纪20年代的风情。现在这些柱子与这些画都被列为法国文化遗产，受到国家保护。

在左岸的蒙巴纳斯大街上，著名的丁香园咖啡馆是另一个重要的文化名人聚会中心。俄裔法国作家夏加尔、美国的亨利·米勒、爱尔兰的乔伊斯、音乐家斯特拉文斯基、作家海明威、画家毕加索等在成名前都在这个“文学咖啡馆”里活动。这一群文学艺术家围绕在号称“诗人王子”的保罗·福尔的四周，每星期二晚上都在这里聚会。海明威的名著《太阳照常升起》就是在这座咖啡馆一个靠窗户的位置上构思创作的。至今这里还保留着一张椅子，靠背上的铜牌刻着海明威名字——“海明威之椅”，菜单上还保留着一道名叫“海明威胡椒牛排”的招牌菜。

在左岸最古老的圣日耳曼教堂周围，有最早的弗洛咖啡馆，也称“花神咖啡馆”。它的出名在很大的程度上与存在主义大师萨特和他的女友西蒙娜·德·波伏娃有着密切的关

系。据说当年萨特和波伏娃几乎每天都会到这座咖啡馆来，在这里一边喝咖啡，一边讨论“存在与虚无”以及女性解放等话题。由于他们几乎天天准时到来，风雨无阻，以至于当萨特和波伏娃走进大门的时候，服务生首先递给他们的不是菜单，而是一大摞的信件，他们的读者已经把这里当做和他们联系的通信地址了。现在只要走近花神咖啡馆，首先映入眼帘的是一块竖立在门前的绿色招牌，上面用法文写着：“萨特——波伏娃之地”，而在咖啡馆的菜单上方还印着萨特的语录：“自由之路经由花神咖啡……”

三百多年来，左岸的咖啡里不但加了糖，加了奶，而且还加了文学、艺术以及哲学的精华，加了一份像热咖啡一样温暖的文化关怀。“左岸”因此而成为一笔文化遗产，一种象征，一个符号，一个时髦的形容词，一个让蓝山女人魂牵梦绕的地方。

在布拉格广场漫步　蓝山女人的忧伤仿若雨季的惊雷，总是不期而至的。蓝山女人偶尔喜欢一个人默默地退守在一个寂寥的角落，摒弃了一切的烦琐，在一种忧伤的情绪里，让心思沉静下来，悄悄地整理着纷繁的思绪，然后，将生活里一些或浓或淡的忧伤，用笔下的文字恣意地释放，让那种心跳或心痛的感觉，在忧伤里静静地蔓延，绽放成一种极致的美丽。在一座忧伤的城市中漫步，细腻的情绪淡了，散了，不多了，一点就够了。

尼采说：“当我想以一个词来表达音乐时，我只找到了维也纳；而当我想以另一个字来表达‘神秘’时，我只想到了布拉格。”布拉格的美寂寞又扰人。在布拉格游走，少不了在伏尔塔瓦河上来来回回。经过圆石铺就的马路、哥特式的建筑、弯弯曲曲的小巷，每一处仿佛都有许多故事。穿行

■ 布拉格广场

在深街幽巷之中，似乎感受到《生命中不能承受之轻》中的那种情调：没有毁灭性的战争和地震似的革命，有的只是淡淡的哀伤和无奈。

在旧城广场四周，林立着不同色调和风格的古典建筑，那些带着浓浓生活气息的咖啡茶座就在这些伟大的建筑前并排成市，完美而和谐。在广场上最当红的主角无疑是布拉格天文钟了。天文钟设计者汉努斯在1410年设计完这座钟后被弄瞎了双眼，因为统治者不愿他再设计出如此精美的作品。这座钟的奇特之处在于两个钟盘分别可以显示太阳时、月亮时、地球时，每逢整点，就有骷髅拉动钟绳，两个窗口打开，耶稣12门徒的雕像依次从窗前走过，然后金鸡啼鸣。在20世纪最后一次修复中，有人希望把犹大也加入，这个异想天开的建议被理所当然地否决了。

旧城广场不远处便是城堡区。这座城堡原本是旧日的皇城，已有千年历史。直到14世纪，查理四世重新修筑，并增建一座气势宏伟、令人慑服的圣维塔大教堂，从此这座教堂便成了城堡的地标，也宛如一头跃起的雄狮，日夜守护着布拉格。围绕圣维塔教堂的建筑不少，有许多美丽的哥特式及文艺复兴式的旧皇宫，罗马风格的圣乔治修道院，其中最扣人心弦的是位于黑白双塔中间的黄金巷。这窄巷原是皇宫仆役聚居的处所，后来炼金术士也纷纷聚集，于是有了“黄金巷”的名号。其中一间青色的矮书坊，是作家卡夫卡居住的工作室，他在这里完成不少文学故事，也由于他的名气，使得这里游人如织，窄小的陋巷成为地道的“观光黄金巷”。

在布拉格漫步，蓝山女人的心中会无限感慨，多少前尘往事随风去，卡夫卡早已逝去，米兰·昆德拉带着伤痛离开了捷克，只剩《布拉格之恋》独自忧伤。

随性而活　蓝山女人喜欢诗歌、小说、摇滚乐、Indie音乐（独立音乐）、欧洲电影、看现场演出、组织演出活动、

做乐队、做杂志、撰稿、写诗、写乐评、书评、影评、养猫、种花、做甜点、设计环保袋。她们非常注重“交流”和“分享”——这两点非常难得。

蓝山女人都崇尚“棉麻精神”，着迷于白色纯棉衬衫、碎格裙、帆布鞋、绣花布鞋、旗袍、波希米亚风格的长裙。她们热爱的书籍和电影是时时变化的，前一阵子是张爱玲、岩井俊二、王家卫和几米的，等它们满大街都是的时候，她们就会将它们淘汰，用一些新的小众的东西来填补，比如捷克和西班牙的电影。

蓝山女人喜欢拍照，图像零乱而独特，烟囱、高跟鞋、电梯里的数字、天空中的白云、自家床头的毛绒玩具等都是她们的拍摄对象，她们将图片贴在自己博客上，并作如下附言：

烟囱——“也许，有一天终于能飞上天空，我和你，没有羁绊……”

电梯里的数字——“而人们，都有着各自的位置，去往不同的时空……”

自家床头的毛绒玩具——“安乐过后，谁都有无言的惆怅……”

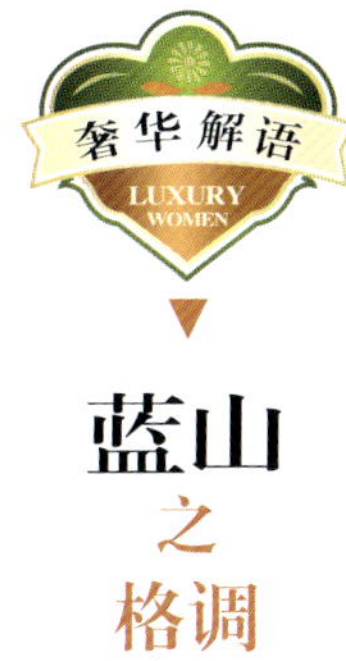

蓝山之格调

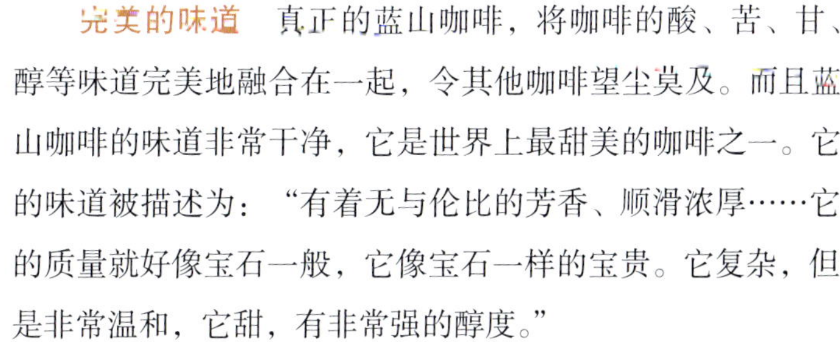
完美的味道 真正的蓝山咖啡，将咖啡的酸、苦、甘、醇等味道完美地融合在一起，令其他咖啡望尘莫及。而且蓝山咖啡的味道非常干净，它是世界上最甜美的咖啡之一。它的味道被描述为：“有着无与伦比的芳香、顺滑浓厚……它的质量就好像宝石一般，它像宝石一样的宝贵。它复杂，但是非常温和，它甜，有非常强的醇度。”

优越的种植条件 蓝山咖啡是世界上种植条件最优越的咖啡之一，牙买加的天气、地质结构和地势共同提供了得天独厚的理想种植条件。蓝山山脉高达2100米，这里地处咖啡带，拥有肥沃的火山土壤，终年多雨，最重要的是，每天午后，云雾笼罩整个山顶，不仅为咖啡树天然遮阳，还可以带来丰沛的水汽。

政策保护 蓝山咖啡能保持今天的极品地位，与当地的经营政策密不可分。大多数的咖啡生产国只愿意种植其他产

量多但品质较差的品种，牙买加却以品质为优先考虑，宁愿牺牲蓝山咖啡的产量，来换取最佳的品质。如果有人把不符合蓝山咖啡标准的牙买加咖啡或者高山咖啡当做蓝山咖啡销售，一经发现，将被处以重罪。

蓝山咖啡是世界上最优异的咖啡，它是上天赐予的恩物，无论你多么富有，你都无法得到任意多的蓝山咖啡，只有牙买加岛的蓝山山脉才出产这种极品，而它的年产量非常有限。

任何人对蓝山咖啡都会怀有一种景仰，对它的那份独钟并不仅仅因为想去品尝它，而是喜欢它瞬间蒸发的独特的气味。那是一种质地醇正的芬芳，是来自“蓝山咖啡豆”本身的清香；那是一种清新肺腑的感觉，时时令人们陶醉于此。如果喝上一杯上品蓝山，你就会理解当中世纪咖啡初抵意大利时，教皇克雷门八世亲自啜下一口咖啡后，情不自禁地感叹“让咖啡成为上帝的饮料”时的心情。

蓝山山脉位于牙买加岛东部的圣安德鲁地区，因该山在加勒比海的环绕下，每当天气晴朗的日子，太阳直射在蔚蓝的海面上，山峰上反射出海水璀璨的蓝色光芒，故而得名。蓝山最高峰海拔 2256 米，是加勒比地区的最高峰，也是著名的旅游胜地。牙买加人种植咖啡有近三百年的历史，圣安德鲁地区是牙买加蓝山咖啡的三大产区之一，另外两个产区分别是：波特兰产区和圣托马斯产区。

并非所有牙买加蓝山地区生产的咖啡都被冠以“蓝山咖啡”的标志，这里的咖啡有两个等级：“蓝山咖啡”和“高山咖啡”，蓝山咖啡占牙买加蓝山地区咖啡产量 15%。蓝山咖啡下面又分为三个等级，从质量来分由上到下依次为：蓝山 1 号，蓝山 2 号，蓝山 3 号。最好的蓝山 1 号咖啡豆也称为珍珠豆，是从生长在海拔 2100 米高度的咖啡中精挑细选的小颗圆豆，是精品中的精品。它的风味浓郁、均衡、富有水果味和酸味，能满足人们的各种需要。事实上，特级高山咖

啡的等级仅次于蓝山咖啡 1 号，比 2 号和 3 号的等级都要高，但是由于多数人并不知道这一情况，在世界各地，蓝山咖啡的高价仍然是高山咖啡不可比拟的。

由于日本始终投资牙买加咖啡业，现在的蓝山咖啡大都为日本人所掌握，他们也获得了蓝山咖啡的优先购买权。蓝山咖啡产量中的 90% 为日本人所购买。现在由于世界其他地方只能获得蓝山咖啡的 10%，因此不管价格高低，蓝山咖啡总是供不应求。

蓝山咖啡最好以黑咖啡的形式饮用，加奶、加酒或其他花式咖啡添加物都会破坏蓝山原有的完美平衡。值得注意的是，蓝山咖啡喝起来要比看上去昂贵。要想品尝到它最好的风味，所放入的咖啡豆必须比饮用其他咖啡时多，否则风味就有点名不副实，所以体现风味的真正费用就在于它要比价格仅次于它的咖啡多加 10% ~ 15% 的咖啡豆。

周仰杰女人

Jimmy Choo & Women

周仰杰是浮华世界的苦行者，它为 1%的人服务，却为 99%的人制造梦想。

周仰杰女人的美丽源自品格，她刚柔并济，勇敢地主宰自己的命运，并能以强大的耐心和毅力冲破黑暗，她是所有女人的偶像。

她们拥有让世界安静下来的魔力。

我们在这里提及的周仰杰并非是指周仰杰品牌或公司，而是制鞋大师周仰杰本人，以及由他制作的那些手工定制鞋。歌星麦当娜和美国总统奥巴马的夫人米歇尔，这两位著名女性在她们人生最重要的日子——麦当娜走进婚姻殿堂、米歇尔在总统就职宣誓礼上，都穿着周仰杰为她们定制的鞋子。而英国已故王妃戴安娜生前最后七年，一直是周仰杰的忠实顾客和朋友。

在戴安娜王妃身上，我们可以找到周仰杰女人共有的沉稳、坚定和果敢。戴安娜是爱心天使和王室的叛逆者，她的一生因“王妃”而走上了一个美轮美奂的舞台，更因为她的真实和勇敢，她带着所有女性的梦想，失去了王子，得到了世界，破灭了童话，留下了爱。

周仰杰女人不是天生的偶像，她们身上的迷人品质是岁月练就的。她们活泼、聪明、迷人，敢于超越世俗的偏见，冲破流言的藩篱，成为一个勇敢的斗士和可爱的女人——当受到外界胁迫时，她们能展示出内心无可限量的力量。初入王室的戴妃就像踩着一双滚轴溜冰鞋，摇摇晃晃地在新生活、新角色、丈夫的已婚女友、令人窒息的公众前曝光，以及一时幸福如上云端，一时沮丧如坠深渊的极端情绪之间，力求取得某种平衡。戴安娜日日夜夜在进退两难的矛盾中煎熬，王室的责任感与对幸福生活的渴望撕扯着她的心。在她

■ 麦当娜·西科尼

■ 戴安娜王妃

决定勇敢地面对长期以来始终回避退让的“那个女人”时，卡米拉辩称自己清白无辜，戴安娜冷冷地看着她，说：“我不是昨天才出生的。”周仰杰女人就是这样，当她们决定解决问题时，她们会表现得无比坚定，爆发出强大的潜力，令人敬畏。

当戴妃决定将自己的痛苦搁置一旁，转而关注慈善事业时，她的表现也是如此。在1987年，一个许多人相信艾滋病可以通过轻微接触就能传染的年代，戴安娜坐到了一个艾滋病患者的病床上，握住了他的手。她告诉了全世界，艾滋病患者需要的不是隔离，而是热心和关爱。当她决定与王室对抗时，她在媒体面前剖白十几年王室婚姻的恩恩怨怨，承认曾患易饥症，曾试过伤害自己，曾对丈夫不忠。在全球2000万观众面前，她道出自己不想离婚，希望主宰个人命运的心声。女人们之所以记住戴安娜，是因为大家在潜意识里希望自己也可以和她一样，勇敢地选择自己想要的生活。

喜欢周仰杰鞋的女性都具有坚强果敢的性格，这无疑与周仰杰鞋本身具有的特色有关。周仰杰是这个时代敢于挑战上流的“异类”。奢侈品界仿佛陷入了一个怪圈，某些品牌急功近利扩大生产、猛作营销，从而赢得了一些尚未形成成熟消费观的年轻消费者，膨胀的虚荣心促使他们将并不强大的购买力投入到名牌消费中，而这种购买热情反过来又变成品牌倾销奢侈的催化剂，循环往复，一部分奢侈品注定变得面目全非。而真正有品位、有耐性的女人不会选择这样的奢侈品。某财团曾许诺优厚条件收购周仰杰鞋履品牌，但是固执的周仰杰坚持认为，若想保持高水准的品质，就要奉上与昂贵价格相匹配的上乘之作，产品必须控制在有限的数量范畴之内。所以，周仰杰和合伙人玛拉·梅隆分道扬镳，周仰杰在公司的全部股份被投资商买断。周仰杰从此专心发展位于伦敦西部海德公园旁已经经营了二十多年的“JIMMY CHOO Couture”。凡是他亲手制作的鞋子，也都会打上这个标签。他现在已经和周仰杰公司没关系了，甚至每年要向公司缴纳许可费才能把自己的名字写在他做的鞋上。如今，周仰杰依然守着他至爱的定制鞋业，这无疑是一个传奇。

也许，现在你可以理解，为什么戴安娜王妃、奥巴马夫人偏爱周仰杰这样的高档定制女鞋，而不是那些更为时尚、更受关注、造势更大的品牌。一个能够忍受寂寞、长期奋斗、内心隐忍、怀有大爱的女性，足下一定要有一双具有同样品质的鞋子，这样的鞋子才能给她们信心和力量，带她们冲破藩篱，走向美好的未来。

喜欢周仰杰的女人们

2009年1月22日，几乎全世界的媒体都刊登了米歇尔·奥巴马穿着周仰杰高跟鞋出席总统就职宣誓礼的照片。从这一天起，米歇尔正式成为美国第一夫人。米歇尔创造了两项纪录：第一位非洲裔第一夫人和个子最高（1.82米）的第一夫人。然而真正令她与众不同的地方在于，她是一个将智慧、家庭和时尚结合得异常完美的女性。论事业成功，她堪比希拉里·克林顿；论相夫教女，她不输劳拉·布什；论衣着品位，她在美国女人心中的地位已经不逊于杰奎琳·肯尼迪。每个女人，无论是白人、亚裔，还是黑人，无论老人还是少女，她们都说："米歇尔跟我们很像！"她们在米歇尔身上看到了自己，看到了女人最真实的一面。

作为在金融危机中上任的美国第一夫人，米歇尔清楚自己的衣橱该怎样配合身为总统的丈夫：她在2008年美国国庆日当天穿的黑白格子裙是在GAP买的，她参加ABC电视采访时穿的太阳裙售价只有148美元，塔吉特、H&M等中档服装品牌占据了米歇尔衣柜的大部分空间。虽然在大选过程中，她曾经穿过几个知名设计师的作品，却也都是和一些普通的时尚服饰混搭在一起穿戴的。米歇尔的这种实用主义时尚与丈夫奥巴马大胆创新、实用主义至上和亲民的政治形象配合得恰到好处，加之美国正处在经济不景气的大背景之中，这种节制的明智之举就更显得难能可贵。要知道，在金融危机之中，总统夫妇就连去百老汇看一场舞台剧都会遭到非议。米歇尔无疑是明智的，她的衣柜本可以成为下一个众矢之的，事实上却变成了一个"功德簿"。

周仰杰为很多王室女性做过鞋子，其中包括摩纳哥王后萨尔玛·贝娜妮。萨尔玛·贝娜妮的高贵与美丽令世人震惊，但她更大的魅力并不在于此，她令摩纳哥国王改变了一系列的陈旧传统：让王室不再有三宫六院；令王室女子享有更多的权利与自由；令摩纳哥人实行一夫一妻制……总之，她改

■ 米歇尔·奥巴马

变了这个国家。

按照传统，摩纳哥王室成员的婚姻都是经过精心安排的，而且国王的婚娶从不对外公布，人们也无从得知婚礼情形。国王正式的妻子只有一个，但却不能被册封为“王后”，她没有任何名分，而且始终远离公众的视线，就连本国的人民也不知道她长的是什么样子，她甚至从来都没有出现在王室家族的照片中，也许她唯一被允许的事情就是为王室生儿育女，被尊称为“王子的母亲”。而国王穆罕默德六世却为萨尔玛打破传统，2001 年 10 月，王室破天荒地发布公告，宣布国王和萨尔玛订婚的消息，并首次对外公布了未婚妻的名字、年龄和家庭背景。次年，两人在拉巴特的王宫里举行了王室内部小范围的婚礼，还对外发布了新娘、新郎的照片。婚后，穆罕默德六世正式册封她为拉拉·萨尔玛公主，从此萨尔玛与国王的姐妹享有同等的待遇，她还被允许出现在公众外交等场合。萨尔玛所争取到的一切，显然是大大突破了摩纳哥的传统禁忌，或者说，在一定程度上为提高摩纳哥妇女地位起到了积极的推动作用。

这位美丽的王后还是一个时尚专家，萨尔玛格外青睐华伦天奴高级定制刺绣礼服，以及香奈儿、迪奥、高缇耶、杜嘉班纳、古驰、普拉达等顶级品牌高级定制时装。在珠宝配饰上，萨尔玛则喜欢卡地亚、绰美、伯爵、梵克雅宝。萨尔玛喜欢的香水是娇兰、伊夫圣罗兰和让·巴杜。毫无疑问，萨尔玛·贝娜妮作为一个“全能王后”，受到了摩纳哥人深深的爱戴。

去瑞士采尔马特小镇滑雪 有些地方，再怎么喧闹，怕麻烦的名人们也会去，因为它的唯一和独特。滑雪胜地瑞士就是这样的地方——美国雪硬，欧洲雪滑，最好的仍在瑞士，因为这里的雪不仅软而且滑，还有最好的滑道以及随处可见的世界滑雪冠军。冬季来临，周仰杰女人的日程上无论怎样都会安排去这个四季天然滑雪场玩一次，或许她们之间的问候语会改成：“今年去瑞上滑雪了吗?”

在星星般散落的阿尔卑斯山谷的众多小镇中，瑞士南部临近意大利边境的采尔马特可谓得天独厚：围绕在这个小镇周围，海拔 4000 米以上的阿尔卑斯山峰就有 33 座，其中包

采尔马特

括瑞士阿尔卑斯雪山的象征——马特宏峰。这座山峰海拔不过 4478 米，但轮廓刚劲独特，锋芒毕露，被誉为“欧洲群山之王”。马特宏峰山脚下就是独具特色的世界著名传统运动胜地采尔马特。

在王者之峰的银色辉光笼罩下，小镇采尔马特正如瑞士童话：一栋栋传统木屋静卧在碧绿山谷里，一面面红底白十字的国旗飘扬在蓝天雪山下；融雪和山泉汇成的小河穿过小镇，鲜花装点的大街小巷只闻人语，绝无车声——周仰杰女人必须将她们的汽车停在镇外，乘坐电动车或马车进入小镇，因为这个环保小镇禁止燃油车进入。周仰杰女人可以带着她们喜欢的珠宝或者红酒来到这里，而不必担心治安问题，更不用带保镖，因为这里路不拾遗夜不闭户，一百多年来没有发生过刑事案件。

一个多世纪以来，采尔马特被人们视为亲近阿尔卑斯山的天堂，这里是世界顶级的雪山度假胜地，在欧洲雪场的评比中，采尔马特的专业滑雪排名第七，小镇魅力排名第一，餐饮排名第七，景致排名第二。采尔马特更是一个奢侈之地，有人曾经将采尔马特的空气比做法国依云的泉水，那是因为坐落在瑞士的这座小城拥有纤尘不染的舒畅。

采尔马特半数以上的滑雪道都处于积雪或冰河之上，全年均可保持良好的雪况。由于滑雪区的海拔很高（3800 米），因此这里的冬季从 11 月中旬一直持续到次年 5 月初。阿尔卑斯山区最大的夏季滑雪区就位于采尔马特。采尔马特以“马特宏峰滑雪天堂”、“每个区域都至少能让滑雪者滑上两天而不厌倦”而知名。这片白色的仙境和神奇的马特宏峰一起为周仰杰女人提供了无穷的滑雪乐趣。

采尔马特小镇海拔 1640 米，是世界著名的高山疗养地。小镇环境幽雅、空气清新，可以欣赏到宏伟壮丽的山峰和冰川景色。而小镇的一个独特现象是：行人有一半是穿着各式滑雪服、背着各种滑雪板的滑雪爱好者，厚重的滑雪套靴使

ZERMATT
MATTERHORN
Hofmattstrasse/
Bahnhofstrasse
Restaurant
Swiss
Chalet
TOM TAILOR
COMPANY
STAUBLE
BUCHERER

他们不得不以独特方式迈着大步，显得有些滑稽。道路两侧有很多体育用品商店，价格虽贵，却没有让顾客望而却步，能到这里度假的都是世界各地的富豪。采尔马特居民不过4000人，来自世界各地的游客远远大于这个数目。但熙来攘往的游客似乎丝毫没有冲淡这个小镇自身的魅力，采尔马特独特的历史、独特的地方文化和四周的雪山一同静静散发着不可忽视的光芒。

采尔马特很小，走得快的话，半小时就能把全镇大致浏览一遍。但实际上在这里，你可能半小时走不到50米——你会被道路周围的建筑吸引，而驻足参观。镇子虽小内容却深，有一种特殊的氛围，从有千年历史的古代木屋，到近代登山者的人文遗迹，处处可圈可点；而一百多年间作为世界顶级度假小镇的建设，又使它从外到内精致无比。像所有的瑞士小镇一样，这里每个窗口、每块空地都开满鲜花。镇上唯一的一条大街两旁，聚集着精致的纪念品商店、钟表店，而与之垂直的几条小巷里，则悄然立着最受欢迎的面包店、巧克力店、户外用品店和充满情调的餐厅、酒吧。在夜晚，酒吧外燃起火把，酒吧内滑雪者高朋满座，是采尔马特最迷人的风景。

采尔马特唯一的教堂前有片墓地，安葬着150多年来在攀登马特宏峰中遇难的世界各地的登山者。鲜花簇拥的数百块墓碑上，每块都有独一无二的墓志铭，记录着安息者不同凡响的生和死。教堂就在去河边的路上，从清晨到黄昏，总有路人走进墓地，读读碑文，献上鲜花。

到曼谷打高尔夫　周仰杰女人敢于突破固有观念，尝试新鲜事物。如果论及打高尔夫，劳斯莱斯女人会选择欧洲，因为欧洲是传统的高尔夫胜地；百达翡丽女人会选择美洲，因为美洲是富豪的聚集地；周仰杰女人往往会选择一些出人意料的地方，比如亚洲的曼谷。如果仅仅谈及购物、寺庙与

■ 泰国高尔夫球俱乐部餐厅

大象，人们很难想象出一个不拥挤、不喧嚣的泰国。事实上，一旦摒弃嘈杂的旅游景点，踏入曼谷的高尔夫球场，在绿树云天中享受泰式按摩或水疗，晚上在空中酒吧听王子御用 DJ 打碟，最好的曼谷就会呈现在眼前，多彩的享受，这正是周仰杰女人青睐曼谷的原因。

高尔夫在泰国是一项极受欢迎的运动。一个世纪以前，高尔夫传入泰国，很快成为一项极为流行的活动。泰国的高尔夫球首先是由军人及政府机构引入，他们的强势背景使泰国境内不断出现了不同风格的高水平球场。泰国境内有二百多个达到世界水平的高尔夫球比赛场地，曼谷是高尔夫产业

最为发达的地区。曼谷几乎所有五星级高尔夫球场都出自世界著名设计师之手，设计师们把过人的灵感与当地的文化、地势相结合，营造出世界上最富诗意的高尔夫环境。

阿尔派恩（Alpine）高尔夫球俱乐部是泰国最好的高尔夫娱乐场所之一，有12年的历史，地处曼谷北部约30千米处。阿尔派恩球场地势起伏，平原、小丘、沙坑互相交织，景色错落有致，球道多变，具有极高的挑战难度，美国著名高尔夫设计师罗恩·格尔是这座球场的设计者。阿尔派恩高尔夫球场曾经作为2000年及2004年尊尼获加高尔夫锦标赛的专用场地，在2004年，泰格·伍兹在这里赢得了冠军。如今，仍有众多游客慕名而来，希望在泰格·伍兹比赛过的地方挥出属于自己的一杆。

阿尔派恩高尔夫球俱乐部还拥有顶级的会所，周仰杰女人可以在会所里体验独具特色的泰式按摩和品尝原汁原味的泰国佳肴。这个会所实行的是会员制，但非会员如果有体验的愿望，球场还是非常欢迎的，只要通过电子邮箱与球会取得联系，便有机会同当地会员一道享受泰国独特的高尔夫文化。

周仰杰女人会发现，在曼谷打球，自己常常会打出超水平的一杆，秘密就在于这里的球童服务，这是泰国高尔夫成功的一项重要“秘密武器”。曼谷的每一个球场都为打球者提供特色球童，通常是一些年轻可人的女士，她们穿着漂亮的制服，头戴特制的草帽，她们的专业能力很强，通过自己对场地的熟悉，协助客人打出关键漂亮的一杆。

除了阿尔派恩高尔夫球俱乐部，曾经被美联社评为20世纪最佳男高尔夫球员、国际一流球场设计师的杰克·尼克劳斯打造的春野乡村高尔夫球场、设计师罗伯特·特兰特·琼斯设计的总统乡村俱乐部高尔夫球场、皮特·戴尔设计的邦纳乡村俱乐部高尔夫球场等，都是高尔夫爱好者前来曼谷挥杆的必经之处。

阿尔派恩高尔夫球场

收藏杰拉德珠宝 周仰杰女人只要真正好的珠宝，她们不会在意哪个品牌的广告做得大，不会关注哪个珠宝品牌在好莱坞的出镜率最高，她们只在意品牌的“出身”和历史价值。在珠宝界，杰拉德是真正意义上的皇室珠宝商，三个世纪以来，杰拉德自始至终为英国皇室创作着高质量高品位的珠宝作品。

杰拉德打造的王冠不计其数，目前，杰拉德为维多利亚女王1838年加冕而专门制作的“帝国王冠”是世界上最美丽、最豪华、镶嵌历史瑰宝最多的王冠，上面镶嵌1颗尖晶石，4颗红宝石、11颗祖母绿，16颗蓝宝石、277颗珍珠和2783颗钻石。1937年国王乔治六世加冕以及1953年伊丽莎白二世加冕时戴的也是这顶王冠。

20世纪80年代初，没有哪一件珠宝能像戴安娜王妃的订婚戒指那样预示着梦幻般的爱情。查尔斯王子向戴安娜求婚时，杰拉德为王妃提供了一系列订婚戒指，戴安娜选择了一枚镶嵌椭圆形海蓝宝石的订婚戒指，宝石重达18克拉，周围环绕着分组镶嵌的14颗小钻石。一般情况下，当公众推测名人珠宝的价格时，珠宝商都会坚决维护客户的隐私，但是这一次，世人很快了解到戴安娜王妃订婚戒指的价值。实际上，这枚戒指是杰拉德常规系列中的一款，面向大众出售，价值2.8万英镑。王室婚礼后，这枚戒指在全球范围内掀起了一轮收藏热潮。

杰拉德，这个受到英国王室与英伦贵族的肯定与信任的“王冠珠宝商”有着骄人的往昔，它从远去的岁月中汲取着灵感与力量，以瑰丽洒脱的身姿，吸引着周仰杰女人义无反顾地追随。

周仰杰之格调

手工定制的奢华 奢侈品的扩张，让人们更加怀念那个奢侈品坚贞地为少数派服务的年代。匠人们用双手制作出人类所能想到的最美的物件，他们用手工吹制玻璃来制作装饰礼服的花朵，用黄金和宝石来点缀长礼服，一切就像《埃及艳后》中的伊丽莎白·泰勒才能过上的生活。那种只容普通人远观的华丽，才是奢侈品的真正精髓。周仰杰正是这样，纯手工定制的奢华，为1%的人效劳，为99%的人缔造梦想。

名人效应 周仰杰本人没有对自己的鞋进行大规模宣传，然而，摩纳哥公主、维多利亚·贝克汉姆、安妮·海瑟薇等名流的喜爱无疑是最好的宣传。周仰杰的名字在碧昂丝的歌里唱过，在《欲望城市》里播过，还被美国饶舌歌手薛尼写进了流行歌曲《周仰杰高跟鞋》，正是这些特别的“广告”，造就了周仰杰女鞋的辉煌。

健康的设计理念 周仰杰品牌的魔力一是在于扎实的技术基础，二是在于舒适。而舒适的秘密则在于那四英寸的高

度。4 英寸高的高跟鞋能够使女性的优美体态得到最完美的展现。周仰杰说："四英寸是个健康问题，高了或矮了的高跟鞋都会让人不舒服，对人体的平衡也不好。"

周仰杰来自马来西亚的一个华人家庭，1986 年，25 岁的他在伦敦东部开设了一间工作坊，专门给顾客提供定做服务。他的鞋子多是纯手工制作，特点是性感美丽兼舒适。周仰杰很幸运，他赶上了英国大力发展时尚产业的初潮，机缘巧合下，周仰杰设计的首双玫瑰鞋被英国《时尚》杂志看中，进行了八个版的巨幅报道。正是这一篇报道，为周仰杰引出了影响他一生的顾客、朋友和伯乐。

对女人来说，高跟鞋就像是一把尖锐、性感、致命的匕首，让女人征服自己骄傲的心。

1990 年夏天，因为著名设计师托马斯·斯特罗斯基的推荐，周仰杰被戴安娜王妃请进肯辛顿宫，戴安娜王妃打开衣柜让他看她的裙子适合配什么鞋。周仰杰当场画了一些草图，戴妃订了六双鞋，两人从此成为朋友。为戴安娜做第一双鞋时，周仰杰惴惴不安，他甚至担心这是否是为戴安娜做的最后一双鞋，怎知后来他竟做了戴妃七年的御用鞋匠。此后每次戴安娜添置新装，都会与周仰杰一同讨论设计新的鞋款，用以搭配服装。周仰杰说，戴妃在逝世前两个月，出席场合的服装以蓝色为主，因此，在那时候，他为戴妃设计过许多蓝色系列高跟鞋。戴妃定做的最后一双鞋是米色平底布鞋，他原本与她约好，在 1997 年 9 月 1 日送到肯辛顿宫，不料她竟在前一天遇车祸魂断巴黎。这双没能取货的鞋，至今仍摆在周仰杰伦敦工作室的橱窗里。与戴妃第一次见面后，周仰杰既紧张又激动，他完全可以马上通知媒体，四处宣扬，乘风起飞，但他没有这么做，他不想用王妃为自己打广告，不想破坏友情。这个秘密一直藏在他心里，直到戴妃逝世才公布于众。

定做一双周仰杰女鞋至少要 650 英镑，最贵则需要 7500 英镑。周仰杰女鞋是纯手工

制作，每一双鞋子都要花费三至四星期，顾客要试样，要提前预约，要看草图，直到双方都满意才会正式制作。每做完一双鞋，周仰杰都会让顾客先试穿，如果有问题，马上修改，而这种认真与诚意打动了每一位顾客。全世界的贵族名流皆是周仰杰的常客。

有人说，关于一个女人的回忆录，人们通常只在乎三件事情：她最美的样子、曾经爱过的男人以及拥有鞋子的数量。高跟鞋是人类文明史上最伟大的发明之一。女人的高跟鞋，两寸、三寸、四寸，高，还要更高，高跟鞋永远不嫌高，因为那是女人最接近天堂的机会！周仰杰的鞋履设计哲学是优雅和舒适，他把做鞋看做一种艺术，会根据每个人不同的脚形来设计，四英寸的高跟也是他设计中最大的一个特点。在他眼中，四英寸是个平衡的高度，既可以保持美感，也不会因为太高而影响脚部的健康。当一个女人站在周仰杰高跟鞋上看过世界后，就再也别指望她平视这个世界了。

帕图斯女人
Petrus & Women

帕图斯红酒是一种艺术，一种追求，一段可以回味的历史。

帕图斯女人是品位女人，她迷恋世间所有美好的事物，她对于物质和精神都有自己的高标准，并以此来标榜她的与众不同。

在纷扰的世间，她们一心一意打造着自己的理想国。

"我只喝葡萄酒"可以当做帕图斯女人骄傲的宣言。红葡萄酒在高脚杯中摇曳出来的光泽折射着她们的美丽、浪漫、品位、情趣……红酒的神奇，在于它饱含了鲜活的生命原汁、绵延了高尚的文化积累。屏住呼吸凑上去舒张肺腑深深地吸一口淡淡的芬芳，再轻轻地啜上一小口含在嘴里，让细腻滑爽的甘露在唇齿和舌间颠来荡去，细细地感受那层出不穷的滋味，让它在身体里轻柔地燃烧。在葡萄酒的衬托下，其他饮品一概失去了光泽。

帕图斯女人是高傲的，她不媚雅、不媚俗，总是有一套独行其是的生活准则。她们一般拥有较高的地位和财富，美丽而又品位独特，有时候她们会被硬性贴上许多标签：静夜、清风、香水、西餐、咖啡、酒吧、香熏、鲜花浴、巴黎、经典电影、爵士乐……其实帕图斯女人并不一定是喷洒迪奥的香水，使用兰蔻的护肤品，喝蓝山、卡布其诺，或者在某个暖暖的午后独自一个人去巴黎街头漫步……帕图斯女人其实更加看重内在，她们要过属于自己的生活。

那种源于18世纪巴黎沙龙的聚会形式，一直是帕图斯女人所钟爱的。清冷的街灯下，从豪华车迈出的衣鬓散发着咖啡浓香和淡淡香槟酒气味的夜归人，脸上还写着沙龙聚首的兴奋……她们乐此不疲，为的是让各自的品位在沙龙中碰撞融合、提升。品位不该是坚守寂寞，因而品位常有流俗的危

机。但从内质上说，品位应该是孤傲的，孤芳自赏，独立不羁的，以冷漠的眼神傲视一切喧闹，自信地散发幽香。所以在别人眼中，帕图斯女人有点高傲。

有些葡萄酒可以一天喝一次，有些葡萄酒可以一年喝一次，帕图斯则是一生才能喝一次的葡萄酒。在2008年7月1日开业的莫斯科丽兹–卡尔顿酒店的酒单上，就有一瓶1961年的帕图斯，标价6.8万美元，这个价钱可以买一辆奔驰E200K或者宝马520i、凯迪拉克CTS 3.6L。问题是，一辆车可以开几年、十几年，而一瓶红酒只能享受几个小时。愿意把财富用在红酒上的女人，是挑剔的女人，这种挑剔不是源于苛刻，而是源于对生活品位的高标准。

即使你足够富有，恐怕也喝不到1991年的帕图斯红酒。因为这一年的葡萄品质不符合酒庄要求，他们连一瓶也没有酿造。一家酒庄不可能每一年都酿造出最优秀的葡萄酒，别

■ 帕洛玛·毕加索

的酒庄可能会降低标准，而帕图斯会干脆不酿。这也正是帕图斯女人欣赏它的地方——要做就做最好的，否则什么也不做。帕图斯女人一般都受过一些欧美文化的熏染，形成了独特的品位、情趣、格调。她们不喜欢大众产品，而选择一流品牌，这不仅是她们的服饰标准，也是她们选择一切生活用品的通用标准。既要跃升于大众之上，又俨然与暴富群体划清界限。

帕图斯女人从来不是艺术家，但她们有着极好的艺术悟性。正是这种良好的艺术气质，让她们从芸芸众生中脱颖而出，成为散发独特光辉的女人。世上所有美好的事物几乎都和帕图斯女人有关，几乎所有类型的艺术、哲学、新兴时尚都是由她们来推波助澜，尤其在和平年代里，她们追求的是品位，是情调，这首先体现在她们对物质的追求上，她们是庸俗的杜绝者。

因为帕图斯女人的挑剔，人们有时候将她们解读为“做作”。似乎去咖啡店、酒吧、穿着礼服听歌剧等所有的略带奢侈的举动都是矫揉造作。但是正是这种对美好生活的一往无前的信念，最值得敬佩。她们穿着高雅的衣服，吃着干净的、营养结构合理的西餐，喷洒着香水，接受和吸收着外来文化，期望过有质量的生活，哪怕只是一种姿态，都是一种勇气和对生命的热爱。

热爱生活、享受生命，哪怕只是一种姿态。这难道不是一种值得褒扬的精神吗？

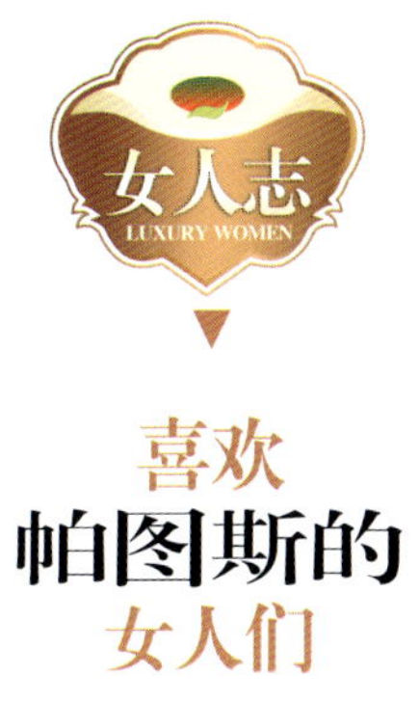

喜欢帕图斯的女人们

不少明星、富豪都喜欢收藏帕图斯红酒，帕洛玛·毕加索就是其中之一。帕洛玛·毕加索的名字因其姓氏而拥有与生俱来的名气。作为现代绘画巨子毕加索与先锋画家弗朗索瓦·吉洛的私生女，尽管她四岁就被妈妈带走，但却可以自由出入父亲神秘的画室，再加上才华横溢的母亲的言传身教，她的成长基本见证了现代绘画的发展。有一天，迟暮的毕加索对他的小女儿帕洛玛说：“有朝一日，你会成为完美的女人。”帕洛玛做到了，作为全球首屈一指的珠宝设计师，与蒂芙尼联姻 27 年。自 1980 年蒂芙尼公司推出帕洛玛·毕加索独家设计的首饰戒指系列以来，她的作品为蒂芙尼珠宝赢得了如潮的赞誉和时尚的光彩。

现在，帕洛玛和丈夫有一半时间住在瑞士的洛桑湖畔，每天，丈夫开着小船带着妻子泛舟湖上，阅读当天的报纸。天气好时，他们还会约上自己的好朋友，沐浴着勃朗峰的倒影在湖中游泳。拥有如此平静惬意的生活，帕洛玛所追求的生活理念是永不重复的两天。作为毕加索最宠爱的女儿，帕洛玛时刻谨记着保持家族的荣耀。

身为法国第一夫人的卡拉·布吕尼对本国的国宝级红酒帕图斯有一种特殊的感情，在多次宴会上，她都以此酒招待宾客。布吕尼一直被公认为是第一夫人群体中走在时尚潮流最前端的摩登女郎，她受媒体关注的程度超过任何一个政坛女性。当布吕尼和丈夫萨科奇一起出访时，美联社甚至评论说："萨科齐昨天抵达以色列，但没人关心他，因为媒体把焦点放在第一夫人身上。"

20 年前她是全球排名前 20 的超模，5 年前她是法国最红的女歌手，特立独行是她的个性，经历丰富是她的人生写照，魅力十足是对她贴切的形容。布吕尼并不满足仅仅作为法国总统萨科齐夫人这样的存在，她用一系列吸引人眼球的事件——第一夫人出唱片，邀请时尚杂志进入爱丽舍宫拍摄时尚照片，为名车缪斯做代言，为唐美·希绯格品牌设计包款，登时尚杂志封面等，她向全世界宣告：她是独立的布吕尼。

有的女人收藏帕图斯是出于爱好，而有的女人则是出于责任，她们从出生就开始学习分辨帕图斯的出品年代，研究珠宝的艺术价值，从走路到穿衣，从仪态到谈吐，她们都要经历严格的训练，她们就是皇室或贵族的女孩子们。1980 年 1 月 1 日，刚两岁多的维多利亚公主正式成为瑞典第一位女王储，除了接受正规教育外，在上中学的时候，她就被安排在斯德哥尔摩的国家文物馆和瑞典皇家收藏学会当实习生，以深入了解瑞典历史以及宫殿里的各类收藏品。维多利亚公主是各国王室中不多见的颇有主见的公主，她相对一般娇生惯养的公主们要稳重大气得多，举手投足之间更具女王风范。

年幼时的维多利亚做梦都想成为一个普通的女孩，但是现实与梦想总是有差距，公主从一出生就成为媒体追逐的焦点，她的人生就像是一部真人秀，每天都在直播中，而她的最终命运就是成为瑞典女王。

■ 卡拉·布吕尼

帕图斯女人
奢华私享

在世界各地的老书店中流连 几乎每个帕图斯女人都会梦想有这么一家书店：任何时候，你可以推门进去，喝杯茶，翻翻书，静静地把世界忘掉一小会儿。世界上的高级书店有很多，但是有历史、有故事的不多。有时候，书店是一种记忆，记录着一座城市甚至一个国家的往事。有时候，它是一个宝藏，藏着千古谜团，也藏着永世的快乐。有时候，书店是一个灵魂的避难所，让人躲避尘世的喧嚣。有这样几家书店，如果帕图斯女人经过它所在的城市，一定要用一个下午的时间，到那里走一走。请相信，你一定不虚此行。

帕图斯女人心中的天堂书店——荷兰马斯特里赫特的教堂书店。在一间拥有 800 年历史的古教堂里读书是什么感觉？不久前，荷兰马斯特里赫特市的多米尼加教堂还是一个供人们存放自行车的地方。荷兰建筑师默克斯·吉罗德把教堂改造成了一家书店，书店 2007 年圣诞节前开张。吉罗德尽量保留原有建筑风貌，只在内部装饰上做了些许变动，添加了一些现代元素，令整座教堂焕然一新。在一排排书架间穿行，头顶上方是高大、美丽的教堂穹顶，帕图斯女人一定会发出“天堂书店”的感慨。

让帕图斯女人沦陷的地方——英国伦敦福也尔书店。在美国《福布斯》杂志 2004 年评出的全球最佳书店中，英国伦敦福也尔书店当选为最佳书店。福也尔书店在伦敦查令十字街“定居”了一百多年，这家书店以不厌其烦地为读者找书和提供邮寄服务出名。朱自清先生曾在《三家书店》一文中

提到过这家书店："最大的一家要算福也尔，在路西；新旧大楼隔着一道小街相对着，共占七号门牌，都是四层，旧大楼还带地下室——可并不是地窖子。店里按着书的性质分二十五部；地下室里满是旧文学书。这爿店二十八年前本是一家小铺子，只用了一个店员；现在店员差不多到了二百人，藏书到了二百万种，伦敦的《晨报》称之为'世界最大的新旧书店'。两边店门口也摆着书摊儿，可是比别家的大。我的一本《袖珍欧洲指南》，就在这儿从那穿了满染着书尘的工作衣的店员手里，用半价买到的。在摊儿上翻书的时候，往往看不见店员的影子；等到选好了书四面找他，他却从不知哪

■布宜诺斯艾利斯雅典人书店

一个角落里钻出来了。但最值得流连的还是那间地下室；那儿有好多排书架子，地上还东一堆西一堆的。乍进去，好像掉在书海里；慢慢地才找出道儿来。屋里不够亮，土又多，离窗户远些的地方，白日也得开灯。可是看得安闲；他们是早七点到晚九点，你待个几个钟头不在乎，一天去几趟也不在乎。只有一件，不可着急。你得像逛庙会逛小市那样，一半玩儿，一半当真，翻翻看看，看看翻翻；也许好几回碰不见一本合意的书，也许霎时间到手了不止一本。”

在剧院中看书——阿根廷布宜诺斯艾利斯的雅典人书店。这是由布宜诺斯艾利斯闹市一家老剧院改造成的豪华书店，书店共三层，营业面积2000多平方米，号称南美第一。剧院内原有包厢、雕刻、戏台上的深红色幕布均保存完好，只是戏台变成了供读者休息的地方，帕图斯女人可以在这里吃点心，也可闲坐读书。包厢则变成了一个个迷你阅览室。书店前身大光明剧院落成于1919年，一度是布宜诺斯艾利斯的地标建筑，穹顶壁画由意大利画家萨纳雷诺·奥兰迪绘制，主题是和平。

帕图斯女人眼中最浪漫的书店——葡萄牙波尔图的莱罗书店。莱罗书店开张于1881年，书店中央有一个漂亮的木制楼梯，一直通到楼顶。在这里，帕图斯女人可以透过玻璃楼顶，360度仰望天空，体验书香中的浪漫。楼梯四周书架上摆满各种好书，令帕图斯女人流连忘返。

唤起帕图斯女人的童年记忆的书店——美国洛杉矶的“秘密总部”卡通书店。“秘密总部”书店坐落在好莱坞以东一群创意小铺中间。如果说莱罗书店像一个富有层次感的蛋糕，“秘密总部”则像一块可爱的甜饼。它有其他创意书店无可比拟之处：专卖卡通书。“秘密总部”还被熟客公认为全球最整洁、最友善的一家卡通书店。在加拿大科幻作家科里·多克托罗眼中，这家小书店举世无双。

帕图斯女人敬仰的书店——英国伦敦哈查兹书店。位于皮卡迪利广场的哈查兹书店堪称英国最有年头的贵族书店，它诞生于1797年，是英国女王的书籍供应商。英国政治家本杰明·迪斯累里、诗人乔治·拜伦、文豪奥斯卡·王尔德都曾是该书店常客。

帕图斯女人的艺术之旅——日本京都惠文社书店。有人喜欢它的灯光，有人喜欢它墙上比例匀称的架板，还有人喜欢它错落于书架间的小型画展。许多读者一致认同，惠文社静谧、高贵的气氛为书店中罕见。在这里，帕图斯女人可静享日本艺术书籍和部分英文读物。此外，比利时布鲁塞尔的波萨达书店也是有名的艺术类书店，它位于布鲁塞尔圣玛格达伦教堂附近一座老房子内，书店有时举办小型艺术展览。

奢华既是精神的，也是物质的。奢华不应是贪婪，只为满足自己，或是炫耀自己，奢华应该是给予；奢华应该是对物华天宝的尊重和爱惜，探索与集成是它最热爱的主题；奢华永远在不断进化，它需要我们不断地更新自己的知识与认识。消极的态度是永远得不到奢华的。因此奢华是一个动词，是人寻找到最完美自己的过程。

享用丰塞卡雪茄　女人和雪茄的联系有些遥远，可是帕图斯女人例外，她们吸雪茄的样子优美而迷人，红酒和雪茄本来就是绝配。18世纪中叶，在哈瓦那和巴黎，权贵阶层的女人抽雪茄是很平常的事情，在各种的社交活动中都可以看到手持小雪茄或迷你雪茄的女士们，有时甚至在她们拖地的鱼尾长裙上都可以看到掉落的雪茄烟灰。雪茄原本是男人手中的玩物，却被红酒女人们信手拈来，成为女人迷倒男人，同时也是挑战男人的新手段，她们口中轻轻呼出的蓝色烟雾也预示着女权主义的到来。

如果说雪茄是男人身份、财富和权力的象征，那么女人抽雪茄又代表了什么呢？——一种时尚的品位和一种雍容的姿态。著名女作家乔治·桑不但抽雪茄，还把雪茄抽得风情万种，吸引了肖邦和缪塞的爱慕。乔治·桑是个放纵不羁、蔑视传统的女子，她喜欢女扮男装，饮烈酒，抽雪茄，骑骏马。肖邦和乔治·桑初次见面的时候，他就严肃地批评起这个浪漫派的女作家。她一副男人的打扮，嘴里吸着雪茄，亲昵地称呼她那些古怪的朋友。肖邦起初是不愿去乔治·桑家的，他曾说："这个乔治·桑多么讨厌！她真是个女人？我

琳达·伊万婕莉塔

■ 玛琳·黛德丽

总表示怀疑。”但是之后肖邦很快便坠入了乔治·桑的情网，他身上至死都保存着乔治·桑写给他的字条——我崇拜您！

加拿大超级模特琳达·伊万婕莉塔手持着雪茄的形象已登上了十余家杂志的封面。“这种感觉像与人共享一瓶美酒，”她如此赞赏着手中之物，一端尖削的细长古巴雪茄，“当你焦躁不安，想做些什么排解一下胸中的块垒之时，点支雪茄便会给你一种最妙的感觉。倘若这个时候，身边有个可以聊天的朋友，那就更尽如人意了。”

好莱坞可算得上是娱乐圈的圣地了，那里人们不约而同地注视着一颗新的恒星——雪茄。与其问美国电影明星中谁吸雪茄，倒不如问谁不吸雪茄。好莱坞的两位性感美人莎朗·斯通和黛咪·摩尔在公开场合大吸雪茄。有趣的是，黛咪吸的竟是大号的雪茄，而且黛咪·摩尔抽雪茄的形象则无比优雅，雪茄瘦长的身形跟她纤细的手指配合得天衣无缝，绝代风华也莫过于此。也许，正是因为这点，雪茄成了帕图斯女人展现自身独特魅力的绝佳道具。

帕图斯女人已欣然接受了雪茄，并把雪茄所展示的威望和尊贵看做男性时尚的颠覆和回归，雪茄不仅成为男人成熟的象征，而且也是女人品位的象征。在众多雪茄品牌中，丰塞卡是女性最喜欢的品牌。丰塞卡是西班牙商人弗朗西斯科·丰塞卡于1906年在古巴创立的，至今已有一百多年的历史。丰塞卡的风味清醇淡雅，拥有一股淡淡的怀旧特质。丰塞卡代表着清新、充满活力和欢欣，给人温和、年轻及持久的感觉。丰塞卡雪茄的口感与风味犹如夏季的阳光一样灿烂明媚，充满朝气，那芳香如花朵散发出来的清香，沁人心脾。此外，丰塞卡有一个最令人欣赏的特点：它是古巴唯一一种使用吹弹可破的几乎透明的白绢纸包裹雪茄的品牌，这样高雅、纯净的茄衣吸引了许多高雅的女性。

帕图斯女人为丰塞卡雪茄注入了新的活力，无论她们是华丽美艳的、清新脱俗的、浪漫的、充满活力的、还是富有时代感的，丰塞卡雪茄都能将种种美态生动地表现出来，这就是丰塞卡的魅力。丰塞卡的 KDT Cadetes 和 Delicias 这两款雪茄的风味非常清淡，是专门针对女性雪茄迷设计的，它们有着丰塞卡传统的柔和、淡雅和芳香，在女性的口中吐气如兰，是帕图斯女人欢迎的佳品。

帕图斯之格调

品质取胜　帕图斯的成功之处首先是品质取胜，而优质的品质则是来源于追求完美酿酒艺术的态度。帕图斯的酒质十分稳定，气候较差的年份他们会进行深层精选酿酒的葡萄，因此会减产。某些不佳的年份甚至停产，例如1991年就没有帕图斯酒出品。

极高标准　帕图斯葡萄园的种植密度相当低，一般只是每公顷5000~6000棵。每棵葡萄树的挂果也只限几串葡萄，以确保每粒葡萄汁液的浓度。采摘时全部统一在干爽和阳光充足的下午，以确保阳光已将前夜留在葡萄上的露水晒干。如果阳光不够或风力不够，帕图斯庄园会用直升机在庄园上把葡萄吹干才摘。此时会有200人同时采摘，以确保一次性把葡萄摘完。

独特工艺 帕图斯全部采用全新橡木桶酿酒，此外在一至二年的木桶陈酿中，他们每三个月就换一次木桶，让酒充分吸收不同橡木的香气。这种不惜成本的做法至今为止没有任何一个品牌敢克隆，要知道一只新桶的价格在600美元以上，并且做桶的橡树越来越难求。

帕图斯酒庄位列波尔产区八大名庄之首，是目前波尔多质量最好、价格最贵的酒王之王，其伟大的品质个性尽显酒中皇者风范。法国波尔多是当今世界上公认的顶级红酒产区，那些售价不断攀升，被投资家们努力追捧的名酒大多产自这个酒林圣地。波尔多有著名的四大红酒产区：美度、格拉夫、圣达美隆和宝物隆。帕图斯酒庄就位于宝物隆红酒产区。宝物隆虽然没有美度那样的光辉历史，又是四大产区中最小的区域，但却是波尔多目前最璀璨的明珠。区内酒庄的数目只有不到二百个，但这里的酒都很昂贵。这主要得益于区内的微型气候和土壤条件，加上小规模庄园式的精工细制，才能酿造出稀世之珍。

波尔多红酒的第一把交椅无可争议地由帕图斯争得。帕图斯庄园里含铁量很高的黏土形成了独特的水量控制结构，可以促使葡萄的植株壮硕，葡萄果实也因此而异常饱满丰厚。这可遇而不可求的土地只有12公顷，别的酒庄不可模仿，真是上帝赐予帕图斯与红酒迷们最好的礼物。

严格控制收获量和葡萄果实的高纯度，是帕图斯庄园的独门秘诀。酒庄里每公顷葡萄的年产量通常极低地控制在一吨左右。在葡萄树刚刚挂果之初，酒庄便开始进行“绿色收割”——摘除长势不好的葡萄串。为确保每粒葡萄汁液的浓度，一般将每株葡萄树的挂果限制在八串。早在1971年的时候，帕图斯的庄园主让·皮埃尔·姆埃斯就首创了这种苛刻的保良方式，在当时，这一举动被认为是“破坏上帝的恩赐”，当地牧师们不断对他非议，让·皮埃尔迫于压力，只好在深夜

里偷偷地去除多余的葡萄，将塞满绿葡萄的口袋扔到了河里。时过境迁，现在绿色收割成为所有葡萄园普遍采用的方式。

帕图斯的酿造方式至今保持着传统和单纯的古典精神，像极了一个严谨的贵族。整个发酵浸皮的过程约 15 天左右，这期间酒厂 24 小时严密监控酿酒槽的温度，以保证稳定的酒精浓度。发酵结束后，葡萄酒被倒入全新的橡木桶中存放 22 到 28 个月，这一过程使得葡萄酒能充分吸收橡木的香气，口味渐渐变得圆润丰富。装瓶之前，帕图斯的每桶酒都用 5 只鸡蛋清凝结沉淀，以去除酒渣，只留下匀称和谐、芬芳纯净的葡萄酒。与众不同的是，帕图斯不经过最后的过滤，这

杰奎琳·肯尼迪

样，酒中丰富的营养和微量元素便得以完整地保留到顾客的郁金香杯中。这一切体现了帕图斯的完美主义风格。

完美主义风格的生产酿造过程保证了帕图斯红酒的顶尖质量，但是，作为酒王中的酒王，还得必须具备高端的文化传统，它昂贵的价格里就包含了文化的价格。酒界认为，“要想成为世界级的名酒，一定要获得伦敦和纽约市场的青睐。而要成为世界一流的极品名酒，一定要得到白金汉宫和白宫的青睐。”

酒带来的欢乐是短暂的，如同一出芭蕾舞或音乐会一样，但酒能鼓舞人生，并给予生活莫大的欢乐。

1947 年，在英国伊丽莎白二世女王的订婚宴上，帕图斯就是皇室贵族们的杯中物，同年，在女王的婚宴上，帕图斯又一次成为女王的最爱。一时间从巴黎到伦敦，酒单上没有帕图斯的餐厅就一定不是一流的餐厅。20 世纪 60 年代木艾家族入主帕图斯后，帕图斯又攻入了白宫，受到肯尼迪家族，尤其是第一夫人杰奎琳的赞赏。几乎一夜之间，美国的社交界竞相谈论帕图斯，甚至达到了绅士名媛若不知帕图斯为何物，就会被看成是乡巴佬的地步。至此，帕图斯跻身于世界最伟大的葡萄酒之列，而其高昂的价格也逐渐被世人所接受。

一瓶 1998 年份的帕图斯红酒，2005 年时出厂价为 1060 美元，1990 年份的帕图斯红酒出厂价高达 1700 美元，而 1947 年产的帕图斯价值 5000 美元，其高昂的价格和极少的产量使之被称为“一生只能喝一次的酒”，并被富豪们当做“液体资产”收藏。

品质、时尚、皇族文化，帕图斯是当之无愧的“葡萄酒之王”。

凯迪拉克女人

Cadillac & Women

凯迪拉克是“同类中最为出色、最具声望事物”的同义词，它代表着胜利、自由，是成功的象征。

凯迪拉克女人是不管站在什么位置上，都能扮演好自己角色的女人。她以不断追求由内而外散发的韵味为终极之美。

她们因为内涵而美丽。

希拉里·克林顿与凯迪拉克的渊源颇深，她人生中的每一幕基本上都有凯迪拉克相伴左右。她小的时候，每当在球类比赛以及考试中取得好成绩的时候，她的父亲给她的奖励都是开着家里最豪华的车——凯迪拉克去游乐场。后来她的父母开着凯迪拉克送她到波士顿郊外的威尔斯利学院上学，这是她第一次离家远行。而靠自己的奋斗赚出一辆父亲最喜欢开的凯迪拉克则成为了希拉里年轻时的梦想。后来，在阿肯色州为克林顿竞选州长拉选票的同时，希拉里也不忘为自己置办一辆凯迪拉克作为新婚礼物。随着克林顿成功当选美国总统，希拉里正式成为白宫的主人，凯迪拉克 DTS 总统专车也成为希拉里的御用座驾，伴其走过最荣耀的八年。2008年，成为美国国务卿的希拉里依然乘坐着凯迪拉克。

希拉里是名副其实的凯迪拉克女人，她心目中的凯迪拉克是高效而富有驱动力的，这股力量正驱使着她朝着政治巅峰迈进。我们也可以从希拉里的故事中读懂凯迪拉克女人的伟大。

凯迪拉克女人是目光长远的女人。但凡聪明的女人，一定不但有眼光，更工于心计。她对于事物有自己的判断，并且根据这个判断作出自己的选择。她清楚自己想什么、要什么，她的目光不仅仅停留在眼前，更关注于未来。在和克林顿结婚之前，希拉里是耶鲁大学的高材生，也是全美百佳律

■ 希拉里·克林顿

师，她对政治有着强烈的兴趣，曾有人告诫克林顿不要与希拉里结婚，以免妨碍他成为美国总统。后来的事实是，希拉里尽自己的一切努力，帮助克林顿竞选总统。竞选期间她一改女强人的形象，换上长裙，剪掉刘海儿，甚至还尝试过快速减肥法，她深藏起自己的个性，努力在公众场合做一个讨人喜欢的女人。希拉里让人们看到了一个女强人甘愿为政治而作出的改变。

希拉里是一个非常执著的女人。为了她的政治理想，希拉里一直没有停止她的努力与追求。成为总统夫人以后，她没有安于花瓶的角色，她要展现出自己的个人魅力与风采，她要发出自己的声音，即使被指责出格也依然固我。克林顿任总统期间，她参与、从事了大量社会活动，先后出访过 50 个国家。

最重要的一点是，凯迪拉克女人是能伸能屈的女性典范。1999 年，时任总统的克林顿必须要为自己的婚外情丑闻“埋单”。当自己的家庭生活成为几十亿人的笑柄之时，希拉里这位公众眼中一向严于律己的女强人的尊严几乎被践踏得一丝不剩。希拉里明白大家都在注视着她，这个女权主义者竟然在丈夫出轨后，仍然选择站在丈夫身后，没有一句怨言，帮助他渡过了被弹劾的难关，并且连任美国总统。理由只是“我仍然爱着他”。一时间，很多美国人都对她产生了“哀其不幸、怒其不争”的心态。实际上，此时的希拉里却不声不响地在纽约州购下一处房产，从而获得了纽约州的居民权。随即，希拉里宣布要竞选纽约州参议员。很多人都不相信，她能在摔得最狠的时候站起来，但希拉里做到了。2000 年 11 月，克林顿卸任总统之前的两个月，她成功当选参议员，并成为美国历史上首位成功竞选公职的第一夫人。

希拉里是懂得审时度势的，她知道什么时候该站在克林顿背后做一个支持者，知道循序渐进地为自己建立声望，知道什么时候该站出来实现抱负，什么时候该退出。所以当她

也许，我们对幸福的要求太苛刻了，幸福经不起你拿着尺子去丈量，它有一颗无比敏感的心，稍对它挑剔，它就离你而去了，对自己、对生活宽容些，幸福就会悄然而至。

成为美国历史上第一位女性总统候选人时，当她不得不退出时，当她的竞争对手向她伸出橄榄枝、寻求她支持的时候，她表现得恰到好处。

并不是每一个凯迪拉克女人都像希拉里这样历经坎坷，然而可以肯定的是，每一个凯迪拉克女人都像希拉里一样，坚强勇敢，不屈不挠，能进知退，并最终赢得尊重。因为从一开始，凯迪拉克就象征着荣誉，以及永不妥协的梦想。

喜欢 凯迪拉克的 女人们

总统侄女、超级名模、充满爱心、懂芭蕾和人类学……美貌与智慧并存，绯闻和爱心共举。她是签约 Elite 的名模，又懂得自己设计衣服；她和威廉王子、莱昂纳多·迪卡普里奥关系密切，又是联合国粮食计划署名誉发言人。最后，她是美国前总统小布什的侄女、老布什的亲孙女，上流社会名媛。这个简直拥有一切的姑娘就是劳伦·布什——坐着凯迪拉克长大的名媛。

这个政治豪门家庭从小就让她学芭蕾，她在纽约的注目下长大。16 岁参加巴黎克利翁社交名媛成年礼舞会时，劳伦就让人惊艳。17 岁，劳伦第一次去米兰时装周走秀，随后她成为《时尚》和《名利场》的封面女郎。“9·11”事件后，劳伦身裹美国国旗拍了一本黑白年历献给了美国人民，这一举动使她“征服了整个美国”。

2003 年，劳伦·布什开始担任联合国粮食计划署名誉发言人，在危地马拉亲眼见到了不计其数的孩子在贫困和饥饿中挣扎，可美国的报纸只关心所谓“人权危机”。从纽约到危地马拉，乘飞机只需三小时，却完全像是两个星球。回国后，劳伦在一些学校里巡回演讲她的所见所闻，但她感觉这还不够。于是她想到了设计挎包来为孩子们提供学费——她设计了一款名为“FEED1”的挎包，标价 50 英镑，在伦敦奢侈品百货店里出售。她说，这要比直接提供食物好，父母们会把孩子送去学校，因为那里有饭吃。

玫琳凯·艾施

玫琳凯公司被誉为“粉红色凯迪拉克之家”，因为从1969年开始，玫琳凯·艾施决定每年都会送出一批粉红色凯迪拉克轿车给业绩前五名的督导。玫琳凯·艾施被视为当今世界上最成功的女企业家，她不仅成功地建立了一个自己的商业王国，而且开创了妇女发展个人事业的新天地，其成就堪与任何一位妇女解放运动领袖相媲美。美国《福布斯》杂志将她与美国石油大王洛克菲勒、金融大亨摩根、汽车大王福特、软件大王比尔·盖茨等相提并论，称他们是200年来20位全球企业界最具传奇色彩并获得巨大成功的人物，而她是其中唯一的女性。

20世纪70年代，美国流行穿长裤，但玫琳凯·艾施不管在什么时候都不追逐这种流行，始终保持着自己的形象，她甚至为了保持自己的形象，放弃了她一生中最大的爱好——园艺，因为她担心自己会在不留意中，让沾在身上的泥土破坏自己的形象。当她的公司变得强大时，她通过买回所有股票，成为公司私人业主，因为她不想让股东们对她的经营管理指手画脚。玫琳凯喜欢粉红色，不管别人质疑声有多大，她总是让粉红色弥漫于生活和公司各处，从粉红色的凯迪拉克、粉红色的小卡片，到粉红色的办公室，她甚至在达拉斯建了一座1765平方米的粉红色豪宅，完全是仿照好莱坞早期明星利珀里丝的房子建造的。

凯迪拉克女人奢华私享

到阿尔卑斯山打高尔夫 高尔夫球场是凯迪拉克女人的“社交场”，也是“游乐场”，她们在高尔夫球场上结识名流，发展事业，也在高尔夫球场的优美环境中享受“世外桃源”的乐趣。凯迪拉克女人偏爱那些景色优美的高尔夫胜地，比如瑞士。被秀丽的阿尔卑斯山环绕的瑞士，拥有仙境般的美景。瑞士一直是世界高尔夫球运动员梦想中的乐园。举办欧洲精英赛的克莱恩·蒙塔纳球场就以其绝景闻名遐迩，受到世界体育明星的高度评价。

克莱恩·蒙塔纳是奢侈高山高尔夫、滑雪和顶级度假胜地的代名词。体育明星、超级名模、富商巨贾、各国政要、皇家成员都喜欢“躲”到这里来避暑。没有记者，不用戴大太阳镜，不用保镖，他们如普通人一样悠闲自如地徜徉在克莱恩·蒙塔纳绝无仅有的美景中，享受最自由的空气和阳光。

克莱恩·蒙塔纳坐落于阳光充足的阿尔卑斯高原上，海拔1500米，被壮丽的阿尔卑斯山群峰包围着。身处其中，罗纳河谷的美丽景色、从勃朗峰到马特宏峰的雄伟群山尽收眼底。欧洲人将这里称做“被阳光照射时间最长的地方”，也是通过检测的全瑞士空气最纯净的地方。有了阳光、雪山、大片的牧场和甜美的湖泊之后，这里似乎什么都不缺了，于是，自打维多利亚时代开始，这里的游人便络绎不绝，进而成为欧洲最著名的度假胜地之一。

150年前，英国人在碧绿的草坪上建起了阿尔卑斯山的第一个高尔夫球场——克莱恩·蒙塔纳。25分钟内可找到7座高尔夫球场——这使克莱恩·蒙塔纳成为瑞士，乃至全世界最著名的高尔夫运动圣地。尽管能在挥杆间目睹从马特宏峰到勃朗峰全幕式美景的高尔夫爱好者少之又少，但这丝毫没有影响克莱恩·蒙塔纳在世界上的地位。遥不可及反而让它显得珍贵，也更证实了一点：真正的奢侈只为少数人定制，被更少数人所拥有。

凯迪拉克女人知道，到克莱恩·蒙塔纳来，要想让旅途不留遗憾的话，除了带上心爱的球包之外，还要带上一套尽可能完备的户外用品，并且预备出足够长的时间，流连忘返的事在此时有发生。

在百老汇欣赏音乐剧　在百老汇欣赏音乐剧是凯迪拉克女人的“必修科目”。有的经典剧目不管看了多少遍，她们也不会厌倦。音乐剧不同于电影，它每一遍都是不同的，你能从这种现场表演中发现无穷乐趣。百老汇音乐剧融舞蹈、音乐、戏剧于一体，注重让观众享受到欣赏的快感。为一个视觉效果投入数百万美元的事，在百老汇的舞台上比比皆是。豪华炫目的舞台、功力非凡的明星、通俗易懂的剧情，共同构成了百老汇音乐剧的魅力。

“百老汇”原意为“宽阔的街”，指纽约市中心以巴特里公园为起点，由南向北纵贯曼哈顿岛，全长25公里的一条长街。百老汇大街两旁分布着几十家剧院，在百老汇大街44街至53街的剧院被称为内百老汇，而百老汇大街41街和56街上的剧院则被称为外百老汇，内百老汇上演的是经典的、热门的、商业化的剧目，外百老汇演出的是一些实验性的、还没有名气的、低成本的剧目，但这种区分在近年来也越来越淡化了，于是又出现了“外外百老汇”，其观点当然也就更新颖更先锋了。

百老汇的各家剧院上演的剧目不同。演出方式也特别，它们不像一些国家的剧团，排练一出戏剧后，常常巡回演出。在百老汇，一个音乐剧固定在一个剧院里演，直至失去

GIORGIO ARMAN

观众才改换别的内容。百老汇上演的剧目有几十种，其中以《悲惨世界》、《美女与野兽》、《歌剧魅影》、《西贡小姐》、《国王与我》、《猫》等剧目最为出色。那里上演的剧目，往往是一演就是七八年，有的甚至演了几十年。

在百老汇的剧院里，女士们大多穿着漂亮的晚礼服，男士们穿的是平整的西装。无论外面的世界如何变化，在这条大道上笼罩着一种怀旧的情绪，昔日的回声依然在荡漾。有几家剧院，在电视时代到来之前就存在了，那里的厢房、管弦乐演奏场、化妆室等依然保持着往昔的模样。比如西44街246号的圣詹姆斯剧场、225号的舒伯特剧院和302号的马丁·贝克剧院。

乔治·阿玛尼成衣 凯迪拉克女人不会像迪奥女人那样追求时髦的衣服和鞋子，但是她们非常注重服饰的“权威性”，因为她们不想让别人对她们的着装指指点点，更不想因为着装问题破坏自己的公众形象。对她们来说，还有什么比乔治·阿玛尼成衣更“安全”的选择呢？就算整个时装界都混乱了、疯狂了，走近阿玛尼的世界就仿佛进入台风中心最平静的风眼，进入一个完美静谧的境界和一种从不会被动摇的风格里。一件阿玛尼礼服不会让你有丝毫的怀疑或不确定，因为它是阿玛尼，它就是权威。

女人的衣橱里永远少一件衣服，女人对华裳的喜爱，说到底是女人对自己的娇宠——这是一份永远不为外人夺取、永远属于她自己的财富，罩在她身上，成为她最美的魅力。

阿玛尼是明星们在出席重大庆典或颁奖典礼时最常穿的品牌，每年的奥斯卡颁奖晚会几乎成了阿玛尼的时装发布会。在时尚界流行这样一句话：“如果不知道穿什么，就穿阿玛尼吧！”美国《时代》杂志在1982年以封面人物的方式授予了阿玛尼创始人乔治·阿玛尼先生极高的荣誉，这是继克里斯汀·迪奥以来第二位获得此殊荣的设计师。这位七旬老者对于时装界的贡献，就是他创造了一个世界：在这个世界里，没有男人和女人的界限，没有过去与现在的鸿沟，没有服装与身体的区分……有的，只是一个让人肃然起敬的符号——阿玛尼。

凯迪拉克女人欣赏阿玛尼在市场需求和优雅时尚之间创造的那种近乎完美、令人惊叹的平衡。“时装，是生命中的一些本质；风格，是每个人都有资格拥有的真正奢华，无论你富有与否；典雅，则是在喧腾的潮流中持有宁静。”这是凯迪拉克女人信奉的阿玛尼的时装设计哲学。成功女人穿着阿玛尼的形象已经深入人心，只是阿玛尼有些高高在上，其成衣和礼服采用上好的面料和做工，因此售价也令人咋舌，最贵的高级定制时装系列，一套动辄二三十万人民币，是成衣系列中的最高端产品。

凯迪拉克之格调

技术突破 1912年，凯迪拉克成为第一家在汽车中装备电子起动、照明和点火装置的公司；1954年，凯迪拉克成为第一家将动力转向作为所有车型标准配置的汽车制造商；1964年，凯迪拉克首先开发了汽车冷暖空调系统；1997年，具有革命性的OnStar车载信息系统成为凯迪拉克汽车的选装设备；在2000年新款车型上，凯迪拉克应用了超声波倒车提示装置。百年来，凯迪拉克在技术与工艺方面的重大突破对汽车工业产生了巨大且深远的影响。

造型创新 独一无二、大胆的设计风格是凯迪拉克赢得喝彩的重要原因之一。那些不断突破、每款创造新潮流的车型设计，在每个时代都最忠实地演绎着凯迪拉克那贯穿百年、不断追求创新突破的灵魂。

车型全面 在豪华车品牌中，凯迪拉克的产品线非常齐全，包括豪华商务车、豪华运动轿车和硬顶敞篷跑车，还有超大型SUV，可谓阵容强大。

在《韦伯斯特大辞典》中，凯迪拉克被定义为“同类中最为出色、最具声望事物”的同义词；它被一向以追求极致

尊贵著称的伦敦皇家汽车俱乐部冠以“世界标准”的美誉。百多年来，凯迪拉克在汽车行业创造了无数个第一，缔造了无数个豪华车的行业标准，凯迪拉克的故事代表了美国豪华车的历史。

凯迪拉克汽车选用的著名的花冠盾形车标象征着其在汽车行业中的领导地位。这个含义深刻而精致的标志也是凯迪拉克家族曾作为皇家贵族的象征，代表着品牌创始人的勇气和荣誉。该车标经历了几代变化，在新世纪，凯迪拉克的车标含有大胆而轮廓鲜明的棱角，反映了凯迪拉克未来的设计理念。

新的花冠保留了现有的颜色组合——金黄与纯黑相映，象征智慧与财富；红色象征行动果敢；银白色代表着纯洁、仁慈、美德与富足；蓝色代表着骑士般侠义的精神。

经典与技术，让凯迪拉克拥有无数不请自来的形象代言人：“猫王”埃尔维斯·普莱斯利是凯迪拉克忠实的拥护者，他至少买过 100 辆凯迪拉克；性感女神玛丽莲·梦露非常青睐1953 年款的敞篷 Eldorado，此车也因此成为风靡一时的文化标志；阿诺德·施瓦辛格在叱咤好莱坞多年后成功踏入政界，而凯迪拉克 Escalade 正是他钟爱的座驾。

自 20 世纪初开始，通用汽车和凯迪拉克品牌就一直为美国总统、外交官、大使与各国政要提供豪华轿车与特种车辆。最早乘坐凯迪拉克轿车的美国总统是伍德罗·威尔逊总统，他乘坐凯迪拉克轿车参加了在波士顿举行的一战胜利庆祝游行。柯立芝总统在其任期内，也多次使用一辆 1928 年

款凯迪拉克豪华轿车。1938 年，通用汽车公司向美国政府提供了两辆凯迪拉克敞篷车，它们分别被命名为“玛丽女王号”与“伊丽莎白女王号”。这两款约七米长、重达三吨半的轿车配备有完整的武器库、双向无线电装置及发电机，先后服务于罗斯福、杜鲁门和艾森豪威尔总统。

艾森豪威尔总统是有名的“汽车发烧友”，他在 1953 年的总统就职日游行中乘坐的是凯迪拉克最早的一款 Eldorado 轿车。这款车型的独特之处在于其首创的围绕式挡风玻璃，这迅速成为了轿车上的标准配置。

1956 年，“玛丽女王二号”与“伊丽莎白女王二号”敞篷轿车替代了它们的前任。这两款车与它们的前任一样，装备了当时最为先进的通信系统。此外，轮胎还配有窄轮缘，防止轮胎被击穿。“玛丽女王二号”与“伊丽莎白女王二号”先后为艾森豪威尔、肯尼迪与约翰逊总统提供服务。

里根总统使用的是 1983 年款凯迪拉克 Fleetwood 轿车，这款车退役后被保存在加州的里根图书馆内。克林顿总统从 1993 年开始使用凯迪拉克 Fleetwood Brougham 总统系列轿车，该车现被保存在阿肯色州小石城的克林顿总统中心里。在 2006 款凯迪拉克 DTS 之前，布什总统座驾的重任一直由 2001 年诞生的凯迪拉克“帝威”（DEVILLE）轿车担任。

奥巴马就职后，他的座驾是一辆凯迪拉克 DTS 加长版，这辆车除了配备有各种防弹、防撞、防爆设施以外，还配备了丰富的娱乐和远程控制功能，能够用卫星信号直接连线五角大楼，保证了总统指令在第一时间被传达到位。这辆改装版的凯迪拉克 DTS 更有坦克一样的稳定性，即便被重重侧击，也不会轻易翻滚，安全性能堪称世界之最。

凯迪拉克在其百年历史中曾有许多令人难忘的独特设计和技术创新，这使其在高档豪华车市场上经久不衰。在世界的任何地方，只要凯迪拉克一现身，周围的其他汽车立刻会显得黯然失色。

黛堡嘉莱女人
Debauve & Gallais & Women

黛堡嘉莱巧克力是喜悦的源泉，是甜蜜的预言，是来自天堂的诱惑。

黛堡嘉莱女人是人间天使，她拥有不老的法宝，拥有一颗纯真的心，也因此拥有简单而富足的快乐。

对她们来说，人生的成功就是做自己想做的事，过自己想过的生活。

每个女人的内心，都渴望成为一个小女孩，无条件地享受着宠爱，她的甜美可以自由绽放，沉浸在甜蜜幸福里的女人，总是充满清纯甜美的魅力，那富于变幻的奇妙心情，只有用味道才能准确表达。这种味道是巧克力的味道。16世纪，用可可制成的饮料曾被西班牙人称为“神仙饮料”，代表“喜悦的源泉”，并被认为具有神奇的功效。今天，巧克力依然是一些女人喜悦的源泉。

如果一个女人的包中常年放着巧克力，她就是个不折不扣的黛堡嘉莱女人。不管身处何处，她总能偷偷地往嘴里塞上一块，然后若无其事地继续手中的工作，你如果够细心，一定能发现她的脸上已经挂上了得意的笑。黛堡嘉莱女人抗拒不了巧克力的诱惑，她喜欢巧克力在口中丝滑的感觉，她喜欢巧克力甜中带苦的味道。有时候她也会觉得这五彩缤纷的尤物不是用来塞在嘴里溶化的，这分明是用来欣赏的，但最终她总能用各种理由说服自己忍痛消灭它。

其实，女人和巧克力之间是不需要任何命题的，巧克力是女人生活中“无用”的游戏与享乐。喜欢巧克力的女人，无论年纪多大，都保有一颗纯真的童心。不管境况如何，品味巧克力的那一刻，她们都认为自己还是喜欢糖果的小女孩。她们仿佛是法国电影《天使爱美丽》中的艾米莉。艾米莉平时喜欢沉溺在幻想中，她用各种古怪的爱好填满自己的

■ 玛利亚·凯莉

生活：她把草莓套在十个指头上慢慢地嘬；她喜欢把手指插入豆子中；她喜欢用小勺敲碎烤布丁上的焦糖；她喜欢在圣马丁运河上打水漂；她喜欢陶醉在自己的各种小游戏里；她喜欢略带神秘地出现在街头，做完事情后悄无声息地消失，施鬼点子时嘴角露出那狡黠的笑意；她喜欢穿着宽大的黑皮鞋穿梭在小城。当她决定要帮助别人的时候，冷酷的杂货店老板、备受欺侮的伙计、忧郁阴沉的门卫，还有对生活失去信心的邻居都被她列入了帮助对象。虽然遇到了不少困难，有时甚至也得要要手段、用恶作剧，但经过努力，她还是获得了不小的成功。这样的女孩，是人间的天使。

女人之灵气、可爱在黛堡嘉莱女人身上体现得淋漓尽致。也许她们没有一副精致的娃娃脸，但是从她们身上散发出来的天真往往让人猜不出她们的真实年龄。即使经过岁月的洗礼，她们仍然能保持少女般的甜美和纯真。恶作剧是黛堡嘉莱女人的专利，她可以在你严肃地指责她的时候，偷偷笑着想着怎样蒙混过关；她可以在你郁闷伤心的时候，想尽办法逗你开心；她会趁着丈夫睡着，偷偷地给他涂红色的指甲油；她会故意装作忘记你的生日，给你一个惊喜……在许多场合，她们会鬼灵精怪地设计一个很有创意的恶作剧，别出心裁地“坏”上一回。当她们在暗处看到别人为此哭笑不得的表情时，会有一种别样的成就感。她们也会在难过的时候掉眼泪，开心的时候痛快地大笑，在没有情人的生日时自己预订大束鲜花差人送到办公室……

痛苦的味蕾品出了巧克力的苦味，快乐的味蕾品出了巧克力的奶味，纯真的味蕾品出了巧克力的甜味。所以，热爱巧克力的女人是快乐而纯真的。她们在成人的世界里忙碌地工作，温柔而娇纵的她们更容易被快乐感染，内心永远有简单的快乐。

如同沉迷于安稳生活的淑女也有逃出家门、为爱狂奔的坏念头，巧克力生动着女人一生中的每个细节，它恰似女人的情人，有了它的点缀，生活不再是墨守成规，而是细腻、甜美起来。

喜欢 黛堡嘉莱的 女人们

如果不需要保持身材，玛利亚·凯莉恨不得天天偷吃黛堡嘉莱巧克力，巧克力就像她的另类情人。这位有“花蝴蝶”之称的美国乐坛天后以迷人的歌喉、性感的身材等“标记”为人们所熟悉，她演唱的《英雄》风靡世界，她也因此而成为娱乐界的“英雄”。再多的封号与奖项也不足以形容凯莉的伟大与影响力，凯莉入选美国《时代》杂志“2008年度世界最有影响力人物”之一，在乐坛传奇歌手史提夫·汪达应该杂志之邀为凯莉撰写简介时，他说：“以仅仅简单的300字来形容我对凯莉的尊敬和爱是件很困难的事，她才华横溢，她更是我一生遇到过的同时拥有美妙嗓音和高尚品德的三个女人之一。”

作风奢华的玛利亚·凯莉行事向来遵循“高规格”——玛利亚·凯莉那栋位于纽约富人区翠贝卡区的占地1114平方米的豪宅大到连她自己都不知道房子里有多少间浴室。虽然她不知道自己的新家有多少间浴室，但她专门为凯蒂猫（Hello Kitty）准备了一个房间，以摆放她难以计数的凯蒂猫珍藏品。她的更衣室挂满了服装和鞋帽，与高级时装店不相上下。而她为了珍藏一架玛丽莲·梦露的名牌白色钢琴，可以一掷66.25万美元。更让人惊讶的是，玛利亚·凯莉为她的双腿投保10亿美元。

谁说黛堡嘉莱女人只是甜心小姐，没什么作为？在纽约第三大道上，有一家童话般的糖果店，它的主人是一个热爱巧克力的美国名媛，她就是美国著名时装设计师拉尔夫·劳伦的女儿迪兰·劳伦。拉尔夫·劳伦是POLO品牌缔造者。迪兰没有像其他富豪千金一样挥霍青春和家财，这位美国的甜心小姐推出了自己的糖果品牌。虽然迪兰的非主流设计只为小部分人所接受，但她始终坚持自己的道路，做自己喜欢的事情，创造一些能令人快乐的产品。生活中，迪兰喜欢一种智力游戏：将一张纸四等分，在左边两个区域写上“努力工作”和“保持自我”，在右边两个区域写上“尽情玩乐”和“照顾他人”，然后把手头要做的事情一件一件列出来，按照各自的类型填进四个区域里。这样，生活的方方面面拼成了一张色彩丰富的图画。“最理想的方式是，你在四个区域都有所涉猎。但又把它们截然分开。工作的时候全心投入，玩的时候也要尽兴而归。”

在维也纳咖啡馆里吃甜点　黛堡嘉莱女人喜欢到世界各地搜罗美味的甜点，最奢华的纽约咖啡馆、最古老的左岸咖啡馆，即使这些甜点深藏在咖啡的香味中，她们也有本事把它们“挖”出来。在咖啡馆里吃甜点不能算是“不务正业”，因为世界上真的有很多甜点比咖啡更著名的咖啡馆。喝咖啡配点小蛋糕，这是维也纳人的习惯，也是他们维持了300年的传统，所以，如果要找世界上最美味的甜点，去维也纳的咖啡馆走一遭一定不虚此行。

在维也纳这个“蛋糕之都”里，最出名也最受欢迎的甜点莫过于萨赫咖啡馆里专卖的“萨赫托特”巧克力蛋糕了，这种蛋糕独特的口感是搭配咖啡的圣品。萨赫咖啡馆的出名要感谢茜茜公主。在19世纪的奥地利，按照当时王宫进

■ 纽约咖啡馆

餐的规矩，皇帝离开餐桌，其他人就不能再吃了。而弗兰茨·约瑟夫皇帝并不像电影《茜茜公主》里那样对妻儿疼爱有加，他是个工作狂，总是匆匆吃完饭就去办公，他的孩子们尽管还没吃完，也只能放下刀叉。可怜的茜茜公主只能偷偷带着半饥半饱的孩子们到萨赫的咖啡馆去吃些蛋糕，免得他们挨饿。这家咖啡馆能给小王子和小公主们做一种非常软的入口即化的蛋糕，并因此出了名。这种蛋糕有着平滑厚实的巧克力糖衣外层，旁边还加了香浓的鲜奶油。直到今天，萨赫咖啡馆虽然已经发展成一家五星级宾馆，却仍保留着当年为茜茜公主和孩子们专设的包房。谁都可以去那里尝一尝这种叫做“萨赫托特”的蛋糕，只是价钱要比普通蛋糕贵得多。萨赫咖啡馆红色的丝绸墙壁上挂着大幅的油画，装潢展现出维也纳皇室的贵族情调，在回廊里还有一个不对外开放的小房间，里面收藏着来过萨赫咖啡馆的名人的照片，世界各地的知名影星和艺术家都曾经是这里的坐上宾。身处在这个富丽堂皇的咖啡馆里，每一个小细节都显得细致讲就，黛堡嘉莱女人可以优雅地坐在大厅中，享受着地道的萨赫托特蛋糕和咖啡，香甜的浓咖啡加上适当的鲜奶油，再淋上独特的巧克力杏酒，和蛋糕的口感搭配的恰到好处，她们大概要高兴得笑出声来。

■ 维也纳德梅尔咖啡馆

维也纳的德梅尔咖啡馆被称为“供应最专业蛋糕的咖啡馆”。1888 年，曾在宫廷任职的德梅尔师傅在宫廷外开了这家咖啡馆，将宫廷中的皇室贵族都吸引到她的店中喝咖啡和品尝甜点，德梅尔咖啡馆顺理成章地成为皇室御用专门店，这使得德梅尔咖啡馆闻名遐迩。德梅尔咖啡馆除了深受奥地利皇室喜爱，约旦国王、英国女王、迈克·杰克逊等人都曾是座上宾。虽然德梅尔的价格始终居高不下，但是到这里来的客人，很少有人能抵挡得住美味的诱惑。虽然德梅尔名为咖啡馆，但是包括黛堡嘉莱女人在内的大多数的顾客还是为

了这里的糕点而来的。

走进德梅尔咖啡馆，一进门就可以看到一个陈列糕点的柜台，里面放了数十种不同造型、口味的蛋糕和咖啡点心，可以选择外带，也可以坐在精致典雅的大厅里细细品尝。除了保存手艺之外，这里还完整保存了一个19世纪初期的厨房，在这个小厨房中有400多种蛋糕被研发出来。德梅尔最出名的蛋糕就是加了独特水果酒的蛋糕，自家烘焙的咖啡豆所煮出来的咖啡，也是颇受好评的单品，就连奥地利的国王也会低调出宫，坐在这里品尝咖啡和蛋糕。

1876年，由贝尔斯公爵的官邸改建而成的中央咖啡馆是维也纳最著名的咖啡馆，这里富丽堂皇的建筑风格和迷人的

文艺气息，一直是欧洲文艺界人士的最爱，当年音乐大师莫扎特、贝多芬、舒伯特、“圆舞曲之王”施特劳斯父子等都是这里的常客。今天的中央咖啡馆生意十分兴隆，但不管里面多么拥挤，客人还是想待多久就可以待多久，这是维也纳咖啡馆百年不变的传统。

中央咖啡馆的外观就像是内敛的奥地利人一样，传统而方正，在进入门厅之后，宽敞的厅堂和华丽的大理石柱让前来这里的客人都不禁发出惊叹声。19 世纪末，维也纳曾经最负盛名的葛林斯坦咖啡馆歇业之后，取代它地位的就是这间咖啡馆了。这是个曾经在 20 世纪初期惊天动地的地方，当时欧陆最出名的人物都曾聚集在这里，喝咖啡切磋讨论。在中央咖啡馆出入的不是大文豪、音乐家，就是王宫贵族，或政治家。

富丽堂皇的建筑结构和迷人的人文气息是中央咖啡馆一直深受欢迎的主要原因，除此之外，这里还有维也纳快要失传的皇帝咖啡。由传统咖啡加上蛋黄和白兰地酒，再搭配一块这里最受欢迎的栗子咖啡蛋糕，口味更是一绝，连弗洛伊德都不会错过。

100 多年前，中央咖啡馆里满是名人雅士聚集。现在，黛堡嘉莱女人可以在迷人的人文气息之下，喝着咖啡，品尝栗子蛋糕，和著名的雕像一起享受这气派非凡的咖啡时间。

缪缪服饰 黛堡嘉莱女人是缪缪服饰忠实拥护者，这是普拉达唯一一个年轻副线的品牌，风格像小女孩一样可爱，命名由来相当即兴，一切也只为设计师缪西亚·普拉达的小名 Miu Miu 而起。曾有人批评缪西亚·普拉达似乎私心地将最经典最好玩最过瘾的设计都放在缪缪之上。事实上，大家的批评亦即是赞美，缪缪实现了一些大女人返回小女孩的梦想。其实，也因为品牌如此年轻，才可让缪西亚得以尽情发挥其童心未泯的真个性，作品也因而变得有趣。

黛堡嘉莱之格调

纯手工制作 两百年来，黛堡嘉莱一直坚持纯手工制作，从原材料的采购到加工程序始终保持传统的方式，以保证巧克力纯正的口感和独有的香气。

神秘原料 黛堡嘉莱采用的上等可可豆来自三大洲以及其他不为人所熟悉的地区，美食家们可以从中品味出来自土耳其的葡萄、西班牙的杏仁、波旁岛的香草豆、杜林的栗子以及印度的朗姆酒。

神奇疗效 黛堡嘉莱有几款具有强身疗效的巧克力，如：标榜有保健疗效的健康巧克力是内含99%可可的纯黑巧克力；一款以波斯兰科植物球根制成的巧克力具有抗痉挛、治胃痛等功效。

在法国塞纳河左岸，拉丁区中心，有一家历史悠久的巧克力店，店门梁上印着一句荷马的古语：“将有用与美好结合起来。”拉丁文的箴言传递着一种古老的威仪，在满街流动的巧克力浓香里散发着智慧。这是一栋19世纪的建筑，暗绿色的门墙，玻璃橱窗用巧克力展品搭出巧妙的形状，半月形木质柜台，典雅的礼盒陈列在后架，诱人的巧克力排满前台……这就是黛堡嘉莱巧克力店——法国最古老、最著名的皇室巧克力制作商。

黛堡嘉莱的创始人苏比士·黛堡先生是路易十六和玛丽皇后的药剂师。他为玛丽皇后专门发明了一种巧克力——玛丽的金币。1800年法国革命之后，他在巴黎左岸开了第一家巧克力店。在成为拿破仑皇帝的巧克力第一供应商之后，1818年黛堡先生又被路易十八指定为皇室巧克力供应商，查理十世和路易·菲利普也要求黛堡先生为他们提供巧克力。凡·高、毕加索、雨果都是黛堡巧克力的热爱者，黛堡嘉莱的美誉传遍了欧洲每一个角落。

1823年，苏比士·黛堡先生的侄子嘉莱成为店铺的合伙人，叔侄二人一起成功研制了一种健康巧克力——法式黑巧克力，其可可含量一般不低于72%，比例高的可以达到80%至99%。这种巧克力的苦与黑将可可豆的特质完美地保留并展现出来，食用也有益于健康。叔侄二人因此被称为“法式黑巧克力之父”。

黛堡嘉莱的成功不仅在于经营者的智慧、天赋、热情和活跃，在一定程度上与他们的和善、高贵和独特的见解也有关联，如此的成就使得黛堡及嘉莱先生的名字比任何巧克力的标志都更加闪亮。黛堡嘉莱的经营者历来信奉质量而不是产量，两百多年持之以恒的努力，使黛堡嘉莱品牌在巧克力世界就如同路易·威登之于箱包领域一样具有权威性。

密探女人
Agent Provocateur & Women

密探内衣是神秘的精灵，栖息在女人的胸口，倾听她激情澎湃时的心跳，揣度她不能言说的心事。

密探女人是懂得疼爱自己的女人，她把美丽与舒适的感觉留在心底，而不是执著于表面的喧嚣，正是这种自爱情怀将她送上了一座又一座寻梦的巅峰。

她们深知，爱别人从爱自己开始。

世界上的大多数女人都是有恋物癖的，女人爱华裳，爱妆，也爱香，这三样东西是属于女人的，但是却由不得女人做主。工作、身份、年龄、周遭的评论……这些条条框框把女人弄得心烦意乱。唯有内衣是完完全全属于女人自己的领地，纵容女人的所有任性。如果说，外衣是政治，那么内衣就是情感，是宠爱。

CUP是指胸衣罩杯的尺寸标准，其实，女人的人生和爱情也同样分为A、B、C级，这和自身胸围无关，与真正宠爱自己的程度有关。有的女人衣着光鲜，鞋子和手提包都是精心选购的，对内衣却不太在意，“反正别人看不到，不用那么讲究啦!”别人看不到的东西，才是真正属于自己的东西。所以，想知道一个女人有多爱自己，那就看看她的内衣吧!

那些女企业家，在脱去黑、灰色的套装之后，里面竟然是漂亮的蕾丝内衣，神秘的黑色蕾丝、奢华的暗红蕾丝、安静的靛蓝蕾丝、甜美的粉色蕾丝……她瞬间变成了一个妖娆而又可爱的小女人。那些在政坛叱咤风云的女领袖，在庄重严肃的套装下面，藏着性感大胆、色彩斑斓的新潮内衣。这种感情男人也许永远都无法理解，女人喜欢内衣，就像喜欢自己小时候偷偷种在墙角的向日葵，尽管没有人会看到，但它永远是自己最美最在乎的秘密。

女人一生最美好的时光，都是住在内衣里的。爱护和美化自己的身体是女人责无旁贷的使命，永远不停歇的追求让女人更加努力和自信。如此说来，迷恋内衣的女人似乎带些自恋情结。其实，她们的幸运恰恰是拥有健康的自恋。因为只有自恋的人，才更注重探索自己的内心，了解自己，爱惜自己，不伤害自己，善于从自恋中找到推动自己奋斗的原动力，并努力把最完美的自己发掘和呈现出来。这种心理是她走向成功的起点，是树立自信心和提高勇气的重要心理基础。

时尚大师范思哲的妹妹多纳泰拉·范思哲说："即使单独一人时，我也喜欢穿漂亮的内衣。"一个女人，在脱下外衣时，应该依然是美丽的、富有魅力的，受着神灵的爱护和眷顾的。西方女性对内衣的热爱是直接而大胆的，若是收到情人奉上的蕾丝内衣，她们会欢呼雀跃。中国女子对于内衣的情感是温婉的，这温婉中又包含了私密的性质，仿若它是一位相识已久的闺中密友，总有不可言说的信任和喜悦。

女人对内衣的情感，本质上是一种隐秘的快乐。密探品牌为女人设计的内衣有柔美的蕾丝、浪漫的花边、芊芊蔓蔓纠结着的花蕾，这样繁复精细，就像在女人身体上悄悄盛开的夏日花园。

喜欢密探的女人们

密探内衣的顾客名单上有一个传奇的名字——伊莲娜·巴图琳娜，这位俄罗斯女首富以近一亿美元的天价，购得了英国面积仅次于白金汉宫的第二大豪宅。对于伊莲娜来说，购置这栋伊丽莎白女王曾经下榻过的豪宅不算什么新鲜事，大手笔是她一贯的风格。这之后，她又把目标瞄准了非洲大陆，在摩纳哥投资近5亿美元建设高尔夫球场和高级别墅，难怪媒体把她评价为“俄罗斯最具权势的女性”。在《福布斯》评选的2007年俄罗斯亿万富翁中，伊莲娜是唯一的女性。尽管她是女性，却有着不逊于男性的强大内心，连她那位莫斯科市长丈夫都承认，自己对她言听计从，因为“她是家里最能挣钱的人”。目前她全资控股的因捷科公司价值42亿美元，而她个人的资产也已达13亿美元。

以一部《欲望都市》走红的女性莎拉·杰西卡·帕克对密探内衣亦赞叹不已。时尚界人士宣称：“莎拉·杰西卡·帕克代表了一个事实，那就是曾经从现实生活中远离的高端时尚，现在又可以在身上看见了。”几乎没人能把扮演者莎拉·杰西卡·帕克和她所扮演的凯莉分开，10年过去了，她仍集万千宠爱于一身。戏里，她是时尚的追逐者、物质女郎的代表；戏外，她早已成为整个时尚界众星捧月的宠儿，却又能时时保持清醒。让她骄傲的不是代言的数量，也不是三次金球奖和艾美奖的青睐，而是她的家庭和孩子，她有着凯莉最想拥有却始终得不到的东西。

以3800万美金的收入成为纽约最富有的女演员，却每天按时接送儿子上下学，将家庭奉为至高。2006年，备受瞩目的纽约时装周开幕之际，莎拉却出现在孩子的校门口。这个将整个时尚界甩在身后的女人此刻将所有名利都置之不顾，她说：“我不能再打扰家庭生活了，远离自己熟悉的世界对他（丈夫）来说太难了。也许这听上去有点太传统了，但我必须保证家里随时有牛奶和面包。”不是每个人面对巨大诱惑和名利场时都能作出这样的选择的，对于一个40多岁如日中天的女星来说更是如此，但事实是，整个世界、整个时尚圈回报给了莎拉更大的尊敬和热情。

密探女人
奢华私享

到世界各地品尝顶级美食 懂得享受人生的密探女人是讲究吃的，她们愿意花一个钻戒的价钱品尝一颗松露，她们对食物很挑剔，要求食材不仅美味，还要有营养，像鹅肝、鱼子酱、鲔鱼、羊肚菌、龙虾、牛肝菌、松茸、燕翅鲍参这些顶级美食，别人偶尔一品，而她们却要到世界各地的顶级餐厅品尝，她们知道斯特拉斯堡的鹅肝最美味，佩里戈尔的黑松露最珍贵，里海的鱼子酱最鲜美，她们笑称：龙虾只吃布列塔尼的，鲍鱼当然要日本网鲍，鱼翅最好是挪威天九翅。当然，她们对世界各地的顶级餐厅了如指掌，不同风格的餐厅、各异的菜式风味，从乡村式的低调餐厅到奢华的高级餐厅，无一遗漏。以下这几家餐厅是密探女人的“美食宝典”上不可或缺的名字：

巴黎乔·卢布松餐厅：1996年，厨艺大师乔·卢布松宣布退休，不过没有人相信他的决定。果然，2003年，卢布松在巴黎新开了一家餐厅。这家餐厅打破了高档餐厅正式的用餐模式，完全摒弃了矜持的传统用餐方式，营造出一种轻松舒适的就餐氛围。服务生会主动与顾客交流，乔·卢布松也会在餐厅与不同的用餐者交谈，以了解菜肴是否符合顾客的要求。给密探女人的提醒是：该餐厅的特色菜是煎银鳕鱼，而

澳大利亚纪尧姆餐厅

在灼热的烤架上烤制的菜肴则是大师独创的特色之作——他经常去西班牙旅游度假，并从当地美食中汲取了创新的灵感。

悉尼的本纳隆角纪尧姆餐厅：著名厨师纪尧姆·布拉希米所建立的本纳隆角纪尧姆餐厅位于悉尼歌剧院旁边。这家荣获过多个奖项的餐厅不仅是纪尧姆的家，也是悉尼城内最热门的餐厅。如果你仅仅把这座新月形的现代建筑视为后现代主义的杰作，或是进入歌剧院前的中转站，那你就错了——有些用餐者甚至放弃了芭蕾舞首演的贵宾票，只是为了在餐厅里多坐一会儿。

对于喜欢澳大利亚海鲜的女人来说，纪尧姆餐厅无疑是一个美食天堂，新鲜的意大利宽面配上昆士兰扇贝，再加上摩顿海湾烤昆虫和蓝海蟹柳清汤，简直无可挑剔。餐厅的甜品也非常有特色：香辣生梨奶油千层酥带给人美妙的口感；

牛乳中加入榛子、杏仁和草莓，味道香浓甜美。纪尧姆餐厅的菜式属于典型的新澳大利亚风味，融合了地中海和南太平洋的特色。难怪澳大利亚的一线明星、政治家和名模都纷至沓来。

英格兰牛津郡的四季农庄餐厅：世界顶级名厨雷蒙德·布兰克并不能算是烹饪界的新星。20 年来，这位魅力非凡的法国人始终在牛津郡那座建于 15 世纪的四季农庄餐厅的厨房里忙碌地工作着。如今，四季农庄餐厅已被纳入东方快车特色酒店的行列。四季农庄餐厅坐落于鲜花盛开的大花园内，餐厅所选用的部分原料来自于庄园占地超过 80 亩的蔬菜园内。布兰克将英国传统的自产自销和当代法国的烹饪艺术完美结合，形成了餐厅的独特风格。与新生代的厨师不同，布兰克坚持烹饪最纯正的法国美食，这也是餐厅最大的特色之一。维多利亚·贝克汉姆、理查德·布兰森和克里夫·理查德等名人都是这里的常客，而已故的戴安娜王妃更是餐厅的忠实顾客。

伦敦的高登·拉姆西餐厅：在烹饪界，坏男孩拉姆西的精湛厨艺和他的暴躁脾气一样出名。2007 年，拉姆西举行了一次厨艺展示会，而他在会上再次发狂，使得平日里不苟言笑的英国前议会成员当众落泪。高登·拉姆西餐厅是他开设的第一家餐厅，餐厅就隐匿在皇家医院大街的居民区内。对于喜欢温馨气氛的密探女人来说，这里无疑是个好地方。餐厅面积不大，但却是同类餐厅中最出色的一家。餐厅的价格自然不会便宜，不过如果能有机会和戏剧界、时尚界和媒体的名人一起用餐，谁又能抵御如此的诱惑呢？高登·拉姆西餐厅的招牌菜包括外形古怪的奶油卷心菜配苦可可酱和海蜇虾饺。由七道菜组成的重量级菜单中还有一道独特的鱼——柔软鲜美的鱼肉放在切碎的蔬菜上，拌以香浓的酱料。另外，餐厅还为注意体重的女性顾客准备了一份五道菜组成的菜单。高登·拉姆西的甜品也会让女人们疯狂，仅奶酪一项就有 40 种之多，每一种奶酪的旁边还有专家的详细解释。

法国歌达丽葡萄酒SPA山庄

洛萨斯的EIBuⅢ餐厅：西班牙名厨艾达瑞安·费利亚是全球美食界的英雄人物，他是一位非常具有独创精神的半路出家的实验室研究人员。由他独创的西班牙现代美食几乎无法用语言来形容，餐厅特色的玉米饼、小馅饼和洋芋团都是享誉全球的西班牙美味。EIBuⅢ餐厅位于西班牙布拉巴海岸，餐厅主人费利亚就是在那里创作出了“泡沫”食品——将各种美味打成香浓可口的泡沫。餐厅的菜式会给密探女人带来一种难以置信的美味体验：鹅肝清汤加上鲜美芬芳的罗望子，再配上西班牙煎蛋——以马丁尼酒杯为容器，上面盖着一层土豆泡沫。除了创新的西班牙美食外，顾客还可以在这里品尝到经典的西班牙菜肴。而餐厅的甜品更是让人惊喜不断。各种各样的甜品，包括黑美圆筒冰激凌、藏红球、玫瑰球和薄荷果冻等组成了让人垂涎欲滴的大拼盘。2004年5

月，费利亚和另一位西班牙名厨安·马里·阿萨克都在马德里为西班牙王室婚礼掌勺，并获得了一致好评。

享受奢华红酒浴 法国是一个让密探女人疯狂的国度，在法国，不享受生活将被视为亵渎神灵，而在世界葡萄酒圣地波尔多的酒疗中心，想要拒绝葡萄酒SPA的吸引也明显不可能。况且，这里还有一个储藏了13000瓶酒的酒窖、一家米其林星级餐厅和一间雪茄室，就连附近的城堡也仿佛鼓励你加入这次红酒的洗礼。

香港作家迈克说自恋是人生的甜点，因为这两种事物都能让人暂时忘忧，但又不能过度——太自恋最后必然成为水仙花似的爱无力，而吃甜点过多就会发胖。偷得浮生半日闲，白瓷杯里暖意融融的红茶，碟子里的玛德琳小点心是大文豪普瑞斯托的人生慰藉，能安慰心灵的甜点，每个兰心蕙质的女人都要自己去寻找。

由贾提亚夫妇一手创立的歌达丽葡萄酒SPA山庄离波尔多有15分钟的车程，它是全世界最早创立的葡萄酒SPA疗养中心，它正如一股淡淡的幽香，吸引了摩纳哥的王妃、西班牙女王等皇家贵宾前来一浸芳泽。

歌达丽葡萄酒SPA山庄的诞生始于这样一个有意思的故事：17年前诗密拉菲特酒庄的葡萄采摘结束后，葡萄被去皮去籽进行发酵了，而酒庄将大桶大桶的葡萄皮和籽丢弃在了路边，正巧那天被一位路经此地的葡萄研究学者看到了，他不禁对着贾提亚夫妇叹惜道："你们把葡萄中最宝贵的那部分丢弃了，难道不可惜？"原来，葡萄的皮和籽中都含有单宁，单宁具有抗氧化的作用，用其制出的护肤品对女性的皮肤有着抗衰老的奇妙功效。贾提亚夫妇听后大受启发，不久便建立了葡萄皮的加工提炼工厂，从中提炼出护肤产品，随后又在诗密拉菲特酒庄内建造了歌达丽葡萄酒SPA中心，并且配备了木屋建筑的疗养中心。歌达丽葡萄酒SPA中心展现了一种田园式的奢华——SPA外观看起来具有乡村式的随意，让人能在这里摆脱所有生活琐事的困扰。

密探女人可以选择在某个阳光温和的下午，躺在一张涂抹着厚厚的酒和蜂蜜的塑料纸上，用这张塑料纸将身体包裹起来，再盖上一种类似电热毯的东西，休息20分钟。这个疗程不仅可以让人心情放松，还可以让身体变得柔软，从头到脚恢复红润和青春。酒疗法的各种项目听上去颇像酒单——苏维翁按摩、碎卡伯纳身体净化、美露包裹、第一特等酒庄面部护理……就算密探女人对红酒本身并不着迷，凯特·摩斯和强尼·德普风格的香槟浴也是不错的选择。

歌达丽葡萄酒 SPA 用酒桶来代替水流按摩浴缸。SPA 水中加入了碾碎的葡萄精髓，多泡而温暖。一旦身体沉浸水中，红酒就会四处喷射，效果与涡轮提供动力的按摩浴缸如出一辙。密探女人所要做的仅仅就是躺在那里，一动不动。这显然是最受欢迎的一种锻炼方式。躺在浴缸里，密探女人能透过木窗格看到近 1000 亩的葡萄庄园，在享受奢华红酒浴的同时，心灵也受到了洗礼。

到泰国普吉岛做 SPA 因为有着泰式按摩的优势，普吉岛的 SPA 似乎先天就融合了泰式按摩的长处。按摩师独特娴熟的按摩手法是泰式 SPA 中最重要的环节。普吉岛的悦榕庄酒店把私密享受做到了极致——一栋栋独立的别墅，独立的院子、私人游泳池，住在里面，你完全不会知道隔壁住着什么人。悦榕庄曾经得到过很多旅游大奖，而它的 SPA 也被称为是泰国最好的 SPA。

密探之格调

满载盛誉 密探的每件内衣都将上乘的质量、对细节的注重和韦斯特伍德派的华美结合在一起，这为密探赢得了评论界的赞誉，更不必说报纸杂志上穿着密探服装的模特为公司做的免费宣传了。

神秘特质 密探内衣以性感、透气的设计打破了英国女性内衣保守的设计理念，但这个品牌也以神秘著称，到目前为止，密探仍对其布料的来源以及将布料加工为成衣的地点守口如瓶。

生产哲学 密探的生产哲学十分简单，即创造“出自设计师之手、极具创意的优质女用内衣，具有刺激、诱惑和激发穿着者及其伴侣的功能”。今天，这位内衣“诱惑者”已

经跨越英吉利海峡，把其代销点设立在巴黎春天百货的内衣柜台，让法国的女性近距离感受英国式的性感。

时尚总在不断的轮回中前行，内衣的百年变迁演绎的是时尚，更是精神的解放。还记得《乱世佳人》中那一幕吗？费雯·丽紧紧地抱着柱子，仆人在她身后费力地一层层拉紧束腰上的带子，费雯·丽美丽的脸庞因痛苦而扭曲着。这样的情节在欧洲电影中很常见。束腰起源于欧洲宫廷，传说法国一位皇后偷情怀孕了，为掩人耳目用布紧紧缠住腹部，竟出现了将乳房托高的效果，配以时兴的低胸衣服，一时成为潮流。在束腰最盛行的时候，女人的腰被束到了仅仅两只手就可以握住的地步。现代文胸出现前，女性戴着枷锁般的束腰已经超过400年，文胸的首要任务就是淘汰束腰。文胸所代表的一直是超前女性时尚服饰的标志，同时也是女性从封闭、禁止到解放这一过程的重要见证。当时装设计、人体动力学、先进布料等现代元素进入了内衣设计领域，内衣更不仅仅是薄薄的一层布料而已，它从时装的配角中脱颖而出，成为每季的流行焦点。

密探内衣是由英国庞克女王薇薇安·韦斯特伍德之子约瑟夫·科雷和他的妻子塞丽娜·里斯于1994年在伦敦创立的顶级内衣品牌。开业之初密探极具诱惑性的橱窗陈列引起了很多人的不满，但很快，高品质的内衣和新颖的设计使密探在业内打响了知名度，将女士内衣引领至时尚的前沿。

也许在很多人看来，丢掉父辈创造的品牌，重新去打造一个新的品牌，这种行为实在是不可理喻。对于许多品牌第二代来说，他们对父辈从事的事业很有兴趣，但也因为家族光芒太耀眼，他们希望可以开创新品牌以发挥个人风格，当然对于他们来说，如何让自己一手创立的品牌登上父辈事业的高峰，才是最大的挑战。面对母亲的声名显赫，约瑟夫·科雷雄心勃勃。他和妻子用强烈的设计风格及内涵重新定义性感内衣，让人对密探所营造出的魔幻情趣无法抗拒、深深着迷。

以前，英国女人只需要白色或黑色内衣，其他什么也不要，现在，她们需要一个内衣衣橱，选购的内衣品牌也很多。密探成为媒体争相报道的焦点，更让知名巨星们爱不释手，名模凯特·莫斯、黑珍珠纳奥米·坎贝尔、天后麦当娜、凯莉·米洛及奥斯卡影后妮可·基德曼的代言更让它名声响亮，密探无疑开创了一个全新的性感时代。

海丝腾女人

Hästens & Women

在海丝腾创造的蓝白格童话中，你的身心享受着安宁和抚慰，它是走不出卧室的宝贝，却承载无法替代的幸福生活。

海丝腾女人是乐活一族，崇尚返璞归真的生活，用越来越朴素的生活，换越来越多的快乐。

她们相信，生活重要的不是看上去怎样，而是真的舒适。

有一种女人，她们对珠宝不感兴趣，也不会花几万元钱买一套迪奥的服装，更不会拎着芬迪鳄鱼皮手袋上街，不愿参加五光十色的时尚派对，她们看似“小气”，却愿意花几十万元买一张床。这张床看起来朴素至极，甚至有些“土”，几乎可以被评为“世界上最没有卖相的奢侈品”。但是这张床所用的材料通通都是纯天然的，从里到外没有一根钉子，它能让人一夜安眠。这张床叫海丝腾，这种女人是乐活女人。

与豪华轿车、顶级珠宝，甚至豪宅别墅相比，70万的价格并不算震撼。真正令人震撼的是，居然有人愿意用这样的价格买一张床。从手表、服饰到座驾，无一不是彰显财富与地位的奢侈品。而床，摆放在个人生活最隐秘的角落，除非是开一场卧室派对，不然根本无法展示拥有者为睡眠一掷千金的豪气。所以，海丝腾女人不是为了面子而消费，她们更愿意为生活品质而奢侈。

海丝腾女人睡在70万的床上，却骑着自行车出行，吃自己种植的蔬菜。当都市白领们继续蜷在星巴克的一角，喝一杯曼特宁，惆怅地翻着泛黄的村上春树时，她们很直接地说：尽量选择有机食品和健康食品，一口纯净水也能带给人好的享受；当SOHO族继续躲在房间的电脑前，点一支香烟，享受足不出户的赚钱乐趣时，她们很坦率地说：多支持社会慈善事业，少抽烟，多出去走走，大自然比计算机更具有亲和力；

当BOBO族继续困在服饰的搭配陷阱中，借着夜色，游离于正统与嬉皮的边缘时，她们很真诚地说：别太在意衣着，倒不如把时间用来为自己布置一个更健康的家居环境……这就是乐活的海丝腾女人。乐活，是一个西方传来的新兴生活形态，由音译LOHAS而来，LOHAS是英语Lifestyles of Health and Sustainability的缩写，意为以健康及自给自足的形态过生活。“乐活”是20世纪末许多富裕阶层在经历过追求逸乐、过度消费的空虚之后，所产生的集体反思。在美国每四人中就有一人是乐活族，欧洲约是三分之一。

海丝腾女人的奢侈品观念非常特别，正如露西亚·波斯特在《奢侈的定义》中所说的：“那些曾经是稀松平常的、人人都有的东西——空间、宁静、清洁的空气、纯净的水、不靠化肥浇出来的食物、自自然然健健康康长大的动物身上的肉，以及没有污染的水里的鱼都已经成了稀罕物，是当代社会的奢侈品。”海丝腾女人不打高尔夫，因为保养高尔夫球场的草地要喷洒大量杀虫剂破坏环境；她们喝本地啤酒，因为本地啤酒减少了运输环节的污染物排放；她们抵制用动物毛皮做成的衣服和手提包；她们亲近自然，选择有机旅行；她们愿意为那些没有喷洒农药的食物付出更多的钱。在她们的生态建筑里，地板是生长速度极快的竹子做的，地毯不含任何有害化学物质，桌柜是利用粉碎后的葵花子壳制成的，门是用麦秸压制而成的，照明和其他电器设备都是节约能源的。虽然这一切会让整个建筑的造价成倍增长，但是海丝腾女人觉得这是值得的。

海丝腾女人崇尚自然健康环保的理念，穿衣多是印度棉、纯棉或者麻质，衣服也不做过多的漂染。她们推崇日本的无印良品，这个品牌从产品设计到店面设计全部采用自然材料，或者再生材料，所有的笔记本都是用回收纸再制造的。

乐活女人的队伍越来越庞大，就连德国总理安格拉·默克尔也在院子里自己种植蔬菜。海丝腾女人们的生活越来越朴素，心灵却越来越丰盈，快乐也越来越多。

德国总理安格拉·默克尔是乐活女人的一员，她非常喜欢园艺，她在自家院子里种了紫菀、万寿菊和大头菜。虽然公务繁忙，但她仍然喜欢忙里偷闲逛超市，喜欢自己去购物。“尽管工作充满压力，但是我总是找机会和朋友家人进行沟通，交流交流感情。丈夫、父母和朋友们在我眼里都非常重要。”

安格拉·默克尔是德国历史上第一位女总理和德国历史上最年轻的总理，她不仅打破了德国政坛男性占主导地位的传统局面，也使欧洲国家领导人的性别天平开始向女性倾斜。默克尔从不利用也不打算利用女人的秘密武器，即使坐到总理的位子上。她不像小布什那样每逢选举就在镁光灯前亲吻婴儿显示爱心，也不与自己讨厌的人缔结策略联盟，同时她对取悦选民亦很不专业。也正因如此，德国人才感叹“这世界变化太大了”：一个顽固古板、不懂得讨巧、土里土气、其貌不扬的前东德牧师的女儿、一位物理学家，竟然成为德国历史上第一位女总理。然而上任后，默克尔表现之好出乎人们的意料。

默克尔有一句座右铭：“有思想的人不需太在意自己的外表。”在过去的岁月里，她恪守着这句座右铭。她从来不用化妆品，衣着宽松，有时候头发凌乱。但是 2005 年当选为德国总理后，一切发生了改变。默克尔雇用了形象顾问和专业美容师，彻底改变了形象。

拉脱维亚前总统瓦伊拉·维基耶·弗赖贝加的故事就像一个迪斯尼童话——一个小女孩逃离陷于战乱的祖国，数十年之后返回祖国，成为总统。如今，年过古稀的维基耶·弗赖贝加也过着健康的乐活生活，和安格拉·默克尔一样，她也非常喜欢园艺。每每讲到自己亲手种植的各色花草，她总是能滔滔不绝地说上几个小时。她身边养了一只狗和两只猫作为宠物。维基耶·弗赖贝加被誉为世界上最优雅的女性之一。

时装设计师亚历山大·比伯戈尔和塔玛拉·克莱洛娃是她的服装顾问。据说，每设计一件新衣服，这位总统都会积极发表自己的意见。她喜欢质地精良的料子，愿意同设计师探讨自己未来服装的样式。

并不是每个海丝腾女人从年轻时就是乐活一族，她们很可能曾经沉迷在名牌服饰、豪华车、化妆品的世界里，买什么牌子的手袋，穿什么牌子的衣服，都曾是她们的交际圈中热门的话题；她们也可能曾经沉迷在灯红酒绿的派对中，夜夜笙歌。也许正是因为过够了挥霍、空虚的生活，才对生活产生了反思，重新寻求一种健康的生活状态，正如加拿大文化先锋娜奥米·克莱恩所经历的一样。娜奥米·克莱恩是加拿大记者、畅销书作家、社会活动家、反全球化分子、电影制片人，以其对全球化的批判闻名于世。娜奥米被《泰晤士报》誉为“可能是 35 岁以下对世界最具影响力的人士”。在全球公共知识分子排行榜中列第 11 位。娜奥米昔日是迷恋名牌的美少女，今日成为反思品牌文明最深刻、最重要的文化观察者。她所著的《NO LOGO》一书引起全球广泛回响，诞生了一个新的族群“NoNo 族”：提倡简约、崇尚自然、回归纯真的“新节俭主义”生活。

海丝腾女人
奢华私享

经营一个私人牧场 海丝腾女人的消费观念非常前卫，与购买游艇、私人飞机相比，她们更愿意与家人一起经营一个私人农场或牧场。这既可以算是一项产业，也算是一种休闲方式。两个世纪前，英国、法国的王公贵族们就以在私人牧场放牧、打猎、追逐野兔、打山鸡、骑快马为乐事。而现代富豪们每年的私人假期、盛大节日、婚宴、派对基本上也都是在自己的私人牧场或庄园内举行的。

美国前总统布什在老家得克萨斯州拥有一个叫劳福德镇的农场。这个占地 647 公顷的牧场是布什 1999 年任得克萨斯州州长时从一位名叫恩格尔·布雷赫特的牧场主手中买下的。牧场内，溪水潺潺，瀑布垂帘。草地上，牛群漫步，小鹿奔跑，虽已如诗如画，但布什还要锦上添花，在场内又挖了一口鱼塘，养起了鲈鱼。酷爱牧场的他，总喜欢在里面鼓捣点

什么。一有空他就回到牧场，忙着在谷地与瀑布之间筑一条可散步慢跑的小路；度假时，他自己动手锯树……

享受休闲的生活，体味大自然的乐趣，这正是乐活主义者愿意经营私人牧场的原因。阿廖娜是俄罗斯富豪格尔曼·斯捷尔利戈夫的妻子，她和丈夫也曾挥金如土，豪宅名车应有尽有，但风光过后，他们归隐田园，在私人农场上过着返璞归真的生活。她的故事正是许多富豪的缩影，西方富豪已不再追求名车豪宅，他们现在谈论的话题是私人农场、牧场、林地。

有的海丝腾女人在南非开普敦附近的奥茨颂经营鸵鸟农场，有的在地广人稀的加拿大买下一个高级农场，内设高尔夫球场或高级跑马场。海丝腾女人不仅乐于亲手打造自己的农场，还喜欢时不时地去别人的农场“取经”，美国的黑莓牧场是她们心中的最佳牧场范本。被称为“美国第一乡村休

闲胜地”的黑莓牧场拥有七十多年历史，坐落在田纳西大烟山脚下，是美国最奢华的私人牧场酒店之一。这处私人牧场1976年开始接待休闲度假的客人。美食、户外探险、垂钓、露营、高尔夫等等，所有的一切，都可以在这最著名的小型豪华酒店里享受到。在隐蔽的私人牧场内，海丝腾女人能找到最美的景色，最惬意的生活。

用MOOLLONA灯饰装饰房间 乐活女人迷恋一切手工制作的东西，因为只有手工制作才能找回商品在机械化大生产中所丧失的灵性，只有手工制作的东西才具有与人心灵相通的力量，也只有手工制作的奢侈品才是真正的奢侈品。你也许很难相信，华丽唯美的MOOLLONA灯饰也是手工制作的，由此你便能窥见人类灵巧的双手具有怎样神奇的魔力。在MOOLLONA的产地——意大利慕拉诺岛，你可以看到娴熟的工艺师们穿着整洁的西服在悠扬的音乐中轻松快乐地做灯。MOOLLONA的每一盏灯从设计到选材都经过严格的甄选，采用纯手工工艺打造，每一步工序的生产都精益求精。世界上没有两片相同的树叶，MOOLLONA王国中亦没有两盏一模一样的灯，每一款MOOLLONA灯饰都是独一无二的，因此，MOOLLONA灯饰遵守“限量销售”的原则，把最好的水晶灯、手工玻璃灯卖给最有品位、最懂得鉴赏的人。

享用麝香猫咖啡 虽然海丝腾女人不主张为一些声名显赫的昂贵之物支付账单，但是有一种奢侈品她们一定会感兴趣。这是一种传奇的咖啡，就像是大自然和人类开了一个玩笑，它就是麝香猫咖啡。麝香猫咖啡会散发出似蜜糖与巧克力的香味，不需添加糖及奶精即有香甜、滑润的浓郁口感，即使放冷了，口感依然甘醇。一般的咖啡豆只能冲泡一次，但因为麝香猫咖啡足够甘醇，即使冲泡三次也能维持风味。品尝完后，杯中仍旧留有甜甜的奶香味，是独具丰厚质感且有深度的咖啡，是独一无二的极品。

麝香猫咖啡可称为“咖啡杯中的黄金”，它能够以独特的口味和昂贵的价格将世界上其他顶级咖啡一一击败，是咖啡爱好者的终极目标。这种全世界最稀有的咖啡，年产量仅500磅，并以每磅300至500美元的钻石价格雄踞咖啡世界的榜首，身价奇高的麝香猫咖啡比蓝山咖啡的价格还要高出四到五倍，是名副其实的奢侈品。

麝香猫咖啡还有一个不雅的名字——猫屎咖啡，这个名字来自于它稀奇的生产过程。在印度尼西亚咖啡浆果成熟的季节，当地农民将当地独有的一种猫——棕榈猫放入咖啡种植园中，让它们大肆饕餮。待那些棕榈猫吃饱后，当地农民便弓腰捂鼻，像考古学家一样跪在地上挖掘，幸运的话，他们能找到几颗没有被猫消化掉的完整咖啡豆。经彻底清洗后，这些劫后余生的咖啡豆就可以为人的味蕾服务了。麝香猫咖啡的年产量仅500磅，所以异常珍贵。

穿环保品牌服饰 海丝腾女人不追求香奈儿、迪奥、普拉达这样的顶级服饰，她们不在意衣服有多前卫，或者多么华丽，那种高级定制的晚礼服反而会让她们觉得浪费资源。如果说，在穿着方面她们有什么特殊要求的话，那就是衣服的材质了，她们对衣服材质的要求极高，能满足她们要求的品牌寥寥无几。一般环保品牌只能保证衣服材质的纯天然性，比如采用纯天然的棉或麻，这远远不能达到海丝腾女人的标准。在美国有一个乐活族青睐的服装品牌，它积极倡导环保理念，使得包括克林顿在内的政治家和演艺明星均以拥有其服装为荣，这个品牌就是巴塔哥尼亚。

心静则物美。面对美好的东西，并不一定要占有，懂得欣赏，也是幸福感和美感的训练。

巴塔哥尼亚被称为“地球上最酷的公司”，其服装所用的棉花均是天然无害的绿色生态棉，而且它在用新材料时一直很慎重，所有新的材料只有通过各项测试后才能使用，这种测试比LV测试其手袋耐用性的试验还要严格。他们使用

■ 莎拉·佩琳

最多的材料是有机棉和循环再造聚酯——他们回收大量的旧衣物和可乐瓶，重新循环再造成为新的物料来制造外套。

从好莱坞到政界，从金融界到学术界，名人们都以穿着巴塔哥尼亚服装为荣，巴塔哥尼亚标志着乐活精神深入骨髓——"没人知道浪何时会来。所以，只要起风了、浪来了，就去冲浪吧！"品牌创始人乔伊纳德的这句话已经成了挂在海丝腾女人嘴边的至理名言。2009年，炙手可热的时尚界新宠、美国副总统候选人莎拉·佩琳曾经表示，巴塔哥尼亚是自己最喜爱的设计公司之一。但巴塔哥尼亚的新闻发言人稍后却一点也不给她面子地指出："巴塔哥尼亚的环保使命和佩琳大不相同，一个人若仅是穿着环保公司生产的服饰，不尽然就能化身为环保人士。"这也许就是海丝腾女人欣赏巴塔哥尼亚的另一个原因了——它是如此直接，与那些惺惺作态的品牌截然不同。

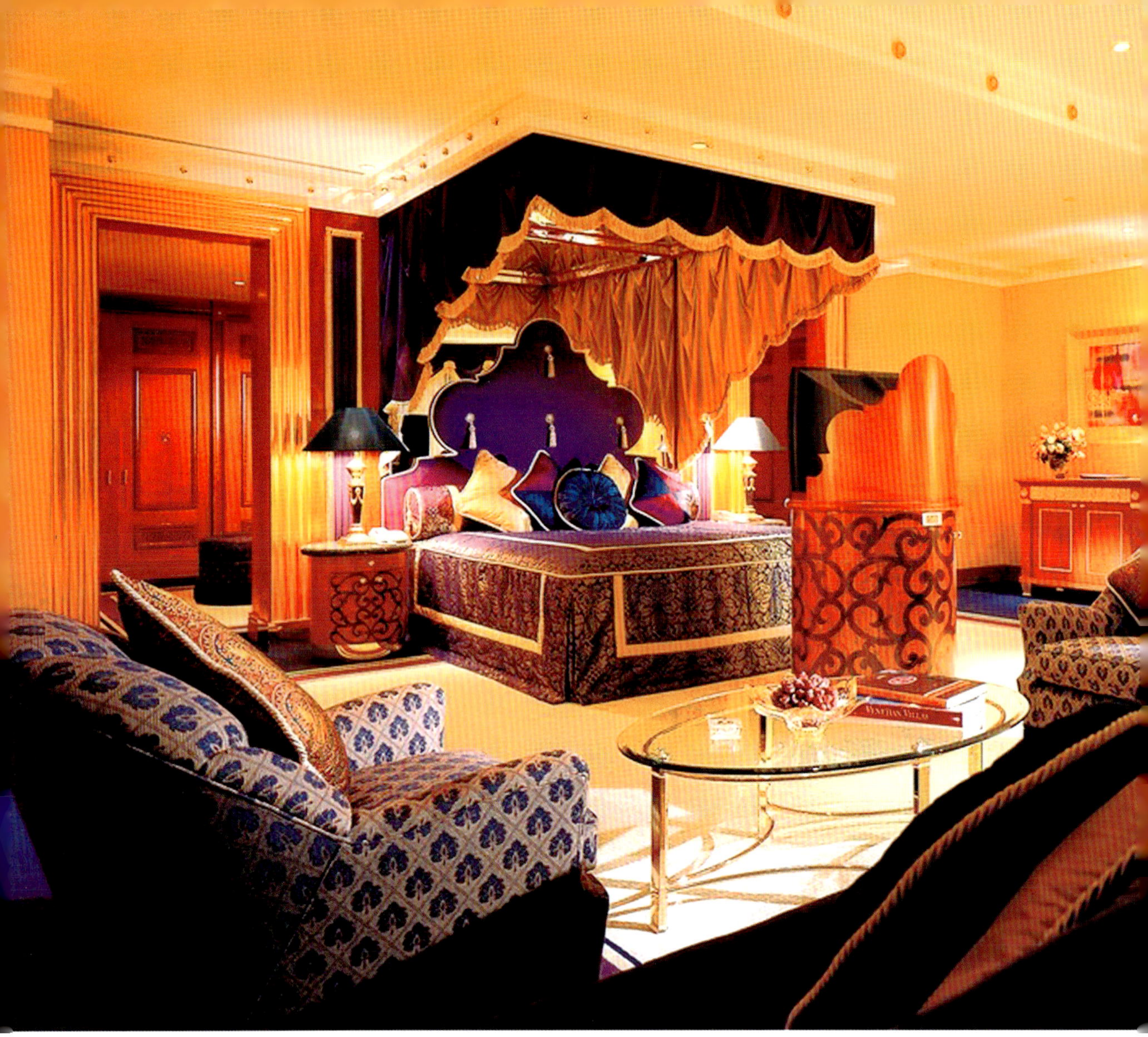

海丝腾之格调

纯手工制作　每一张海丝腾床都是纯手工制品的。自19世纪中叶起，海丝腾一直细心延续着手工制造工艺，并骄傲地传承给一代又一代的事业继承者们。当人们看到海丝腾的工艺师在商店里进行公众展示时，人们会说："得了吧，你们不会真的那么做床，对不对?"但是海丝腾真的就是这么做的。海丝腾坚信：在做床这件事上，没有任何一台机器能够超过工艺师的双手。

天然材料　海丝腾以顶级的棉、亚麻、羊毛和A或A+级马尾毛等天然材料，作为床垫的填充物。马鬃毛可以透气、防潮，羊毛可以调节周边温度，嵌入的亚麻有消音和防

迪拜伯瓷酒店

静中的功能，底料所用的棉花则意味着柔软舒适。这些天然材料既能保证床垫的舒适性，又不会释放有害物质。即使废弃不用，天然材质也能够保证不威胁日益脆弱的环境。

超群工艺 海丝腾床垫所用的弹簧必须使用特殊工艺制成：在煅烧前将钢丝盘圈，然后再加工，这样可以有效地保持弹簧的长度和形状，但必须多使用60%的原材料。在制作床垫时，每一根弹簧都会被单独固定在一个口袋里，当身体移动时，每一根弹簧都会根据身体的移动单独移动。这样，即使睡眠很轻的人，也不会因枕边人翻身而被扰醒。

海丝腾来自瑞典，是拥有150多年历史的手工床具品牌，也是世界上最古老的床具品牌之一。海丝腾是瑞典王室唯一指定的床具供应商；喜来登酒店在1980年订购的床具就是海丝腾；芝加哥半岛酒店用它来营造完美入住体验；迪拜著名的伯瓷酒店也把它当成了每个房间的标配；在全世界，量身定制海丝腾床具的富豪络绎不绝，好莱坞影星汤姆·克鲁斯选择它作为送给新娘的礼物；美国脱口秀女皇艾伦·德杰尼勒斯和好莱坞影星布拉德·皮特不止一次公开赞美："这是世界上最棒的床。"现在，世界上现存最古老的、并依然能够使用的海丝腾床已有90年的历史。

从19世纪中期至今，海丝腾一直沿用家族经营模式。起初，海丝腾的主要产品是马具。制作马鞍的主要填充材料是马尾毛，在当时马尾毛是理想的床垫填充物已经成为常识，所以这家生产马鞍的制造商起初也制作床垫。家族掌门人皮尔·奥德夫拒绝通过偷工减料和销售廉价的商品赚得利润，他坚持用最好的材料、最卓越的工艺制作床具。使用马尾毛的床具，其内部通风效果十分优秀，床体内部的潮气能够通过马尾毛之间的空隙快速地蒸发。如将马尾毛用水浸湿，用力一甩，毛发能立刻恢复干爽。人的身体会在睡眠时排汗，并渗透到床垫中转化成潮气，基于此，马尾毛这一能够快速干爽的材料成为制作床垫的最佳选择。但是由于每匹马每年只能剪一次马尾，马尾毛的供应量非常有限，因此，海丝腾床具的价格非常昂贵，在当时只有贵族才能使用。

优异的品质很快为海丝腾赢得了赞誉，瑞典国王卡尔十六世古斯塔夫钦定海丝腾为皇家床具供应商，从此海丝腾订单源源不断，使得海丝腾的业务核心开始由马具转向床具。瑞典皇室成员至今都睡在海丝腾制造的床上，瑞典皇宫的每个房间都有它的身影。

时至今日，海丝腾床具依然秉承着全天然选材和手工制作的传统。海丝腾所有的床架均是木质结构，采用瑞典北部森林的上等的红松木制作构架，制作时不用一根钉子，使用的是中国老式建筑中的隼卯结构——隼卯构件受到的压力越大，就会变得越牢固。而另一个神奇之处在于瑞典弹簧，独有的钢化处理使它永不会变形，彻底舒缓身体的疲劳。

20世纪80年代晚期，杰克·瑞德成为了这个家族产业的第五代接班人。当他决定采用蓝白格作为海丝腾产品的标准风格时，遭到了强烈的批评，不仅评论家和同行批评这个设计，甚至连海丝腾自己的员工都觉得丑陋。不过杰克·瑞德却坚持已见。这个在当时显得有些疯狂的做法，后来却获得了意外的成功。海丝腾在巴黎开店之前，零售商在报纸上登了一个月的图文广告。所有看到这个广告的法国人都非常惊讶，他们无法接受蓝白颜色出现在卧室里："一张这么难看的床居然这么贵！"于是，不断有人抨击海丝腾的产品。可是，专卖店营业之后，销售却非常良好，因为它实在是舒适得让人无法抗拒。当大家都认为这是在利用人们的好奇心做文章时，杰克·瑞德却说："不是这样的。选择不被人喜欢的蓝白格作为床的外观特征，是想告诉人们：床，重要的不是看上去怎样，而是躺上去是否舒适。"

伯拉尼克女人
Manolo Blahnik & Women

伯拉尼克高跟鞋会撩起女人的欲望，并让女人上瘾。

理性与感性，这两个截然相反的词如何能够映射在同一个人身上？伯拉尼克女人便是最好的范本。她完美地融合了理性的智慧和感性的浪漫。

她们本无心展示，但一颦一笑皆是风景。

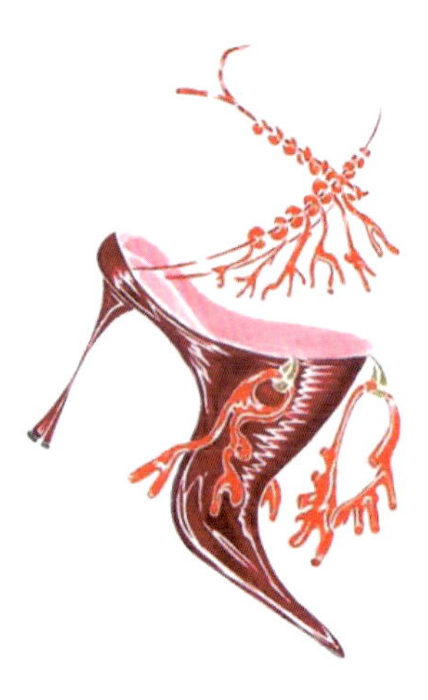

全世界的女人都知道《欲望都市》里的凯莉是莫罗·伯拉尼克的疯狂信徒。凯莉说纽约有数百万成功、按时缴税、脚穿500美元莫罗·伯拉尼克细高跟鞋的单身女人，而凯莉则是那个银行存款不够付一万美元的房屋首付，却有一整面墙莫罗·伯拉尼克细高跟鞋的纽约女人，她预计自己的鞋类资产将会超过房屋资产，她自嘲道："我竟然将要成为生活在鞋堆中的女人。"凯莉穿着心爱的高跟鞋，在纽约那座大都市里寻找真命天子。钻戒未曾说服她放弃单身，最终还是Mr. Big拿着莫罗·伯拉尼克蓝色缎面高跟鞋才求婚成功，那双鞋并非代表着爱情，而代表着真诚、了解与宠爱。现实中，在纽约的莫罗·伯拉尼克专卖店内这双鞋的定价为885美元。

这部风靡全球的美剧，最感人的镜头定格在Mr.Big拿着伯拉尼克高跟鞋单膝跪地求婚的画面上，颇有深意。凯莉曾强调："女人一定要选对鞋！""爱情会逝去，但鞋子永远都在。"对于像凯莉一样的伯拉尼克女人来说，一个好男人和一双高跟鞋是画等号的，凯莉的扮演者莎拉说："站在高跟鞋上，我才能看到真正的世界。"我们可以换一种方式理解，站在高跟鞋上，这个世界就属于她了。这个世界上有太多太多凯莉一样的女人，张爱玲从幼年就开始期盼穿高跟鞋，《西西里的美丽传说》中莫妮卡每一次穿着高跟鞋经过，都会引来男人们的垂涎。无论如何平庸的女人，穿上高

■ 莎拉·杰西卡·帕克

跟鞋，都会摇曳生姿。运动鞋和休闲鞋就像日常人生，只有高跟鞋才是这幕戏剧里最精彩的部分。

天底下没有不热爱高跟鞋的女人，但是像凯莉这样疯狂热爱伯拉尼克，不买房子也要买伯拉尼克，抢劫时不在乎钱包却在乎脚上伯拉尼克的女人实在难得。伯拉尼克的魅力在哪儿？世界上美丽的高跟鞋很多，舒适的平底鞋也很多，但是很少有鞋能像伯拉尼克这样美丽又舒适！莫罗·伯拉尼克先生把最美的东西全都献给了高跟鞋，尖头、貂皮、蕾丝、水晶、羽毛、流苏……鞋跟要细，而且要高，更多的是要奢华。当你看到这样一双鞋的时候，你会对它又爱又恨，你认为它会把女人折磨得不成人形，但事实上完全相反。16岁就拥有第一双该品牌鞋的名媛孙芸芸说："再高都不吃力，还可以穿着在草地上跑。”

伯拉尼克女人和伯拉尼克高跟鞋拥有一样的特质——她们是感性和理性的结合体。就像凯莉们一样，她们敏感善良，思想活跃、深刻、尖锐。她们能清晰地看到自己和他人的缺点，但总是掉进各种麻烦之中。理智上，她们想要找一个能够关爱自己，敢于担当责任的男人组建家庭；而感性的一面却笃信“得不到的才是最好的”、“爱情比婚姻更重要”。这类女人用于思考的时间远远多于其他女人，她是聪明的，知道审时度势，但是她们的情感仿佛永远不听命于理智。她告诉自己“我不能这样做”，然而最终还是忍不住去做。有的女人听命于理智，一些女艺术家沉浸在感性的世界中，她们都比伯拉尼克女人更易感知幸福，伯拉尼克女人常常处于矛盾之中。但是，她们一定会有一个圆满的大结局，因为伯拉尼克女人拥有可爱的热情和幽默感，她们对生活、对异性总是兴致勃勃，不知疲倦地作着探险。她们不肯屈从于理性和感性中的任何一方，所以她们总会找到一个统一的二者。她们也许会晚婚，但最终她们会找到一个自己深爱着的，并能够疼爱自己的男人，就像凯莉一样。

每一个伯拉尼克女人都是一个魔方，几经辗转，终会圆满。

喜欢伯拉尼克的女人们

如果说《欲望都市》是伯拉尼克的专场秀，那么美国“脱口秀女王”奥普拉·温芙蕾就是伯拉尼克的免费代言人了。奥普拉每周有五天都会和她的节目——“奥普拉·温芙蕾脱口秀”出现在电视上，和她的观众分享她个人最隐秘的事情，同时出现在电视上的还有她的无数双名鞋。奥普拉的节目已经有19年的历史了，美国数百万奥普拉迷对她的苦难童年和包括睡觉习惯在内的各种话题如数家珍。1998年，她被《时代》杂志评为“20世纪最具影响力的100位人物”之一，她还当选过美国最受爱戴的妇女第二名，仅次于当时的第一夫人希拉里。

一次在节目中，奥普拉与一位素食主义者讨论牛肉安全问题，她无意中随口说了一句：“我已经不再吃牛肉汉堡了。”谁知就这一句话竟让美国的牛肉市场顿时下挫15个百

分点。“9·11”发生后，奥普拉和她的节目几乎成了美国民众的镇定剂，连布什的夫人也要求在她的节目中出镜，以稳定国民情绪。奥普拉可以把她喜欢的任何一本书推向全美畅销书的排行榜，只要她把这本书拿上她的节目……一个电视脱口秀主持人能有如此大的影响力，难怪人人都想成为她。

2009 年，福布斯网站评选了“全球最受尊敬的十位女富豪”，奥普拉名列榜首。奥普拉是在金融危机中资产依然增值的 44 位亿万富翁之一。这位黑人脱口秀女王在美国拥有着极高的地位，她旗下的基金已经在全球 12 个国家建立了 55 所学校，而她本人也捐赠了数百万美元的款项。这一切都

使奥普拉毫无争议地在此排名中占据首位。

超模凯特·莫斯不穿伯拉尼克鞋绝不出门。凯特·莫斯，提到这个名字，如果你不知道，只能说明你离开潮流和时尚太久了，她，就是时尚和潮流的代名词，这位为14个产品担任广告的女郎上了15本杂志的封面，2006年收入300万英镑。只有她的名字，也只有她的新闻，能和政治家、恐怖事件、自然灾害并列在报纸头条。凯特·莫斯在时尚界一直享有“时尚女王”的称号，不仅仅是因为她作为超模占据各大奢侈品牌的广告大片，还因为她品位独特的穿衣搭配之道和低调脱俗的风格。黯淡的黑白灰在她的身上变得光彩照人。2009年，凯特·莫斯决定与英国时装零售大亨菲利普·格林以及成功打造《美国偶像》和《英国达人》的“选秀之父”西蒙·考埃尔强强联手，成立一个将与迪斯尼集团相抗衡的超级娱乐公司，而凯特·莫斯的身价将一跃升至1.6亿美元，成为全世界最富有的模特。

伯拉尼克女人
奢华私享

在时尚购物胜地享受购物乐趣　伯拉尼克女人对世界上那几个著名的时尚中心了如指掌，她们天生爱购物，如果让她们在去马尔代夫度假和去巴黎购物这二者中作选择，她们会毫不迟疑地选择后者。

没有一个伯拉尼克女人不对巴黎香榭丽舍大街充满向往的，关于这条街的传说和描写、毁谤和赞誉实在太多。许多18、19世纪的小说都对它的繁华作了描写，大仲马的《基度山伯爵》、小仲马的《茶花女》、巴尔扎克的《高老头》等作品，那里是贵族和新兴资产阶级的娱乐天堂。

自1900年始，香榭丽舍就成为了法国向世界展示它在各领域傲人成就的橱窗，现在它更成为一个国际知名品牌的汇

集之地。沿街两旁奢侈品旗舰店、高级轿车展示中心、电影发行公司、影剧院、娱乐品专卖店、高级餐厅、酒吧和夜总会、咖啡店星罗棋布，装点着这条既浪漫又时尚的巴黎城最美的街道。由于香榭丽舍所处的显赫位置，法国许多重要事件都选在这里举行。漫步在香榭丽舍街头时，伯拉尼克女人不妨留意一下擦身而过的那个人，看看他（她）是否长得像齐达内、席琳·迪翁或苏菲·玛索。如果运气好的话，很有可能会碰上一个国际巨星或世界名人。

香榭丽舍是巴黎最具威望、最重要、也最具诱惑力的一条街道，一条城市大道得到人们的普遍赞美，不仅因为它是一个完美的市政工程，还因它的历史文化和民族命运紧密相连。香榭丽舍两端——协和广场上的方尖碑，星形广场上的凯旋门，蕴涵了多少关于征服与被征服，光荣与屈辱的故事！香榭丽舍一侧，大宫和小宫留下了万国博览会时期法国曾经有过的荣华富贵。与香榭丽舍一街之隔的爱丽舍宫，记载着权力的兴衰交替。时尚与历史共存，文化与荣誉并举，难怪法国人毫不谦虚地称香榭丽舍大街为“世界上最美丽的散步街道”。

伦敦牛津街是名媛们到英国伦敦首选的购物地，在这条不到两公里的街道上，竟云集了超过300家的大型商场。牛津街上名牌店的最大特色并不在于品牌的种类有多少，而在于款式非常齐全，某些意大利顶级品牌的货品在伦敦竟然比来源地的商铺更多。而古典英伦味极浓的巴宝莉是最受欢迎的名牌之一，这个以格子著称的品牌，在它的发源地拥有着最多的款式。牛津街上既有现代建筑，也有英伦风格的古典建筑。在牛津街，除了在老牌百货店里看名牌、享受高级服务之外，店铺的建筑特色也是一道令人赏心悦目的风景。

纽约第五大道是纽约曼哈顿区的中央大街，道路两旁是玻璃幕墙闪闪发亮的高楼大厦。西装革履的男士和身穿时装的女士，拿着公文包进出高楼大厦，呈现出一幅高雅、时尚

的美国现代生活图景，它是最高品质与品位的代名词。第五大道几乎是所有女人的梦想之地，很少有街道能像第五大道那样可以包揽那么多家货品齐全、受人喜爱的商店。LV、迪奥、蒂芙尼、卡地亚、范思哲、香奈儿、海瑞温斯顿……世界上没有任何一个地方能像第五大道那样仿若一个奢侈品帝国。你可以想到的名店几乎都可以在这条大街上找到，你能够想到的商品也几乎都可以在这里找到。

第五大道上的商店不仅商品高档，而且橱窗也是精心设计的，沿街的橱窗展示千奇百怪，精彩纷呈。有些公司甚至请真人做模特，可谓别出心裁。奥斯卡影后妮可·基德曼是纽约第五大道的常客。这里也是美国明星布兰妮、麦当娜、迈克尔·杰克逊以及好莱坞众多明星经常出没的购物地点。

纽约第五大道是时尚大气的，巴黎香榭丽舍大街是金碧辉煌的，伦敦牛津街是古典优雅的，除了这三条世界上最有名的街道，著名的时尚圣地还有琳琅满目的香港铜锣湾、悠闲舒适的悉尼皮特大街，以及俄罗斯莫斯科的阿尔巴特大街、德国柏林的库达姆大街、奥地利维也纳的克恩顿大街等。

收藏芬迪形象包 雨果说：“初萌的爱情看到的仅是生命，持续的爱情看到的是永恒。”这句话也适用于伯拉尼克女人和手袋之间的奇妙感情。一个女人，一个智慧的女人，要的不是一段烟花般瞬间绚烂的爱情，而是壁炉样长久温暖的爱情；一个女人，一个智慧的女人，要的不是一个时尚一时的手袋，而是一款时尚一世的手袋 Icon Bag（形象包）。Icon Bag 是指品牌经过时间考证的经典款式，最能代表品牌形象。它们每一季上市的时候都有些小变化，或者是换了面料，也可能换了颜色，但款式一定不变，保证一眼就能看出来它是 Icon Bag。

很多名牌手袋进了家门就开始贬值了，如果有人号称十年以后还能原价卖出，那也只能算货币贬值。要是指望买奢

侈品跟买股票一样升值，那么就得选品牌 Icon Bag、限量或定制款，最好是那种等待名单比购物街还要长的款式。

在《欲望都市》里，凯莉纠正要抢她包的抢劫犯说：“It's not a bag，it's a baguette!”对追逐时尚的伯拉尼克女人来说，这个来自于芬迪的法棍包不仅是 Icon Bag，也是一种时尚人士的象征，更是一种收藏。从 20 世纪 70 年代开始，芬迪家族就开发出了这项让他们从此屹立不倒的拳头产品——手袋。要说芬迪有多少堪称经典的手袋系列，真是难以尽数：1997 年“不只是包”的法棍包 Baguette，时尚人士必备的贝型包 Ostrik，名媛们渴望拥有的间谍包 Spy……个个都堪称手袋中的经典。

芬迪在奢侈品界是一个特例。奢侈品牌大多由男性开创，并由男性后代世袭传承，可芬迪家族却是由女性创立，并由女性后代继承的，是唯一传女不传男的母系奢侈品家族。20 世纪 20 年代，芬迪就赢得了很多上流社会顾客的青睐，在罗马拥有着一长串皇族私密客人的名单。对于罗马资产阶级来说，到芬迪购物更是一种身份象征。

好的设计是一首关于人生的诗，它把人带入深层思考的境界。好的设计也是一首关于生活的歌，让生活充满生动的韵律。

上世纪 90 年代，西方发起动物保护运动，一直被视为皮革制品代名词的芬迪逐渐陷入停滞局面，在时尚行业岌岌可危。然而，仿佛一夜之间，芬迪借着一款细长可爱、宛似法国长面包的玲珑手袋法棍包再度崛起。法棍包简约、实用、富几何线条，色调、质料和贴花图案均大胆创新。包的肩带可以自由拆除，变换成手提包或夹包。夹在臂下爽朗潇洒，令人想起气质冷艳的法国女人夹着法国长包步出面包店。法棍包掀起新一轮追风热潮。芬迪品牌涅槃重生，重新成为时尚界的焦点。这款手袋正是由掌门人西尔维娅·文图里尼·芬迪亲手设计的，法棍包从此成为隽永的时尚标志，形象历久常新，每季都有新款创作面世，每款都大获好评。十几年来，芬迪共推出逾 1000 款法棍包，全球销量超过 80 万个。每个法棍包都是精致小巧的艺术品，独特个性慑人而

来，名人拥趸不计其数，堪为珍藏经典。

也许正是因为芬迪家族始终由女性掌舵，才敏感地捕捉到女性心理，造就了引领风潮的品牌精神，还有永远向往漂亮的芬迪气质。

晶丽奥斯皮草 皮草向来是时尚极品，是奢华与高贵的象征，更是伯拉尼克女人一生难以抗拒的诱惑，如今皮草不仅仅是御寒性能及身份的象征，更是自然与灵魂、时尚与个性、保值与品位的完美展现。晶丽奥斯，源自法国的高品位皮草品牌，是皮草品牌中的皇家贵族，是皮草服饰款式中的引领者。其设计新颖多姿，尽现高贵典雅气质，在选料和做工上精益求精，用料均选自高品质的美国“传奇”、北美

"NAFA"水貂与北欧"SAGA"水貂，融入精湛的工艺手法，由久负盛名的设计师构思设计，将经典与时尚巧妙地缔结组合，优雅华贵，是奢华与时尚的混合体。它柔软温暖如丝般润滑，又有着丝绸难以企及的灵动性尊崇，难以掩饰又无以复加的尊贵奢华，散发着精美绝伦的流动美，将女性外在内在的美表现得淋漓尽致。体现现代女性干练中拥有的那么一分妩媚和浪漫，充分展现女性清新、自然、毫无拘束的特质，富有浪漫感的悠然情怀，是现代女性一生的情人。

伯拉尼克之格调

美且舒适　在莫罗·伯拉尼克的鞋店里很难找到鞋跟低于5厘米的鞋，一般鞋跟都在10厘米左右。它的商标就是细高跟、窄尖头。但无论它的鞋跟多高多细，都不会把女人折磨得不成人形，绝对的高度对应着绝对的舒适，舒适得感觉不到鞋的存在，不要说走，就是跑都没有问题。据说在40步外，人们就可以准确无误地凭着优美的弧线认出莫罗·伯拉尼克鞋。

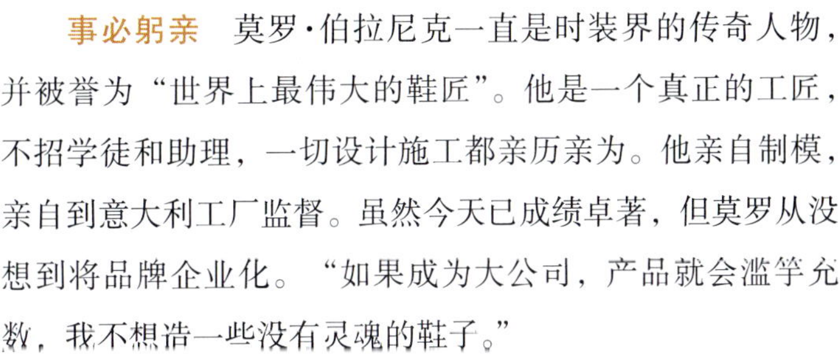

事必躬亲　莫罗·伯拉尼克一直是时装界的传奇人物，并被誉为"世界上最伟大的鞋匠"。他是一个真正的工匠，不招学徒和助理，一切设计施工都亲历亲为。他亲自制模，亲自到意大利工厂监督。虽然今天已成绩卓著，但莫罗从没想到将品牌企业化。"如果成为大公司，产品就会滥竽充数，我不想造一些没有灵魂的鞋子。"

绝美广告　莫罗·伯拉尼克的作品除了那些华美的鞋子，值得收藏的还有他的广告。那些大师亲手绘画的高跟鞋设计草图，寥寥数笔水彩，已尽显神奇的魅力。每一款鞋都配上一个别致的名字，灵感往往来自大师喜爱的电影、女明星、去过的地方等。

如果说阿玛尼是奥斯卡颁奖礼上明星们的“制服”，那么莫罗·伯拉尼克就是大会的“唯一指定用鞋”。

20年来，莫罗·伯拉尼克高跟鞋是好莱坞女星出席各种颁奖晚会的专选，也是时装大师搭配时装展的必备鞋款，更是杂志时装专辑最常选用的牌子。老主顾萨拉所说的“他的鞋子绝对够格进入大都会博物馆”的话已经实现，现在该博物馆已经收藏了约20双莫罗·伯拉尼克鞋。

世界杰出女性奖获得者比安卡·贾格说：“他不仅是优秀的鞋匠，而且是伟大的艺术家。”英国文化大臣詹姆斯·佩奈尔向莫罗颁发了CBE骑士荣誉勋章，以表彰他在鞋履设计领域的突出成就。詹姆斯·佩奈尔认为，莫罗是当今最成功和最具影响力的设计师之一：“他把前卫的时尚设计和无惧时间考验的经典完美地结合起来，让全世界的女性都为之着迷。”“伯拉尼克先生在伦敦进行创作，对伦敦保持时尚之都的地位起到了重要的作用。”

对富裕的女人来说，莫罗·伯拉尼克一如富裕男人的捷豹名车，集华丽外观、奢侈身份、时尚性感、舒适于一体。它是皮鞋中的古巴雪茄、贝鲁格鱼子酱、唐培里侬香槟王香槟，是极品中的极品，会上瘾的。

“完美”、“性感”是众多名人对莫罗·伯拉尼克鞋最直接贴切的赞誉。在万人迷布拉德·皮特与珍妮弗·安妮斯顿那场世界瞩目的世纪婚礼上，新娘就选择了莫罗·伯拉尼克设计的象牙色鹿皮高跟鞋；天后歌星凯莉·米洛与好友合写的自传引发的版权大战，据说就是因为出版商赠送了凯莉一双莫罗·伯拉尼克的鞋才最终平息；麦当娜曾经说：“莫罗·伯拉尼克的鞋，比性还棒，而且更持久。”超模凯特·莫斯不穿伯拉尼克鞋绝不出门；桑德拉·伯恩哈德说：“伯拉尼克的细带鞋性感极了。”艺术大师毕加索的女儿帕洛玛·毕加索更是说：“我不能没有我的伯拉尼克鞋，哪怕在梦里也是。”《绝代艳后》中使用的鞋子全部为莫罗所设计。著名主持人奥普拉·温芙蕾、已故戴安娜王妃、威尔士公主、影星格温尼斯·帕特洛、凯莉·米诺等，都拥有至少一双伯拉尼克鞋。女人们对他的鞋子“贪欲十足”，甚至为能够在第一时间得到一双新鞋而不惜贿赂售货员。

图书在版编目(CIP)数据

奢侈女人：珍藏版 / 孙玥著. —2 版. —哈尔滨：哈尔滨出版社，2011.3

ISBN 978-7-5484-0480-4

Ⅰ. ①奢… Ⅱ. ②孙… Ⅲ. ①女性－消费资料－选购 Ⅳ. ①F76

中国版本图书馆 CIP 数据核字(2011)第 018810 号

世 界 品 牌 研 究 课 题 组

World Brand Research Laboratory

垂询热线 / 024 8639 7772

书　　名：奢侈女人. 珍藏版

作　　者：孙　玥　著

责任编辑：陈春林　付中英

责任审校：陈大霞

封面设计：蒋宏工作室

版式设计：逵流图文工作室 杨利伟　吴　丹

出版发行：哈尔滨出版社(Harbin Publishing House)

社　　址：哈尔滨市香坊区泰山路 82-9 号　**邮编：**150090

经　　销：全国新华书店

印　　刷：沈阳鹏达新华广告彩印有限公司

网　　址：www.hrbcbs.com　www.mifengniao.com

E-mail：hrbcbs@yeah.net

编辑版权热线：(0451)87900272　87900273

邮购热线：(0451)87900345　87900299　87900220(传真)　或登录**蜜蜂鸟**网站购买

销售热线：(0451)87900201　87900202　87900203

开　　本：787×1092　1/16　**印张：**25　**字数：**350 千字

版　　次：2011 年 3 月第 2 版

印　　次：2012 年 2 月第 3 次印刷

书　　号：ISBN 978-7-5484-0480-4

定　　价：128.00 元